绿色经济与绿色发展丛书

编 委 会

广西大学马克思主义生态经济发展研究院、商学院特别委托项目

国家出版基金项目
NATIONAL PUBLICATION FOUNDATION

“十二五”国家重点图书出版规划项目

绿色经济与绿色发展丛书 / 刘思华 · 主编

绿色消费

GREEN CONSUMPTION

胡雪萍 著

中国环境出版社 · 北京

图书在版编目（CIP）数据

绿色消费/胡雪萍著. —北京：中国环境出版社，
2016.4
（绿色经济与绿色发展丛书/刘思华主编）
ISBN 978-7-5111-2617-7

Ⅰ. ①绿… Ⅱ. ①胡… Ⅲ. ①绿色消费—研究
Ⅳ. ①C913.3

中国版本图书馆 CIP 数据核字（2015）第 284961 号

出 版 人　王新程
策　　划　沈　建　陈金华
责任编辑　沈　建　宋慧敏
助理编辑　宾银平
责任校对　尹　芳
封面设计　耀午设计　彭　杉

出版发行　中国环境出版社
（100062　北京市东城区广渠门内大街 16 号）
网　　址：http://www.cesp.com.cn
电子邮箱：bjgl@cesp.com.cn
联系电话：010-67112765（编辑管理部）
010-67113412（教材图书出版中心）
发行热线：010-67125803，010-67113405（传真）
印　　刷　北京中科印刷有限公司
经　　销　各地新华书店
版　　次　2016 年 4 月第 1 版
印　　次　2016 年 4 月第 1 次印刷
开　　本　787×960　1/16
印　　张　16.25
字　　数　278 千字
定　　价　48.00 元

总 序

迈向生态文明绿色经济发展新时代

在党的十七大提出的“建设生态文明”的基础上，党的十八大进一步确立了社会主义生态文明的创新理论，构建了建设社会主义生态文明的宏伟蓝图，制定了社会主义生态文明建设的基本任务、战略目标、总体要求、着力点和行动方案；并向全党全国人民发出了“努力走向社会主义生态文明新时代”的伟大号召。按照生态马克思主义经济学观点，走向社会主义生态文明新时代，就是迈向生态文明与绿色经济发展新时代。这既是中华文明演进和中国特色社会主义经济社会发展规律与演化逻辑的必然走向和内在要求，又是人类文明演进和世界经济社会发展规律与演化逻辑的必然走向和内在要求。因此，绿色经济与绿色发展是21世纪人类文明演进与世界经济社会发展的大趋势、大方向，集中表达了当今人类努力超越工业文明黑色经济发展的旧时代而迈进生态文明绿色经济发展新时代的意愿和价值期盼，已成为人类文明演进和世界经济社会发展的必然选择和时代潮流。据此，建设绿色文明、发展绿色经济、实现绿色发展，是全人类的共同道路、共同战略、共同目标，是生态文明绿色经济及新时代赋予我们的神圣使命与历史任务。毫无疑问，当今世界和当代中国一个生态文明绿色经济发展时代正在到来。为了响应党的十八大提出的“努力走向社会主义生态文明新时代”的伟大号召，迎接生态文明绿色经济发展新时代的来临，中国环境出版社特意推出“十二五”国家重点图书出版规划项目“绿色经济与绿色发展丛书”（以下简称“丛书”）。笔者作为“丛书”主编，并鉴于目前“半绿色经济论”“伪绿色经济发展论”日渐盛行，故就“中国智慧”创立的绿色经济理论与绿色发展学说的几个重大问题添列数语，是为序。

一、关于绿色经济的理论本质问题

绿色经济的本质属性即理论本质：不是环境经济学的范畴，而是生态经济学与可持续发展经济学的范畴。西方绿色思想史表明，“绿色经济”这个词汇最早见于英国环境经济学家大卫·皮尔斯 1989 年出版的第一本小册子《绿色经济的蓝图》（后称“蓝图 1”）的书名中。其后“蓝图 2”的第二章的第一节两次使用了“绿色经济”这个名词，直到 1995 年出版“蓝图 4”，也没有对绿色经济做出界定，这就是说 4 本小册子都没有明确定义绿色经济及诠释其本质内涵。对此，方时姣教授从世界绿色经济思想发展史的视角进行了全面评述：[①]“蓝图 1”主要介绍英国的环境问题和环境政策制定，正如作者指出的“我们的整个讨论都是环境政策的问题，尤其是英国的环境政策”。“蓝图 2”1991 年出版，是把“蓝图 1”的环境政策思想拓展到世界及全球性环境问题和环境政策。“蓝图 3”1993 年出版，又回到“蓝图 1”的主题，即英国的环境经济与可持续发展问题的综合。“蓝图 4”则又回到“蓝图 2”讨论的主题，正如作者在前言中所指出的“绿色经济的蓝图从环境的角度，阐述了环境保护及改善问题”。因此，从“蓝图 1”到“蓝图 4”，对绿色经济的新概念、新思想、新理论，没有作任何诠释的论述，仅仅只是借用了绿色经济这个名词，来表达过去的 25 年环境经济学流派发展的新综合，确实是“有关环境问题的严肃书籍”。

皮尔斯等人在当今世界率先使用“绿色经济”这一词汇并得到了广泛传播；但基本上只是提及了这个概念，没有深入研究，尤其是理论研究。因此，在西方世界的整个 20 世纪 90 年代至 2008 年爆发国际金融危机的这一时期，仍然主要是环境经济学界的学者使用绿色经济概念，从环境经济学的视角阐述环境保护、治理与改善等绿色议题，其核心问题是讨论经济与环境相互作用、相互影响的环境经济政策问题，而关注点集中于环境污染治理的经济手段。在我国首先使用皮尔斯等人的绿色经济概念的是环境污染与保护工作者，并对其进行界定。例如，原国家环境保护局首任局长曲格平先生在 1992 年出版的《中国的环境与发展》一书中指出：“绿色经济是指以环境保护为基础的经济，主要表现在：一是以治理污染和改善生态为特征的环保产业的兴起；二是因环境保护而引起的工业和农业生产方式的变

① 方时姣：《绿色经济思想的历史与现实纵深论》，载《马克思主义研究》2010 年第 6 期，第 55～62 页。

革，从而带动了绿色产业的勃发。”[①]在这里，十分清楚地表明了曲格平先生同皮尔斯等人一样，是借用绿色经济的概念来诠释环境保护、治理和改善的问题。其后，我国学界有一些学者把绿色经济当做环境经济的代名词，借用绿色经济之名，表达环境经济之实。总之，长期以来，国内外不少学者按照皮尔斯等人的学术路径，对绿色经济作了狭隘的理解而被看作是环境经济学的新概括，把它纳入环境经济学的理论框架之中，成为环境经济学的理论范畴。这就必然遮盖了绿色经济的本来面目，极大地扭曲了它的本质内容与基本特征，不仅产生了一些不良的学术影响，而且会误导人们的生态与经济实践。正如方时姣教授指出的：“把绿色经济纳入环境经济学的理论框架来指导实践，最多只能缓解生态环境危机，是不可能从根本上解决生态环境问题的，也不可能克服生态环境危机，也就谈不上实现生态经济可持续发展。”[②]

20世纪90年代，我国生态经济学界就有学者用绿色经济这一术语概括生态环境建设绿色议题和生态经济协调发展研究的新进展，论述重点是“一切都将围绕改善生态环境而发展，核心问题是要实现人和自然的和谐、经济与生态环境的协调发展。”[③]为此，笔者针对皮尔斯等国内外学者以环境经济学理论范式来回应绿色经济议题，在1994年出版了《当代中国的绿色道路》一书，以生态经济学新范式来回应绿色经济议题，以生态经济协调发展理论平台在深层次上阐述“发展经济必须与发展生态同时并举，经济建设必须与生态建设同步进行，国民经济现代化必须与国民经济生态化协调发展”的绿色发展道路。这就在国内外首次拉开了从学科属性上把绿色经济从环境经济学理论框架中解放出来的序幕。在此基础上，笔者于2000年1月出版的《绿色经济论——经济发展理论变革与中国经济再造》一书，深刻地论述了一系列重大的绿色经济理论前沿和现实前沿问题，科学地揭示了生态经济与知识经济同可持续发展经济之间的本质联系及其发展规律，破解了三者之间相互渗透于融合发展的绿色经济与绿色发展的内在奥秘，成为中国绿色经济理论与绿色发展学说形成的重要标志。尤其是本书把绿色经济看作是生态经济与可持续经济的新概括与代名词，并从这个新高度的最高层次对绿色经济提出了新命题：“绿色经济

---

① 转引自刘学谦、杨多贵、周志强等：《可持续发展前沿问题研究》，北京：科学出版社，2010年版，第126页。

② 方时姣：《绿色经济思想的历史与现实纵深论》，载《马克思主义研究》2010年第6期，第55～62页。

③ 郑明焕：《把握机遇，在大转变中求发展》，1992年3月28日《中国环境报》。

是可持续经济的实现形态和形象概况。它的本质是以生态经济协调发展为核心的可持续发展经济。”[①]这个界定肯定了绿色经济的生态经济属性，揭示了它的可持续经济的本质特征，从学科属性上把它从环境经济学理论框架中彻底解放出来，真正纳入生态经济学与可持续发展经济学的理论体系，成为生态经济学与可持续发展经济学的理论范畴，恢复了绿色经济的本来面目。虽然这个绿色经济的定义十分抽象，却反映了它的本质属性与科学内涵，得到了多数绿色经济研究者的认同和广泛使用。然而时至今日，在我国学者中仍有少数学者尤其在实际工作中也有不少人还在用环境经济学范畴中的绿色经济理念来指导经济实践，这种现象不能继续下去了。

二、关于绿色经济的文明属性问题

绿色经济的文明属性不是工业文明的经济范畴，而是生态文明的经济范畴。世界绿色经济思想史告诉我们，在学科属性上把绿色经济当作环境经济学的新观念与代名词，纳入环境经济学的理论框架，就必然在文明属性上把它纳入工业文明的基本框架，成为工业文明的经济范畴，即发展工业文明的经济模式。这是因为，环境经济学是调整、修补、缓解人与自然的尖锐对立、环境与经济的互损关系的工业文明时代的产物，是工业文明“先污染后治理”经济发展道路的理论概括与学理表现。自皮尔斯等人指出环境经济学范畴的绿色经济概念以来，国内外一个主流绿色经济观点就是对绿色经济的狭隘的认识与把握，只是把它看成是解决工业文明经济发展过程中出现的生态环境问题的新经济观念，是能够克服工业文明的褐色经济或黑色经济弊端的经济模式。在我国这种观点比较流行。例如，有的学者认为：“绿色经济是以市场为导向、以传统产业经济为基础、以经济与环境的和谐为目标而发展起来的一种新型的经济形式即发展模式”，“是现代工业化过程中针对经济发展对环境造成负面影响而产生的新经济概念”。时至今日，这种工业文明经济范畴的绿色经济概念仍被人引用来论证自己的绿色经济观念。因此，在此我要再次强调：工业文明经济范畴的绿色经济观念，在本质上仍是人与自然对立的文明观，并没有从根本上消除工业文明及黑色经济反生态和反人性的黑色基因，丢弃了绿色经济是生态经济协调发展的核心内容和超越工业文明黑色经济、铸造生态文明生态经济的本质属性，从而否定了绿色经济是生态文明生态经济形态的理论内涵与实践价值。因此，

① 刘思华：《绿色经济论》，北京：中国财政经济出版社，2001 年版，第 3 页。

以工业文明经济范式或理论平台来回应绿色经济议题，是不可能从根本上触动工业文明黑色经济形态的，是难以走出工业文明黑色经济发展道路的；最多是缓解局部自然环境恶化，是不可能解决当今人类面对的生态经济社会全面危机的。因此，决定了我们必须也应当以生态文明新范式或理论平台在深层次回应绿色经济与发展绿色经济议题，才能顺应21世纪生态文明与绿色经济时代的历史潮流。

生态马克思主义经济学哲学告诉我们：彻底的生态唯物主义者，不仅要在学科属性上把绿色经济从环境经济学的理论框架中解放出来，成为生态经济与可持续发展经济的理论范畴，而且在文明属性上，要把它从工业文明的基本框架中解放出来，作为生态文明的经济范畴。前面提到的笔者所著的《当代中国的绿色道路》《绿色经济论》这两部著作，是实现绿色经济这两个生态解放的成功探索。早在1998年笔者在《发展绿色经济，推进三重转变》一文中就明确提出了发展绿色经济的新的经济文明观，明确指出："人类正在进入生态时代，人类文明形态正在由工业文明向生态文明转变，这是人类发展绿色经济、建设生态文明的一个伟大实践。"①邹进泰、熊维明的《绿色经济》一书中指出：绿色经济发展"是从单一的物质文明目标向物质文明、精神文明和生态文明多元目标的转变。发展绿色经济，尤其要避免'石油工业''石油农业'造成的高消耗、高消费、高生态影响的物质文明，而要造就高效率、低消耗、高活力的生态文明。"②可见"中国智慧"在世界上最早实现绿色经济的两个生态解放、纳入生态文明的基本框架，是人与自然和谐统一、生态与经济协调发展的建设生态文明的必然产物。下面还要作几点说明：

(1) 按照人类文明形态演进和经济社会形态演进一致性的历史唯物主义社会历史观的理论思路，生态文明是继原始文明、农业文明、工业文明（包括后工业文明）之后的全新的人类社会文明形态，它不仅延续了它们的历史血脉，而且创新发展了它们尤其是工业文明的经济社会形态，使工业文明从人与自然相互对立、生态与经济相分裂的工业经济社会形态，朝着生态文明以人与自然和谐统一、生态与经济协调发展的生态经济社会形态演进。这是人类文明经济社会的全方位、最深刻的生态变革与绿色经济转型，可以说是人类文明历史发展以来最伟大的生态经济社会变革运动。

---

① 刘思华：《刘思华文集》，武汉：湖北人民出版社，2003年版，第403页。

② 邹进泰、熊维明等：《绿色经济》，太原：山西经济出版社，2003年版，第12页。

（2）我们要深刻认识和正确把握绿色经济的概念属性与本质内涵，正是这个属性和内涵决定了它是生态文明生态经济形态的实现形式与形象概括。世界工业文明发展的历史表明，无论是资本主义工业化，还是社会主义工业化；无论是发达国家工业化，还是发展中国家工业化，都走了一条工业经济黑色化的黑色发展道路，形成了工业文明黑色经济形态。据此，工业文明主导经济形态的工业经济形态的实现形态与形象概括就是黑色经济形态。而生态文明开辟了经济社会发展绿色化即生态化的绿色发展道路，最终形成生态文明绿色经济形态。它是对工业文明及其黑色经济形态的批判、否定和扬弃，是在此基础上的生态变革和绿色创新。这就是说，绿色经济的根本属性与本质内涵是生态经济与可持续发展经济，使它必然在本质上取代工业经济并融合知识经济的一种全新的经济形态，是生态文明新时代的主导经济形态的现实形态。所以，笔者反复指出："绿色经济作为生态文明时代的经济形态，是生态经济形态的现实象征与生动概括。"①这不仅肯定了绿色经济是生态经济学与可持续发展经济学的理论范畴，而且界定了绿色经济是生态文明的经济范畴，恢复了绿色经济的本来面目。

（3）绿色经济实现"两个生态解放"之后，就应当对它重新定位。现在我们可以将绿色经济的科学内涵和外延表述为：以生态文明为价值取向，以自然生态健康和人体生态健康为终极目的，以提高经济社会福祉和自然生态福祉为本质特征，以绿色创新为主要驱动力，促进人与自然和谐发展和生态与经济协调发展为根本宗旨，实现生态经济社会发展相统一并取得生态经济社会效益相统一的可持续经济。因此，发展绿色经济是广义的，不仅是指广义的生态产业即绿色产业，而且包括低碳经济、循环经济、清洁能源和可再生能源、碳汇经济以及其他节约能源资源与保护环境、建设生态的经济等。②这个新界定正确地揭示了绿色经济的本质属性、科学内涵、概念特征与实践主旨，准确地体现了绿色经济历史趋势与时代潮流；绿色经济观念、理论是人与自然和谐统一、生态与经济协调发展的生态文明新时代的理论概括与学理表现。只有这样认识和把握绿色经济，才能真正符合生态文明与绿色经济发展的客观进程与内在逻辑。

（4）生态文明经济范畴的绿色经济包含两层经济含义：一是它作为理论形态是

① 中国社会科学院马克思主义学部：《36位著名学者纵论中国共产党建党90周年》，北京：中国社会科学出版社，2011年版，第409页。

② 刘思华：《生态文明与绿色低碳经济发展总论》，北京：中国财政经济出版社，2000年版，第1页。

生态文明的经济社会形态范畴，是生态文明时代崭新的主导经济，我们称之为绿色经济形态。二是它作为实践形态是生态文明的经济发展模式，是生态文明崭新时代的经济发展模式，我们称之为绿色经济发展模式。这就决定了建设生态文明、发展绿色经济的双重战略任务，既要形成生态和谐、经济和谐、社会和谐一体化的绿色经济形态，又要形成生态效益、经济效益、社会效益最佳统一的绿色经济发展模式。据此，建设生态文明、发展绿色经济应当是经济社会形态和经济社会发展模式的双重绿色创新转型发展过程，这是革工业文明的黑色经济形态和经济发展模式之故、鼎生态文明的绿色经济形态和经济发展模式之新的过程。因此，每个战略任务都是双重绿色使命：一方面背负着克服、消除工业文明的黑色经济形态与发展模式的黑色弊端，对它们进行生态变革、绿色重构与转型，改造成为绿色经济形态与绿色经济发展模式；另一方面担负着创造人类文明发展的新形态，即超越资本主义工业文明（包括高度发达的后工业文明）的社会主义生态文明，构建与生态文明相适应的绿色经济形态和绿色经济发展模式。这是生态文明建设的中心环节，是绿色经济发展的实践指向，因此双重绿色经济就是我们迈向生态文明与绿色经济发展新时代，也是推动人类文明形态和经济社会形态与发展模式同步演进的双重时代使命与实践目标。实现双重时代使命所推动的变革不仅仅是工业文明形态及其他的黑色经济形态与发展模式本身的变革，而且是超越工业文明的生态文明及其他的经济形态与发展模式的生态变迁与绿色构建。这才符合生态文明与绿色经济的本质属性与实践主旨。

三、关于绿色发展理论与道路的探索问题

自 2002 年以来的 10 多年间，一直流传着联合国开发计划署在《2002 年中国人类发展报告：让绿色发展成为一种选择》中首先提出绿色发展，中国应当选择绿色发展之路。这个“首先”之说不知是何人的说法，是根本不符合绿色发展思想理论发展的历史事实的，是一种学术误传。

1．我们很有必要对中国绿色发展思想理论发展的历史作简要回顾

如前所述，1994 年笔者在《当代中国的绿色道路》一书中，以生态经济学新范式及生态经济协调发展的新理论平台来回应绿色发展道路议题，阐述了绿色发展的一系列主要理论与实践问题，明确提出中国绿色发展道路的核心问题是“经济发展生态化之路”，“一切都应当围绕着改善生态环境而发展，使市场经济发展建立在

生态环境资源的承载力所允许的牢固基础之上，达到有益于生态环境的经济社会发展。”[①]1995 年著名学者戴星翼在《走向绿色的发展》一书中首次从“经济学理解绿色发展”的角度，明确使用“绿色发展”这一词汇，诠释可持续发展的一系列主要理论与实践问题，并认为“通往绿色发展之路”的根本途径在于“可持续性的不断增加”。[②]在这里，绿色发展成为可持续发展的新概括。2012 年著名学者胡鞍钢出版的《中国：创新绿色发展》一书，创新性地提出了绿色发展理念，开创性地系统阐述了绿色发展理论体系，总结了中国绿色发展实践，设计了中国绿色现代化蓝图。所以，笔者认为本书虽有不足之处，但从总体上说，丰富、创新、发展了中国绿色发展学说的理论内涵和实际价值，提出了一条符合生态文明时代特征的新发展道路——绿色发展之路。总之，中国学者探索绿色发展的理念、理论与道路的历史轨迹表明，在此领域“中国智慧”要比“西方智慧”高明，这就在于绿色发展在发展理念、理论、道路上突破了可持续发展的局限性，“将成为可持续发展之后人类发展理论的又一次创新，并将成为 21 世纪促进人类社会发生翻天覆地变革的又一次大创造。”[③]

2. 21 世纪的绿色经济与绿色发展观

进入 21 世纪以后，绿色经济与绿色发展观念逐步从学界视野走进政界视野，尤其是面对 2008 年国际金融危机催化下世界绿色浪潮的新形势，以胡锦涛为总书记的中央领导集体正确把握当今世界发展绿色低碳转型的新态势、未来世界绿色发展的大趋势，站在与世界各国共建和谐世界与绿色世界的发展前沿上，直面中国特色社会主义的基本国情，提出了绿色经济与绿色发展的一系列新思想、新观点、新理论，揭示了发展绿色经济、推进绿色发展是当今世界发展的时代潮流。正如习近平同志所指出的：“绿色发展和可持续发展是当今世界的时代潮流”，其“根本目的是改善人民生活环境和生活水平，推动人的全面发展。”[④]李克强还指出：“培育壮大绿色经济，着力推动绿色发展”，“要加快形成有利于绿色发展的体制机制，通过政策激励和制度约束，增强推动绿色发展的自觉性、主动性，抑制不顾资源环境承

---

① 刘思华：《当代中国的绿色道路》，武汉：湖北人民出版社，1994 年版，第 86 页、第 101 页。

② 戴星翼：《走向绿色的发展》，上海：复旦大学出版社，1998 年版，第 1～23 页。

③ 胡鞍钢：《中国：创新绿色发展》，北京：中国人民大学出版社，2012 年版，第 20 页。

④ 习近平：《携手推进亚洲绿色发展和可持续发展》，2010 年 4 月 11 日《光明日报》。

载能力盲目追求增长的短期行为。”[①]笔者曾发文把以胡锦涛为总书记的中央领导集体的绿色发展理念概括为“四论”，即绿色和谐发展论、国策战略绿色论、绿色文明发展道路论、国际绿色合作发展论。[②]在此我们还要重视的是胡锦涛同志在2003年中央经济工作会议上明确指出：“经济增长不能以浪费资源、破坏环境和牺牲子孙后代利益为代价。”其后，他进一步指出：“我国是社会主义国家，我们的发展不能以牺牲精神文明为代价，不能以牺牲生态环境为代价，更不能以牺牲人的生命为代价。”“我们一定要痛定思痛，深刻吸取血的教训。”[③]胡锦涛提出的不能以“四个牺牲为代价”换取经济发展的绿色原则，反映了改革开放以来，我国经济发展的基本经验和严重教训，这实质上是实现科学发展的四项重要原则，是推进绿色发展的四项重要原则。凡是以“四个牺牲为代价”换取的经济发展就是不和谐的、不可持续的非科学发展，这种发展可以称为黑色发展；凡是没有以“四个牺牲为代价”的经济发展就是和谐的、可持续的科学发展，这种发展可以称为绿色发展。正是在这个意义上说，不能以“四个牺牲为代价”是区分黑色发展和绿色发展的四项绿色原则。

3．依法治国新政理念：发展绿色经济、推进绿色发展

当下中国执政者对绿色经济与绿色发展的认识与把握，已不只是学界那样把发展绿色经济、推进绿色发展视为全新的思想理论，而是一种崭新的全面依法治国的执政理念、发展道路与发展战略。党的十八大首次把绿色发展（包括循环发展、低碳发展）写入党代会报告，是绿色发展成为具有普遍合法性的中国特色社会主义生态文明发展道路的绿色政治表达，标志着实现中华民族伟大复兴的中国梦所开辟的中国特色社会主义生态文明建设道路，是绿色发展与绿色崛起的科学发展道路。这条道路的理论体系就是“中国智慧”创立的绿色经济理论与绿色发展学说。它既是适应世界文明发展进步，更是适应中国特色社会主义文明发展进步需要而产生的科学发展学说，甚至可以说，是一种划时代的全新科学发展学说。对此，近几年来，我多次强调指出：绿色经济理论与绿色发展学说不是引进的西方经济发展思想，而是中国学界和政界马克思主义学人自主创立的科学发展新学说。它是立足中国、面向世界、通向未来的马克思主义发展学说，必将指引着中国特色社会主义沿着绿色发展与绿色崛起的科学发展道路不断前进。

---

① 李克强：《推动绿色发展　促进世界经济健康复苏和可持续发展》，2010年5月9日《光明日报》。

② 刘思华：《科学发展观视域中的绿色发展》，载《当代经济研究》2011年第5期，第65～70页。

③ 中共中央文献研究室：《科学发展观重要论述摘编》，北京：中央文献出版社，2008年版，第34页、第29页。

"中国智慧"不仅从绿色经济的根本属性与本质内涵论证了绿色经济是生态文明的经济范畴，而且从绿色发展的根本属性与本质内涵界定了绿色发展是生态文明的发展范畴。故笔者把绿色发展表述为："以生态和谐为价值取向，以生态承载力为基础，以有益于自然生态健康和人体生态健康为终极目的，以追求人与自然、人与人、人与社会、人与自身和谐发展为根本宗旨，以绿色创新为主要驱动力，以经济社会各个领域和全过程的全面生态化为实践路径，实现代价最小、成就最大的生态经济社会有机整体全面和谐协调可持续发展，因此，绿色发展必将使人类文明进步和经济社会发展更加符合自然生态规律、社会经济规律和人自身的规律，即支配人本身的肉体存在和精神存在的规律（恩格斯语）"[①]或者说"更加符合三大规律内在统一的"自然、人、社会有机整体和谐协调发展的客观规律。现在我要进一步指出的是，从学理层面上说，绿色发展的理论本质是"生态经济社会有机整体全面和谐协调可持续发展"；从实践层面上看，绿色发展的实践主旨是实现"生态经济社会有机整体全面和谐协调可持续发展"。现在我们完全可以作出一个理论结论：绿色发展是生态经济社会有机整体全面和谐协调可持续发展的形象概括与现实形态。正是在这个意义上说，绿色发展是永恒的经济社会发展。这是客观真理。

4．绿色发展学说中若干基本理论观点和现实问题

（1）绿色发展的经济学诠释，就是绿色经济与绿色发展内在统一的绿色经济发展。笔者在 2002 年《发展绿色经济的理论与实践探索》的学术报告中，首次提出了绿色经济发展新观念和构建了绿色经济发展理论的基本框架，明确指出："发展绿色经济是建设生态文明的客观基础和根本问题"，"绿色经济发展是人类文明时代的工业文明时代进入生态文明时代的必然进程"，"是推进现代经济的'绿色转变'走出一条中国特色的绿色经济建设之路"，"必将引起 21 世纪中国现代经济发展的全方位的深刻变革，是中国经济再造的伟大革命"，还强调指出："只有建立生态市场经济制度才能真正走出一条中国特色的绿色经济发展道路。"[②]因此，21 世纪中国绿色发展道路在经济领域内，就是绿色经济发展道路，这是中国特色社会主义经济发展道路走向未来的必由之路。

（2）20 世纪人类文明发展事实表明工业文明发展黑色化是常态，故工业文明确实是黑色文明，其发展是黑色发展，它的一切光辉成就的取得，说到底是以牺牲

① 刘思华：《生态马克思主义经济学原理》（修订版），北京：人民出版社，2014 年版，第 578～579 页。

② 刘思华：《刘思华文集》，武汉：湖北人民出版社，2003 年版，第 607～612 页。

自然生态、社会生态和人体生态为代价，创造着黑色的文明史。因此，生态马克思主义经济学哲学得出一个人类文明时代发展特征的结论："工业文明是黑色发展时代，生态文明是绿色发展时代……'中国智慧'对从工业文明黑色发展向生态文明绿色发展巨大变革的认识，是21世纪中华文明发展头等重要的发现，是科学的最大贡献。"[①]从工业文明黑色发展走向生态文明绿色发展是生态经济社会有机整体的全方位生态变革与全面绿色创新转变，是人类文明发展史上最伟大的最深刻的生态经济社会革命。它的中心环节是要实现工业文明黑色发展道路向生态文明绿色发展道路的彻底转轨，其关键所在是要实现工业文明黑色发展模式向生态文明绿色发展模式的全面转型。[②]只有实现这两个"根本转变"，人类文明形态演进和经济社会形态演进才能真正迈向生态文明与绿色经济发展新时代。

(3) 和谐发展和绿色发展是生态文明的根本属性与本质特征的两种体现，是生态文明时代生态经济社会有机整体全面和谐协调可持续发展的两个方面。这是因为：① 生态马克思主义经济学哲学告诉我们，人类文明进步和经济社会发展的实质就是自然、人、社会有机整体价值的协调与和谐统一，是实现人与自然、人与人、人与社会、人与自身的全面和谐协调，成为人类文明进步与经济社会发展的历史趋势和终极价值追求。因此，笔者在《生态马克思主义经济学原理》一书中就指出了狭义与广义生态和谐论，指出"狭义生态和谐"就是人与自然的和谐发展即自然生态和谐，这是狭义生态文明的核心理念。而和谐发展不仅是人与自然的和谐发展，还包括人与人、人与社会及个人的身心和谐发展，于是我把这"四大生态和谐"称之为"广义的生态和谐"的全面和谐发展。这是广义生态文明的根本属性与本质特征，就必然成为生态文明的绿色经济形态与绿色发展模式的根本属性与本质特征。② 生态马克思主义经济学哲学还认为，从自然、人、社会有机整体的四大生态和谐协调发展意义上说，生态和谐协调发展已成为当今中国和谐协调发展的根基。这是绿色发展的核心与灵魂。因此，建设生态文明、发展绿色经济、推进绿色发展，必须贯穿于中国生态经济社会有机整体发展的全过程和各个领域，不断追求和递进实现"四大生态关系"的全面和谐发展，这是绿色发展的真谛。

① 刘思华：《生态马克思主义经济学原理》（修订版），北京：人民出版社，2014年版，第579页。

② 胡鞍钢教授在《中国：创新绿色发展》一书中认为："以高消耗、高污染、高排放为基本特征的发展，即黑色发展模式。"我认为应当以高投入、高消耗、高排放、高污染、高代价为基本特征的发展就是工业文明黑色发展模式，而以"五高"黑色发展模式为基本内容与发展思路就是工业文明黑色发展道路。

（4）全面生态化或绿色化是绿色发展的主要内容与基本路径。2011 年夏，中国绿色发展战略研究组课题组撰写的《关于全面实施绿色发展战略向十八大报告的几点建议》一书指出：按照马克思主义生态文明世界观和方法论，生态化应当写入党代会报告，使中国特色社会主义旗帜上彰显着社会主义现代文明的生态化发展理念，这是建设社会主义生态文明的必然逻辑，是发展绿色经济、实现绿色发展的客观要求，是构建社会主义和谐社会的必然选择。这里所说的生态化发展理念，就是绿色发展理念。后者是前者的现实形态与形象概括，在此我们很有必要作进一步论述：

☞ 生态化是一个综合科学的概念，是前苏联学者首创的现代生态学的新观念：早在 1973 年前苏联哲学家 B. A. 罗西在《哲学问题》杂志上发表的《论现代科学的"生态学化"》一文中，就将生态化称为"生态学化"，其本质含义是"人类实践活动及经济社会运行与发展反映现代生态学真理。"以此观之，生态化主要是指运用现代生态学的世界观和方法论，尤其依据"自然、人、社会"复合生态系统整体性观点考察和理解现实世界，用人与自然和谐协调发展的观点去思考和认识人类社会的全部实践活动，最优地处理人与自然的自然生态关系、人与人的经济生态关系、人与社会的社会生态关系和人与自身的人体生态关系，最终实现生态经济社会有机整体全面和谐协调可持续的绿色发展"。[①]生态化这个术语是国内外学者，尤其在中国新兴、交叉学科的学者广泛使用的新概念，其论著中使用的频率最高，当代中国已经出现新兴、交叉经济学生态化趋势。因此，这个界定从学理上说，我们可以作出一个合乎逻辑的结论：生态化应当是生态文明与绿色发展的重要范畴，甚至是基本范畴。

☞ 当今人类生存与发展需要进行一场深刻的生态经济社会革命，走绿色发展新道路，推进人类生存与发展的生产方式和生活方式的生态化转型，实现人类生存方式的全面生态化。它就内在要求人类社会的经济、科技、文教、政治、社会活动等经济社会运行与发展的全面生态化。在当代中国就是使中国特色社会主义生态经济社会体系运行朝着生态

① 刘思华：《论新型工业化、城镇化道路的生态化转型发展》，载《毛泽东邓小平理论研究》2013 年第 7 期，第 8～13 页。

化转型的方向发展。这种生态化转型发展就成为生态经济社会运行与发展的内在机制、主要内容、基本路径与绿色结果。这样的当代中国走生态化转型发展之路，是走绿色发展的必由之路与基本走向。可以说，“顺应生态化转型者昌，违背生态化转型者亡。”[①]这不仅是当今人类文明进步和世界经济社会发展，而且是中国特色社会主义文明进步和当代中国经济社会发展的势不可当的生态化即绿色化发展大趋势。

☞ 生态马克思主义经济学哲学强调生态文明是广义和狭义生态文明的内在统一，[②]并把广义生态文明称为绿色文明，既然生态化是生态文明的一个重要范畴，那么它就同生态文明，也是广义与狭义生态化的内在统一；这样说，可以把广义生态化称之为绿色化。两者的本质内涵是完全一致的。2015 年 3 月 24 日，中共中央政治局审议通过的《关于加快推进生态文明建设的意见》首次使用了绿色化这一术语，要求在当前和今后一个时期内，协同推进新型工业化、城镇化、信息化、农业现代化和绿色化。如果说绿色发展（包括循环发展和低碳发展）是生态文明建设的基本途径，那么可以说生态化发展是生态文明建设的内在机制和基本内容与途径。这是因为生态文明建设的理论本质是以生态为本，即主要是以增强提高自然生态系统适应现代经济社会发展的生态供给能力（包括资源环境供给能力）为出发点和落脚点，既要构建优化自然生态系统，又要推进社会经济运行与发展的全面生态化，建立起具有生态合理性的绿色创新经济社会发展模式。所以“生态文明建设的实践指向，是谋求生态建设、经济建设、政治建设、文化建设与社会建设相互关联、相互促进，相得益彰、不可分割的统一整体文明建设，用生态理性绿化整个社会文明建设结构，实现物质文明建设、政治文明建设、精神文明建设、和谐社会建设的生态化发展。这是中国特色社会主义生态文明建设的真谛。”[③]

☞ 笔者借写“丛书”总序之机，代表中国绿色发展战略研究组课题组和“丛书”的作者们向党中央建议：两年后把“绿色化”或“生态化”

① 刘本炬：《论实践生态主义》，北京：中国社会科学出版社，2007 年版，第 136 页。

② 刘思华：《生态马克思主义经济学原理》（修订版），北京：人民出版社，2014 年版，第 540～542 页。

③ 刘思华：《生态马克思主义经济学原理》（修订版），北京：人民出版社，2014 年版，第 549 页。

写入党的十九大党代会报告，使它成为中国特色社会主义道路从工业文明黑色发展道路向生态文明绿色发展道路全面转轨的一个象征，成为当今中国社会主义经济社会发展模式从工业文明黑色发展模式向生态文明绿色发展模式全面转型的一个标志，成为中国特色社会主义文明迈向社会主义生态文明与绿色经济发展新时代的一个时代标识。

四、关于迈向生态文明绿色发展的使命与任务问题

自 2008 年国际金融危机以来，绿色经济与绿色发展迅速兴起，是有着深刻的生态、经济和社会历史背景的。应当说，首先是发源于回应工业文明黑色发展道路与模式的负外部效应所积累的全球范围“黑色危机”越来越严重，已经走到历史的巅峰。“物极必反”，工业文明黑色发展道路与模式的历史命运也逃避不了这个历史的辩证法。它在其黑色发展过程中自我否定因素不断生成，形成向绿色经济与绿色发展转型的因素日渐清晰彰显，使我们看到了绿色经济与绿色发展的时代晨光，人类正在迎来生态文明绿色发展的绿色黎明。这是人类实现生态经济社会全面和谐协调可持续发展的历史起点。

1. 我们必须深刻认识和正确把握生态文明的绿色发展道路与模式的时代特征

迈向生态文明绿色经济发展新时代的时代特色应是反正两层含义：一是当今世界仍然处于黑色文明达到了全面异化的巨大危机之中，使当今人类面临着前所未有的工业文明黑色危机的巨大挑战；二是巨大危机是巨大变革的历史起点，开启了绿色文明绿色发展的新格局、新征途，使人类面临着前所未有的绿色发展历史机遇，并给予全面生态变革与绿色转型的强大动力。因此，当今人类正处于工业文明黑色发展衰落向生态文明绿色发展兴起的更替时期。这是危机创新时代，黑色发展危机逼进绿色创新发展，绿色创新发展走出黑色发展危机。毫无疑问，当今世界和当代中国的一个生态文明绿色创新发展时代正在到来。对此，我们必须从工业文明黑色发展危机来认识与把握生态文明绿色发展道路与模式的历史必然性和现实必要性与可能性。

(1) 历史和现实已经表明，自 18 世纪资本主义工业革命以来，在工业文明（包括其最高阶段的后工业文明）时代资本主义文明及工业文明成功地按照自身发展的工业文明发展模式塑造全世界，将世界各国都引入工业文明黑色经济与黑色发展道路与模式，形成了全球黑色经济与黑色发展体系。当今中外多学科学者在对工业文

明黑色发展的反思与批判中，有一个共识：黑色文明发展一方面使物质世界日益发展，物质财富不断增加；另一方面使精神世界正在坍塌，自然世界濒临崩溃，人的世界正在衰败。它不仅是自然异化，而且是人的物化、异化和社会的物化、异化。当今世界的南北两极分化加剧，以美国为首的国际垄断资本主义势力为掠夺自然资源不断发动地区战争，没有硝烟的经济战和经济意识形态战频发；恐怖主义嚣张，物质主义、拜金主义、消费主义盛行，道德堕落和精神与理智崩溃，无论是发达国家还是发展中国家内部的贫富悬殊、两极分化正在加剧，各种社会不公正与不平等的社会生态关系恶化加深，已成为当今世界的社会生态黑色发展现实。因此，当今工业文明黑色发展的黑色效应已经全面地、极大地显露出来了，使工业文明黑色发展成为当今世界以及大多数国家和民族发展的现状特征。正是在这个意义上，我们完全可以说，当今人类已经陷入工业文明发展全面异化危机及黑色深渊，使今日之工业文明黑色发展达到了可以自我毁灭的地步，同时也包含着克服、超越工业文明黑色发展险境的绿色发展机遇和种种因素条件，也就预示着黑色发展道路与模式的生态变革与绿色转型是历史的必然。这就是说，如果人类不想自我毁灭的话，就必须自觉地走超越工业文明的生态文明绿色发展的新道路，及构建绿色发展的新模式。这是历史发展的必然道路，是化解当今工业文明黑色发展危机的人类自觉的选择，也是唯一正确的选择。

(2)深刻认识和真正承认开创生态文明绿色发展道路与模式的现实必要性和紧迫性。这首先在于当今世界系统运行是依靠“环境透支”“生态赤字”来维持，使自然生态系统的生态赤字仍在扩大，将世界各国都绑在工业文明黑色发展之舟上航行。工业文明发展的一切辉煌成就的取得，都是以自然、人、社会的巨大损害为代价，尤其是以毁灭自然生态环境为代价的，这是西方各学科的进步学者的共识，也是中国有社会良知的学者的共识。在 1961 年人类一年只消耗大约 2/3 的地球年度可再生资源，世界大多数国家还有生态盈余。大约从 1970 年起，人类经济社会活动对自然生态的需求就逐步接近自然生态供给能力的极限值，自 1980 年首次突破极限形成“过冲”以来，人类生活中的大自然的生态赤字不断扩大，到 2012 年已经需要 1.5 个地球才能满足人类正常的生存与发展需要。因此，《增长的极限》一书的第 2 版即 1992 年版译者序就明确指出：“人类在许多方面已经超出了地球的承载能力之外，已经超越了极限，世界经济的发展已经处于不可持续的状况。”足见工业文明黑色发展确实是一种征服自然、掠夺自然、不惜以牺牲自然生态来换取经济发展的黑色发展道路，使“今天世界上的每一个自然系统都在走向衰落。”[①]进入21世纪的15年间，生态赤字继续扩大、自然生态危机及黑色发展危机日益加深，对此，《自然》杂志发文说：“地球生态系统将很快进入不可逆转的崩溃状态。”[②]联合国环境规划署2012年6月6日在北京发布全球环境展望报告中指出，当今世界仍沿着一条不可持续之路加速前行，用中国学者的话说，就是人类仍在继续沿着工业文明黑色发展道路加速前行。因此，从全球范围来看，“目前还没有一个国家真正迈入了‘绿色国家的门槛’”[③]，这是不可否认的客观事实。据报道，今年春季欧洲大面积雾霾污染重返欧洲蓝天，使巴黎咳嗽、伦敦窒息、布鲁塞尔得眼疾……这是今春西欧地区空气污染现状大致勾勒出的一幅形象的画面。这就意味着这些欧洲各城市又重新回到大气危机的黑色轨道上来了，因此，人们发出了西欧“霾害根除”还只是个传说之声。这的确是事实，欧洲遭遇空气污染已经不是新鲜事，2011年9月7日英国《卫报》网站曾报道，欧洲空气质量研究报告称空气污染导致欧洲每年有50万人提前死亡，全欧用于处理空气污染的费用高达每年7 900亿欧元。2014年11月19日西班牙《阿贝赛报》报道，欧洲环境署公布的空气质量年度报告显示空气污染问题造成欧洲每年大约45万人过早死亡，其中约有43万人的死因是生活在充满$PM_{2.5}$的环境中。2014年4月初，英国环境部门监测到伦敦空气污染达10级，是1952年以来最严重的污染，引发全国逾162万人哮喘病发[④]。近年来欧洲大面积雾霾污染事件，击碎了英国、法国、比利时等发达国家是“深绿发展水平国家”的神话。

(3) 一个国家和民族或地区经济社会运行，从生态盈余走向生态赤字并不断扩大的发展道路，就是工业文明的黑色发展道路，其自然生态环境必然是不断恶化的，没有绿色发展可言。与此相反，从生态赤字逐步减少走向生态盈余的发展道路，就是迈向生态文明的绿色发展道路，其自然生态环境不断朝着和谐协调绿色发展的方向前行。因此，逐步实现生态赤字到生态盈余的根本转变，构成判断是不是绿色发展及一个国家和民族及地区是不是“绿色国家”的一个基础根据与根本标准。据此，抛弃工业文明黑色发展模式，坚定不移走绿色发展道路，其根本的、最终的目标与

① 保罗·替肯：《商业生态学》（中译本），上海：上海译文出版社，2001年版，第26页。
② 详见2012年7月28日《参考消息》，第7版。
③ 杨多费、高飞鹏：《绿色发展道路的理论解析》，载《科学管理研究》第24卷第5期，第20～23页。
④ 戴军：《英国："霾害根除"还只是个传说》，2015年3月22日《光明日报》。

首要任务就是尽快扭转自然生态环境恶化趋势，实现生态赤字到生态盈余的根本转变，达到生态资本存量保持非减性并有所增殖，这是人类生态生存之基、绿色发展之源。

2. 开创绿色经济发展新时代的绿色使命与历史任务

当今人类发展已经奏响绿色经济与绿色发展的新乐章。发展绿色经济、推进绿色发展是开创绿色经济发展新时代的绿色使命与历史任务，必将成为人类文明演进与经济社会发展的时代潮流。从全球范围来看，迄今为止，世界上还没有一个国家或地区真正是生态文明的绿色国家或绿色地区，中国也不例外。但是当今世界主要发达国家和发展中国家，已经奏响经济社会发展绿色低碳转型的主旋律，开始朝着建设绿色国家或地区，推进绿色发展的方向前行。在此我们要指出的是，发展绿色经济、推进绿色发展是世界各国的共同目标和绿色使命。2010 年美国学者范・琼斯出版的《绿领经济》一书谈到美国兴起的绿色浪潮时说："不管是蓝色旗帜下的民主党人还是红色旗帜下的共和党人，一夜之间都摇起了绿色的旗帜。"[①]奥巴马政府实行绿色新政，主打绿色大牌，实施绿色经济发展战略，其战略目标是要促进经济社会发展的绿色低碳转型，再造以美国为中心的国际政治经济秩序。以北欧为代表的部分国家如瑞典、丹麦等在实施绿色能源计划方面走在世界前列。日本推进以向低碳经济转型为核心的绿色发展战略总体规划，力图把日本打造成全球第一个绿色低碳国家。韩国制定和实施低碳绿色增进的经济振兴国家战略，使韩国跻身全球"绿色大国"之列。尤其是在绿色新政席卷全球时，不仅美国而且英、德、法等主要发达国家，都企图引领世界绿色潮流。这些事实充分表明发展绿色经济、推进绿色低碳转型、实现绿色发展，是世界发展的新未来、新道路，已成为 21 世纪人类文明进步和经济社会发展的主旋律即绿色发展主旋律，标志着当今人类发展已经开启了迈向绿色经济发展新时代的新航程。

然而，历史发展不是一条直线，而是螺旋式上升的曲线。当今人类历史仍处在资本主义文明及工业文明占主导地位的时代，主要资本主义国家仍有很强的调整生产关系、分配关系和社会关系的能力和活力。因此，主要资本主义国家尤其是西方发达资本主义国家，在工业文明基本框架内对生态环境与绿色经济的认识，制定和实行生态环境保护、治理与生态建设政策、措施和行动，并发展绿色经济，来调节、

① 范・琼斯：《绿领经济》（胡晓姣、罗俏鹃、贾西贝译），北京：中信出版社，2010 年版，第 55 页。

缓解资本主义生态经济社会矛盾，力图走出工业文明发展全面异化危机即黑色发展困境。但是，正如一些学者所指出的，“事实的真相”则是到目前为止，西方发达资本主义国家所实施的绿色经济发展战略和自然生态环境治理与修复的思路与方案，主要是在工业文明基本框架内进行[①]，仍然没有根本触动工业文明也无法超越现存资本主义文明的黑色经济社会体系。这主要表现在两个方面：一是西方发达资本主义国家对内实行绿色资本主义的发展路线。目前西方发达国家主要是在不根本触动资本主义文明及工业文明黑色经济体系与发展模式的前提下，通过单纯的技术路线来治理、修复、改善自然生态环境，寻求自然生态环境和资本主义协调发展，缓解人与自然的尖锐矛盾，并在对高度现代化的工业文明重新塑造的基础上走有限的“生态化或绿色化转型发展道路”，即绿色发展道路，实践已经论证，这是不可能走出工业文明黑色危机的。今春欧洲大面积雾霾污染重返欧洲蓝天就是有力佐证。二是目前西方发达资本主义国家对外实行生态帝国主义政策，主要有3种形式：资源掠夺、污染输出和生态战争，使发达资本主义大多数踏上了生态帝国主义黑色之路，使西方发达国家的黑色发展道路与模式所付出的高昂生态环境成本即发生巨大黑色成本由发展中国家为他们“买单”。因此，我们从现实中可以看到，绿色资本主义和生态帝国主义的路线与实践不仅可以成功地改善资本主义国家国内的自然生态环境，缓解甚至能够度过“生存危机”，而且可以“在承担着创造后工业文明时代资本主义的‘绿色经济增长’和‘绿色政治合法性’新机遇的使命。”[②]

当今人类虽然正在迎来生态文明即绿色文明的黎明，但人类文明发展却是在迂回曲折中前进的。自2008年国际金融危机之后，先是美国实行“再工业化战略”，推进“制造业回归”。随后欧洲发达国家纷纷宣称要“再工业化”，不仅把包括绿色能源战略在内的绿色经济发展战略纳入经济复苏的轨道，而且还针对经济虚拟化、产业空心化，试图通过实施“再工业化战略”和“回归实体经济”，重塑日益衰落的工业文明生态缺位的黑色经济，重新走上工业文明增长的经济发展道路。这是向高度现代化的工业文明发展的回归，阻碍着人类文明发展迈向生态文明绿色经济发展新时代。

按照生态马克思主义经济学哲学观点，在资本主义文明及工业文明框架的范围

---

① 张孝德：《生态文明模式：中国的使命与抉择》，载《人民论坛》2010年第1期，第24～27页。

② 郇庆治：《“包容互鉴”：全球视野下的“社会主义生态文明”》，载《当代世界与社会主义》2013年第2期，第14～22页。

内，是不可能从根本上走出工业文明发展全面异化危机即黑色危机的深渊。对此，连西方学者也认为：在资本主义文明及工业文明的“基本框架内对经济运行方式、政治体制、技术发展和价值观念所作的任何修补和完善，都只能暂时缓解人类的生存压力，而不可能从根本上解决困扰工业文明的生态危机。”①这就是说，绿色资本主义和生态帝国主义的推行会使全球自然生态、社会生态和人类生态的黑色危机越来越严重。这与20世纪90年代以来世界各国在工业文明框架内实施可持续发展一样，其结果是“20多年来的可持续发展，并没有有效遏制全球范围的环境与生态危机，危机反而越来越严重，越来越危及人类安全。”②因此，世界人民有理由把更多的目光集聚到社会主义中国，将开创工业文明黑色发展道路与模式转向生态文明绿色发展道路与模式，这一人类共同的绿色使命与历史任务寄托于中国建设社会主义生态文明。2011年在美国召开的生态文明国际论坛上有位美国学者说道：“所有迹象表明，美国政府依然将在错误的道路上越走越远。”“所有目光都聚到了中国。放眼全球，只有中国不仅可以，而且愿意在打破旧的发展模式、建立新的发展模式上有所作为。中国政府将生态文明纳入其发展指导原则中，这是实现生态经济所必需的，并使得其实现变为可能，是一个高瞻远瞩的规划。”③

3．中国在当今世界已经率先拉开超越工业文明的社会主义生态文明绿色经济发展新时代的序幕，引领全人类朝着生态文明绿色经济形态与绿色发展模式的方向发展

我国改革开放以来，始终坚持保护环境和节约资源的基本国策，实施可持续发展战略，一些省市和地区实行“生态立省（市）、环境优先、发展与环境、生态与经济双赢”的战略方针。从发展生态农业、生态工业到建设生态省、生态城市、生态乡村；从坚持走生产发展、生活富裕、生态良好的文明发展道路，建设资源节约型、环境友好型经济社会，到发展绿色经济、循环经济、低碳经济；从大力推进生态文明建设到着力推进绿色发展、循环发展、低碳发展等，都取得了明显进展和积极成效。特别是党的十八大确立了社会主义生态文明科学理论，提出和规定了建设

① 转引自杨通进：《现代文明的生态转向》，重庆：重庆出版社，2007年版，总序第4页。

② 胡鞍钢：《中国：创新绿色发展》，北京：中国人民大学出版社，2012年版，第9页。

③ 第五届生态文明国际论坛会议论文集（中英文）. April 28-29，2011，Claremont，CA，USA. Fifth International Forum on Ecological Civilization：toward an Ecological Economics。

中国特色社会主义的两个“五位一体”[①]：建设中国特色社会主义“五位一体”总体目标，使中国特色社会主义道路的基本内涵更加丰富；建设中国特色社会主义“五位一体”总体布局，使中国特色社会主义的基本纲领更加完善。这不仅是奏响我们党“领导人民建设社会主义生态文明（新党章语）的新乐章，而且标志着全国人民踏上社会主义生态文明绿色发展道路的新征途。因此，党的十八大明确提出“努力建设美丽中国”是社会主义生态文明建设的战略目标，即建设美丽中国首先是建设绿色中国，其中心环节就是走出一条生态文明绿色经济发展道路，构建绿色经济形态与发展模式。据此而言，党的十八大向全党全国人民发出的“努力走向社会主义生态文明新时代”的伟大号召，意味着中国特色社会主义文明发展要努力迈向生态文明绿色经济与绿色发展新时代。为此，《中共中央　国务院关于加快推进生态文明建设的意见》中又提出把经济社会绿色化作为生态文明建设与绿色发展的核心内容与基本途径，从而在当今世界率先开拓了从工业文明黑色发展道路与模式转向生态文明绿色发展道路与模式，使当下中国朝着生态文明绿色经济形态与发展模式的方向发展，努力成为成功走出工业文明的新型工业化道路、真正进入生态文明的绿色化发展道路的榜样国家。

当然，当今中国的客观现实还是一个加速实现工业化的发展中国家，刚走过发达国家100多年所走过的工业文明发展历程，成为以工业文明为主导形态的工业大国。在这几十年间，中国工业化、现代化道路的探索，尽管在一定程度上符合中国国情和实际情况，但仍然走的是工业文明黑色发展与黑色崛起道路，它在本质上是沿袭了西方发达资本主义文明所走过的高碳高熵高代价的工业文明——“先污染后治理、边污染边治理”的黑色发展道路。因此，我们“不得不承认，我们原先走在黑色发展和崛起的征途上，所以尽管我们即使按西方工业文明的标准未达到发展与崛起的程度，但是黑色发展和崛起的一切代价和后果我们都已尝到了。”[②]历史经验教训值得重视，党的十八大之前的20多年里，我们在没有根本触动刚刚形成的工业文明经济社会形态前提下，换言之在工业文明基本框架内实施可持续发展战略、生态环境治理与修复，建设生态省市，走文明发展道路以及发展绿色经济等，是不可能有效遏制、克服工业文明黑色发展道路与模式的黑色效应，工业文明发展异化

① 刘思华：《生态马克思主义经济学原理》（修订版），北京：人民出版社，2014年版，第561～566页。

② 陈学明：《生态文明论》，重庆：重庆出版社，2008年版，第22页。

危机即黑色危机反而日益严重。它突出体现在3个方面[①]：一是当下中国自然生态恶化状况从总体上看，范围在扩大、程度在加深、危害在加重；二是城乡地区差距不断扩大、分配不公与物质财富占有的贫富悬殊已成常态；三是平民百姓生活质量相对变差等社会生态恶化，公众健康相对变差的国民人体生态恶化等，使得生态经济社会矛盾不断积累与日益突出甚至不同程度的激化，已成为建设美丽中国、全面建成小康社会的重大瓶颈，是实现绿色中国梦的最大桎梏。因此，我们必须正视当下中国"自然、人、社会"复合生态系统的客观现实，深刻认识与正确把握当今中国从工业文明黑色发展道路向生态文明绿色发展道路的全面转轨，从工业文明黑色发展模式向生态文明绿色发展模式的全面转型的必要性、迫切性、重要性与艰巨性。事实上，近年来，我国学术界有人为了所谓填补研究空白、标新立异，制造一些伪绿色发展论，不仅把西方主要发达国家说成是"深绿色发展国家"，掩盖当今资本主义国家工业文明发展全面恶化危机即黑色危机的客观现实，而且把处于"十面霾伏"的雾霾污染重灾区的京津冀、长三角、珠三角的一些城市界定为"高绿色城镇化"，这完全不符合客观事实的假命题，否定不了当下中国及城市自然生态危机仍在加深的严峻事实，动摇不了我国以壮士断腕的决心和信心，打好大气、水体、土壤污染的攻坚战和持久战。

所谓攻坚战和持久战，就在于当前国内外事实表明，大气、水体、土壤污染治理与修复已成为世界性的难题。而当今中国大气、水体、土壤污染日益严重，应当说是长期中国工业化、城市化黑色发展积累的必然恶果，是中国工业文明黑色发展道路与模式对自然生态损害的直观展示，是对中国过去GDP至上主义发展的严厉惩罚及严重警示。改革开放30多年，中国经济发展规模迅速扩大，快速成长为工业文明经济大国，这是世所罕见的。然而，它所付出的自然生态环境代价也是世所罕见的。当今世界上很少有国家像中国这样，以如此之高的激情加速折旧自己的生态环境未来，已经是世界头号污染排放大国，正如国内外学者所指出的，中国已经成为世界上最大的"黑猫"，"全球最大的生态'负债国'"[②]。目前中国生态足迹是生物承载力的两倍，生态系统整体生态服务功能不断退化，生态赤字还在扩大。中

---

① 刘思华：《论新型工业化、城镇化道路的生态化转型发展》，载《毛泽东邓小平理论研究》2013年第7期，第8～13页。

② 卢映西：《出口导向型发展战略已不可持续——全球经济危机背景下的理论反思》，载《海派经济学》2009年第26辑，第81页。

国生态系统的生态负荷已达到临界状态，一些资源与环境容量已达支撑极限，经济社会发展是依靠“环境透支”与“生态赤字”来维持。因而，生态赤字不断扩大，生态（包括资源环境）承载力日益下降，在大中城市尤其是大城市十分突出，如上海市人均生态足迹是人均生态承载力的 46 倍，广州市为 31 倍，北京市为 26 倍。在存在生态赤字的国家中，日本是 8 倍，其他国家均在 2～3 倍，中国大城市特大城市普遍存在巨大的生态赤字，都面临比其他国家更为严峻的自然生态危机[①]。由此要进一步指出，目前全国 600 多个大中城市，特别是大城市，其高速发展不仅正在遭遇各种环境污染，如水、土、气三大污染之困，而且正在遭遇“垃圾围城”之痛，有 2/3 的城市陷入垃圾的包围之中，有 1/4 的城市已没有适合场所堆放垃圾，从而加剧了城市生态系统的黑色危机。近日有学者发文认为，“中国城镇化离绿色发展要求的内涵、绿色发展的模式相距甚远”，“中国的绿色发展目标尚未实现”[②]。这就是说，迄今为止，我国还没有一个大中城市真正走入按照社会主义生态文明的本质属性与实践指向所要求的生态文明绿色城市的门槛，这是不容争辩的客观事实。

综上所述，无论当今世界还是今日中国，生态足迹不断增加，生态赤字日益扩大，这是自然生态危机的核心问题与根本表现。而当下中国各类环境污染呈现高发态势，已成民生之患、民心之痛、发展之殇；生态赤字与生态资本短缺仍在加重，使我国进入生态“还债”高发期，良好的自然生态环境已经成为最为短缺的生活要素、生产要素及生存发展要素。这就决定了生态环境问题是严重制约中国生态经济社会有机整体、全面和谐协调可持续发展的最短板，是建设美丽中国、实现绿色中国梦的最大阻碍，是中国绿色发展与绿色崛起面临的最大挑战与绿色压力。因此，我们要直面这一严峻现实，必须也应当摆脱与摒弃过去所走过的工业文明高碳高熵高代价的黑色发展道路，与工业文明黑色发展模式彻底决裂，积极探索生态文明低碳低熵低代价的绿色发展道路及发展模式，使中国特色社会主义文明发展尽早实现从工业文明黑色发展道路与模式向生态文明绿色发展道路与模式的根本转变，成功地建成生态文明绿色强国。

---

① 齐明珠、李月：《北京市城市发展与生态赤字的国内外比较研究》，载《北京社会科学》2013 年第 3 期，第 128～134 页。

② 庄贵阳、谢海生：《破解资源环境约束的城镇化转型路径研究》，载《中国地质大学学报（社科版）》2015 年第 2 期，第 1～10 页。

五、关于“绿色经济与绿色发展丛书”的几点说明

“绿色经济与绿色发展丛书”是目前世界和中国规模最大的绿色社会科学研究与出版工程，覆盖数10个社会科学和自然科学，是现代经济理论与发展思想学科群绿色化的开篇，故不得不说明几点：

(1)“丛书”站在中国特色社会主义文明从工业文明走向生态文明的文明形态创新、经济社会形态创新、经济发展模式及发展方式创新的新高度，不仅探讨了中国社会主义经济的发展道路、发展战略、发展模式和发展体制机制等生态变革与绿色创新转型即生态化、绿色化发展，而且提出了从国民经济各部门、各行业到经济社会发展各领域等方面，都要朝着生态化、绿色化方向发展。为建设社会主义生态文明和美丽中国，实现把我国建成绿色经济富国、绿色发展强国的绿色中国梦，提供新的科学依据、理论基础和实践框架及路径。

(2)“丛书”力争出版45部，涉及学科很多、内容广泛，理论与实践问题研究较多，大致可以归纳为4个方面：一是深化生态文明和绿色经济与绿色发展的马克思主义基础理论研究；二是若干重大宏观绿色化问题研究；三是主要领域、重要产业与行业发展绿色化问题研究；四是微观绿色化问题研究。因此，整部“丛书”是以建设生态文明为价值取向，以发展绿色经济为主题，以推进绿色发展为主线，比较全面、系统地探讨生态经济社会及各领域、国民经济各部门、各行业与其微观基础的绿色经济与绿色发展理论和实践问题；向世界发出“中国声音”，展示中国的绿色经济发展理论与实践的双重探索与双重创新。

(3)“丛书”是新兴、交叉学科群绿色化多卷本著作，必然涉及整个经济理论与发展学说和马克思主义的基本原理与重要的基本理论问题，并涉及众多的非常重要的现实的前沿话题，难度很大，有些认识还只能是理论的假设与推理，而作者和主编的多学科知识和理论水平又很有限，因而“丛书”作为学科群绿色化的开篇，很难说是一个十分让人满意的开头，只能是给读者和研究者提供一个学术平台继续深入探讨，共同迎接绿色经济理论与绿色发展学说的繁荣与发展。

(4)本丛书把西方世界最早研究生态文明的专家——美国的罗伊·莫里森所著的《生态民主》译成中文出版。《生态民主》一书于1995年出版英文版，至今已有20年了，中国学界和出版界却无人做这项引进工作，出版中译本。近几年来，在我国研究生态文明的热潮中，很多论文和著作都提到《生态民主》一书，尤其我国

权威媒体记者多次采访莫里森，使这本书在中国有较大影响。然而，众多研究者介绍本书时都没有具体内容，既没有看英文版原版，又无中译本可读，只是相互转抄、添油加醋，就产生了一些学术误传，不利于正确认识世界生态文明思想发展史，更不能正确认识中国马克思主义生态文明理论发展史。因此，笔者下决心请刘仁胜博士译成中文，由中国环境出版社出版，与中国学者见面。在此，我要强调指出的是，我作为“丛书”主编，对莫里森先生所写中译本序言和本书一些基本观点，并不代表笔者的观点，我们出版中译本是表明学术思想的开放性、包容性，为中国学者深入研究生态文明提供思想资料与学术空间，推动社会主义生态文明理论与实践研究不断创新发展。

（5）“丛书”的作者们在梳理前人和他人一些与本领域有关的思想材料、引用观点时，都尽可能将原文在脚注和参考文献中一一列出，也有可能被遗漏，在此深表歉意，请原著者见谅。在此，我们还要指出的是，“丛书”是“十二五”国家重点图书出版规划项目，多数书稿经历了四五年时间才完稿，有的书稿所引用的观点和材料是符合当时实际的。党的十八大后，党和政府对市场经济发展进程中出现的某些经济社会问题，认真地进行治理并有所好转，但在出版时把它作为历史记录保留在书中，特此说明。总之，“丛书”值得商榷之处一定不少，缺点甚至错误在所难免，故热切盼望得到专家指教和广大读者指正。

刘思华

2015 年 7 月

目　录

第 1 篇　绿色消费理论与实践

第 1 章　经济发展中的绿色消费……3
1.1　绿色消费的背景、意义……3
1.2　绿色消费的理论界定……9

第 2 章　绿色消费理论……26
2.1　绿色消费的理论基础……26
2.2　国外关于绿色消费的理论研究……31
2.3　国内关于绿色消费的理论研究……36

第 3 章　绿色消费的现状及存在的问题……43
3.1　国外绿色消费的现状……43
3.2　国内绿色消费的现状……54
3.3　绿色消费实践中存在的问题……60

第 2 篇　绿色消费行为与影响因素

第 4 章　绿色消费行为……69
4.1　绿色消费行为概述……69
4.2　绿色消费的行为主体……80

第 5 章　影响绿色消费行为的因素 85
5.1　社会因素对绿色消费行为的影响 85
5.2　市场因素 93
5.3　消费主体自身因素 102

第 6 章　绿色消费引导 106
6.1　绿色消费观念引导 106
6.2　进行绿色消费教育 110
6.3　绿色消费政策引导 115

第 3 篇　实现绿色消费的保障体系

第 7 章　绿色消费环境构建 125
7.1　消费环境分类 125
7.2　营造绿色消费环境 131
7.3　结语 143

第 8 章　绿色消费推进技术 145
8.1　绿色产品生产技术 145
8.2　节能减排技术 154
8.3　生态资源保护技术 162
8.4　结语 168

第 9 章　绿色消费制度 169
9.1　绿色消费规范制度 169
9.2　绿色消费市场准入制度 181
9.3　绿色采购制度 183

第 10 章　基于转型的绿色消费战略 187
10.1　绿色消费是我国消费转型的一大战略 187

10.2 消费转型的轨迹 190
10.3 绿色消费转型战略的着力点 195
10.4 绿色消费战略实现的路径 198

附录 1 商务部 财政部 中国人民银行关于“十二五”时期做好扩大消费工作的意见 202
附录 2 中华人民共和国循环经济促进法 207

参考文献 218

后 记 223

Contents

Part 1 The Theory and Practice of Green Consumption

Chapter 1 Green Consumption in Economic Development 3

1.1 Background and Significance of Green Consumption 3

1.2 Theoretical Definition for Green Consumption 9

Chapter 2 The Theory of Green Consumption 26

2.1 Theoretical Foundation of Green Consumption 26

2.2 Foreign Theoretical Studies on Green Consumption 31

2.3 Domestic Theoretical Studies on Green Consumption 36

Chapter 3 Status Quo and Problems of Green Consumption 43

3.1 Status Quo of Foreign Green Consumption 43

3.2 Status Quo of Domestic Green Consumption 54

3.3 Problems in Practices of Green Consumption 60

Part 2 Green Consumer Behavior and Influential Factors

Chapter 4 Green Consumer Behavior 69

4.1 Green Consumer Behavior Overview 69

4.2 Behavior Subject of Green Consumption 80

Chapter 5 Factors of Affecting Green Consumption Behavior 85
5.1 The Influence of Social Factors on Green Consumer Behavior 85
5.2 Market Factors 93
5.3 Own Factors of Consumption Subject 102

Chapter 6 Guidance to Green Consumption 106
6.1 Concept Guidance to Green Consumption 106
6.2 Carried on Green Consumption Education 110
6.3 Policy Guidance to Green Consumption 115

Part 3 Guarantee System to Implement Green Consumption

Chapter 7 Environment Building of Green Consumption 125
7.1 Classification of Green Consumption 125
7.2 Create Green Consumption Environment 131
7.3 Epilogue 143

Chapter 8 Propulsion Technology of Green Consumption 145
8.1 Production Technology of Green Products 145
8.2 Energy Saving and Emission Reduction Technology 154
8.3 Ecological Resources Protection Technology 162
8.4 Epilogue 168

Chapter 9 Green Consumption Institution 169
9.1 Specification Institution of Green Consumption 169
9.2 Market-Access Institution of Green Consumption 181
9.3 Green Purchase System 183

Chapter 10 Green Consumption Strategy Based on Transition 187
10.1 Green Consumption is One of Strategy of Chinese Consumption Transition 187
10.2 Trajectory of Consumption Transition 190
10.3 The Point of Green Consumption Transition Strategy 195
10.4 Ways to Achieve Green Consumption Strategy 198

Appendix 1 Advice of Ministry of Commerce, Ministry of Finance, People's Bank of China to Do the Work to Expand Consumption on the "Twelfth Five-Year" Period 202

Appendix 2 People's Republic of China Circular Economy Promotion Law 207

References 218

Postscript 223

第1篇

绿色消费理论与实践

绿色消费是生态文明的具体实现。党的十八提出必须树立尊重自然、顺应自然、保护自然的生态文明理念，具体到消费上就是要倡导绿色消费，绿色消费是生活方式绿色化的反映。“绿色化”于 2015 年 3 月 24 日在中央政治局会议上首次提出，它倡导绿色低碳、力戒奢侈浪费和不合理消费，要求在发展经济时注重绿色消费、节约资源、保护环境。本篇阐述了绿色消费相关研究和理论，分析了我国绿色消费的现状及实践中存在的问题，为绿色消费的全面推进提供理论基础。

第 1 章

经济发展中的绿色消费

从全球范围看，人类在享受越来越富裕的生活的同时，也面临着环境污染、资源衰竭等严重问题，这说明过于追求经济的快速发展已对人类健康和生存环境产生了损害，影响了人类生活质量的提高，是不可持续的。在这一背景下，一种新兴的既注重资源节约、环境保护又有利于人类身心健康的绿色发展模式应运而生，而绿色消费是这一模式的具体体现。党的十八大提出要加强生态文明宣传教育，形成合理消费的社会风尚；促进生产、流通、消费过程的减量化、再利用、资源化。这反映出把倡导绿色消费提升到了一个战略高度。研究绿色消费对把生态文明建设融入经济建设、政治建设、文化建设、社会建设各方面和全过程的“五位一体”总布局的具体实现有重要意义。

1.1　绿色消费的背景、意义

绿色消费的兴起有着特定的背景和意义，它是工业社会发展到一定程度，人们更加追求自身健康和生活质量而出现的，它的出现和发展对于人类社会的可持续发展意义重大。

1.1.1 绿色消费的背景

绿色消费是社会发展到一定程度而出现的，它的兴起在社会发展进程中有着必然性。工业革命前，人们处在一种前现代社会中，那时生产力不发达，科学技术相对也比较落后，人们所使用的工具很原始，所进行的活动很简单，基本是为了能够填饱肚子，人类对于自然界的控制和干预能力较弱，因而基本没有让大自然的生态环境遭到污染和破坏，人类活动对大自然的影响十分有限。作为人类活动的一个基本环节，人类的消费活动也囊括在自然生态系统中，那时人们的消费活动没有引起自然系统发生质的变化。人类与自然在工业革命前的数千年文明史中基本都是和谐共处、协调发展的，虽然到农牧业后期时出现了一些水土流失、植被破坏、土地沙漠化等现象，但总体上这些现象是在很小的范围内发生的局部性问题，总体的自然和生态环境是良好的，人类的健康和安全、自然生态系统的良好循环没有受到威胁，从某种意义上来说，自然资源“取之不尽、用之不竭”，出现一幅人类和自然相处融洽的画面。在这样的情形下，人们不需要担心自然环境和资源问题。

随着社会的发展，出现了工业革命，人类进入现代社会。在现代工业社会发展模式下，社会生产力迅速发展，科学技术飞速进步。一方面，物质财富增长迅速，人们的物质生活水平得到大幅度提高；另一方面，工业发展加剧了对自然资源的消耗和对环境的破坏，引发了严重的环境问题，如温室效应、酸雨增多、生物多样性减少甚至濒临灭绝、荒漠化严重、能源和资源短缺、大气污染、水污染和固体废物污染等，这些问题的出现也愈发困扰着人类，让人类为此担忧自身所面临着的生存和发展危机。而 20 世纪 30—60 年代，世界各国爆发的环境污染事件更加剧了这种担忧。比较典型的有美国多诺拉烟雾事件、英国伦敦烟雾事件、比利时马斯河谷烟雾事件、日本水俣病事件、四日市哮喘事件、米糠油事件、骨痛病事件、洛杉矶光化学烟雾事件等几大环境公害事件，这些震惊世界的污染事件给这些国家造成了巨大的经济损失和严重的人员伤亡。

这些事件给人们敲响了警钟，人们开始反思这种生态环境危机，反思工业革命后人类的种种行为对环境和资源造成的负面影响，努力吸取这些污染事件带来的教训，力图抛弃传统的、粗放的经济发展模式，努力寻找一种新的经济发展方式，绿色消费应运而生。

绿色消费的兴起源于 20 世纪 40 年代的欧洲。当时，欧洲很多国家发生了环境污染事件，这引起了政府和广大学者的注意。1944 年，卡尔·波兰尼在《大转型》中提出了“生态消费观”，他指出现代西方社会出现生态危机的主要根源就是人类的消费异化。1972 年，吉登斯更进一步指出，可持续发展受人们消费方式的改变要大于受资源环境的改变。此后，绿色消费理念在欧洲大陆开始盛行开来。80 年代以后，环境资源危机日益严重，这也让西方学者进一步加大了对绿色消费的研究。绿色消费的正式定义最早是由英国学者 John Elkington 和 Julia Hailes 在《绿色消费者指南》中提出来的，他们从消费对象的角度界定绿色消费，认为绿色消费为避免使用以下 6 种产品的消费：①危害消费者和他人健康的商品；②因过度包装、超过商品有效期或过短的生命周期而造成不必要消费的商品；③在生产、使用和丢弃时，造成大量资源消耗的商品；④含有对动物残酷或剥夺而生产的商品；⑤使用出自稀有动物或自然资源的商品；⑥对其他发展中国家有不利影响的商品。随之，施里达斯·拉尔夫在《我们的家园——地球》中提到：“环境危机问题的核心是消费问题”。联合国环境与发展大会也通过《里约宣言》和《21 世纪议程》，提出“加强了解消费的作用和如何形成更可持续的消费方式”，发出“改变消费方式”的口号，也就是呼吁摒弃传统的消费方式，追求新型的绿色消费方式。在政府、广大学者的呼吁下，在广大消费者环境意识和健康意识日益增强的情况下，绿色消费这一全新的理念和方式在整个西方社会流行起来。

总的来说，绿色消费是伴随着人们的物质财富极大丰富和环境污染、生态危机与资源危机的矛盾日益突出出现的，是在人们越来越关注人类自身健康，而人类健康又越来越频繁地受环境污染与破坏事件危害的情况下逐渐兴起的。绿色消费理念所包含的保护人体健康、保护环境、节约资源等内涵正是人们在物质条件不断提高的情况下，追求更高生活质量所需要的，符合广大消费者的消费倾向，也是各国在力求突破传统的消费方式下所寻求的一个新的经济增长点，是 21 世纪各国在其经济发展中的必然趋势和潮流。

绿色消费是生态文明建设框架中的一部分，它反映了生态文明的思想。生态文明是人类文明的一种形式，它以尊重和保护生态环境为主旨，以未来人类的可持续发展为着眼点。这种文明形态强调人与自然环境的相互依存、相互促进、和谐共生。生态文明突出生态的重要，强调尊重和保护环境，强调人类在改造自然的同时必须尊重和爱护自然，而不能随心所欲对自然环境产生破坏。这与我们倡导的绿色消费是一脉相承的。绿色消费的核心在于节约资源、保护环境，它突出了生态文明思想。党的十八大提出要建设“美丽中国”，首次将生态文明建设摆在了突出位置，并纳入经济建设、政治建设、文化建设、社会建设中，形成“五位一体”的总格局，而绿色消费则是生态文明建设的一个具体环节。

1.1.2　绿色消费的意义

在绿色浪潮的推动下，绿色消费逐渐成为一种新的消费时尚，发展绿色消费既有利于经济发展，又有利于环境保护和资源节约，有利于人们生活质量的提高，是可持续发展的必然选择，发展绿色消费的意义重大。

1.1.2.1　绿色消费体现可持续发展的趋势

可持续发展要求人类社会的发展能够稳定、持续和持久，要求人类、经济、社会和自然和谐相处、平衡发展。可持续发展需要可持续生产与可持续消费作保障，而绿色消费作为可持续消费的一个重要内容，是可持续消费在消费领域的一个具体深入体现，它的推行自然也能促进可持续发展的实现，所以绿色消费也就体现了世界可持续发展的大趋势。

1.1.2.2　绿色消费有利于公众环保意识的提高，进而促进生态环境的改善

随着社会经济的发展，人们越来越注重自身的健康和生活质量，在绿色消费这种符合人类消费发展方向的新理念下，会有更多的人去接受和认可绿色消费观念。随着人们对这种新的消费观念的深入了解，会有越来越多的消费群体进行绿色消费，进而促进公众的环保意识和资源意识的提高。当这种意识提高后，会促进绿色行为的实施，在生产中尽量减少对资源的消耗和对环境的破坏，形成良好的生态循环，使生态系统更好地为人类服务，改善和优化我们的生态环境。

1.1.2.3　绿色消费有利于转变经济发展方式，调整和优化经济结构

绿色代表生命、健康和活力，它包括生命、节能和环保等几个方面。而绿色消费以满足生态需要为基本出发点，以有益健康和环境保护为基本内涵，它不仅包括绿色产品，还包括资源的有效利用、产品和垃圾的回收处理、对生态环境的保护等，可以说涵盖了生产、消费行为的方方面面。绿色消费的本质和内涵决定了绿色消费的发展有利于转变传统的经济发展方式。

我国正处在工业化和城镇化加速推进的阶段，追求经济快速增长仍是我国现阶

段及未来一段时期的发展目标。而追求快速发展的结果必然会加剧“高投入、高排放、高污染”状况，使不可持续的发展方式延续，产生资源匮乏和环境污染危机。绿色消费秉承的是一种可持续发展理念，以“减量化、再利用、资源化”为原则，在消费时注重保护环境、节约资源，促进人类与自然和谐相处，是新型发展方式的具体实现形式。

在绿色消费的引导下，越来越多的消费者表现出对绿色产品的兴趣和需求。在这种绿色浪潮的推动下，相关企业会看到绿色产品的市场前景和吸引力，从而转向生产绿色产品，把生产绿色产品作为企业未来的发展方向和核心竞争力。因此绿色产业的规模得到壮大，绿色环保相关企业会越来越多，这对于我国目前的产业结构来说是一大调整和改善。目前，我国的经济发展主要依靠工业，产业结构中工业比重偏高，第三产业偏低，特别是绿色产业发展不足。而绿色消费的发展则带动了绿色产业的发展，将有利于改变产业结构的比重。

1.1.2.4 绿色消费改变人们的生活方式，有利于人们生活质量的提高

在传统消费观念中，人们往往是以自身的需求为中心，不管这种需求是否对周围的环境造成破坏，是否对资源造成浪费。比如，为了自身的方便，很多人把用过的物品当作废弃物随处乱丢，他们认为环境与自己没有什么关系，也认为自己的这么一点点个人行为对整个社会不会有什么影响，同时，也由于环境具有外部性作用，很多人有“搭便车”的想法和行为。在传统消费理念下，人们追求的是奢侈和铺张，以高消费、多消费为荣，似乎买奢侈品成了人们身份地位的象征。

绿色消费追求的是一种合理和适度的消费，绿色消费试图追求“自然、简朴、节俭、可持续”的生活，这种生活以满足人的基本需求为中心，以保护生态环境为宗旨。在绿色消费理念的引导下，人们不再为了追求生活上的舒适而置环境和资源于不顾，而是在追求自身生活舒适的同时，考虑自身行为对周围环境和资源的影响，尽量地去节约资源和保护周边的生态环境。比如，现在很多人在购买家用电器时，会考虑节能指标，而不是一味地追求豪华；在外出购物时，抵制一次性用品，自带环保购物袋；更多人采用公交车或环保自行车代替私家车出行……这一系列现象无不说明绿色消费使我们的生活方式发生了巨大的变化，使人们的生活方式更加文明、健康，越来越多的人主动参与到了以“绿色消费”为特征和主旨的新型生活方式中来，这也是未来发展的一种趋势。

绿色消费在改变我们生活方式的同时也提高了人们的生活质量。绿色消费的内

涵决定了所消费的产品要对人类、社会、生态环境的危害尽可能最少，对人们身心健康的帮助尽可能最大，尽可能去保护人们赖以生存的环境。所以，绿色消费对于提升人们的生活质量、生态环境的优化都有很大帮助。

（1）绿色消费通过增强人们的绿色环保意识来提高人们的生活质量。绿色消费能够使人们认识到自身行为与他人、自然之间的相互关系，从而能够使人们不断反思自己的行为，让人们认识到自身消费行为能够影响大自然，大自然也能反作用于人类。如果人类行为对大自然造成污染和破坏，那么，在必要的时候，大自然一定也会对人类实施“报复”，通过各种事件危害人类身心健康。如果人类能够认识到人与自然的这种关系，那么就会更积极主动地实施绿色消费，增强环保意识，从而会进一步让人类体会到保护环境就是保护人类自身，这样就能促进人与自然的和谐相处。

（2）绿色消费的实施，使生产、流通、消费过程中的垃圾数量得以减少，同时能够对所产生的垃圾进行回收利用和再处理，从而可以循环使用，有利于资源的节约和循环利用。而且，绿色消费使产品绿色化，企业在生产绿色产品的每一个环节都会更注重环保和安全因素，力求达到绿色产品的安全环保要求，这就提高了消费者在消费过程中的安全因素，减少了使用者的人身安全和财产损失，有利于保护广大消费者的权益，提高人们的生活质量。

1.1.2.5 绿色消费能促进我国对外贸易的发展，提升国际竞争力

一方面，绿色消费能够使产品生产与消费进行良性循环，减少对环境的污染与破坏，可以限制企业污染性产品的生产，减少国际上的环境污染传递，促进国际贸易走上可持续发展之路，国际社会已经对此达成共识。所以绿色消费有利于我国融入国际贸易发展中去，也是实现世界可持续发展的必要条件。

另一方面，绿色消费能为我国企业创造对外贸易机会，增强企业出口产品的国际竞争力。绿色消费需要绿色产品的提供，要提供绿色产品就会对企业的要求比较高，在产品设计、原材料的选购、产品的生产与包装、产品流通等环节都有比较严格的要求和标准，那些不能达到相关标准的企业所生产出来的污染性产品不符合大众的口味，就只能退出国际市场。但是对于那些致力于研发绿色技术、进行绿色产品的生产企业来说，这是给他们提供了无限的市场前景和商机。生产绿色产品也带动他们节约开支，增加盈利，增强产品的竞争力，有利于提高绿色产品出口竞争力，为企业走向国际化打好基础。同时，企业在进行绿色产品的生产时，会加大对绿色

技术的研发与创新，因为绿色技术是绿色产品生产的支撑点。这样企业就会不断提高绿色技术的要求和标准，甚至会采取国际标准评定体系来促进技术的进步，使生产出的绿色产品更加符合人们的需求和国际标准。现在有机食品、绿色食品、环保家具以及环境友好型设备等绿色产品的市场需求在逐步加大，生产这些绿色产品的企业的国际贸易竞争力也随之提升。

同时，绿色消费的发展能使我国跨越发达国家所设置的“绿色壁垒”。概括来讲“绿色壁垒”是指发达国家采取的限制贸易的措施，如制定环境保护措施、法律法规标准等来限制国外商品的进口。它其实就是发达国家的贸易保护主义，利用其技术上的优势来限制相对不发达国家产品的出口，绿色壁垒也严重阻碍了我国产品的出口。发展绿色技术就能打破我国在国际贸易中处于劣势的僵局，跨越发达国家设置的绿色壁垒，使我国企业的产品能够走向国际市场，增强我国出口产品的国际竞争力。所以只有实施绿色消费，我国才能真正融入当前以绿色消费为主导的国际潮流中去，才能真正与国际上其他国家进行平等的贸易往来。

1.2 绿色消费的理论界定

什么是绿色消费？它包含哪些内容？它与可持续消费、生态消费有什么关系？在绿色消费过程中又应该注意哪些问题？

1.2.1 绿色消费的内容

绿色消费包含的内容很广泛，具体涉及人们日常生活中的吃、穿、住、用、行各方面，其内涵既丰富又深刻。

1.2.1.1 绿色消费的含义

绿色象征着生命、健康、活力，绿色是一种理念，一种价值，也是一种行为。它代表着保护环境、节约资源，代表人与自然的一种和谐共处。

关于绿色消费的含义，国内众多学者从不同的角度和侧重点对其进行了定义和阐述。中国消费者协会认为，绿色消费包括三层含义：一是倡导消费者在消费时选择未被污染或有助于公众健康的绿色产品；二是在消费过程中注重对垃圾的处理，不造成环境污染；三是引导消费者转变消费观念，崇尚自然、追求健康，在追求其生活方便、舒适的同时，注重环保，节约资源和能源，实现可持续消费。后来这一定义被广大学者采用。

唐锡阳（1993）把绿色消费概括为“3R”和“3E”：Reduce，减少非必要的浪费；Reuse，修旧利废；Recycle，提倡使用再生原料制成的产品；Economics，讲究经济实惠；Ecological，讲究生态效益；Equitable，符合平等、人性原则。

尹世杰（2001）认为，绿色消费是人类生态环境协调发展的重要内容，它不仅是反映人们的消费质量，更是反映社会文明、社会文化的一种消费方式。绿色消费是消费观念、消费方式乃至生存方式的革命，反映了人与自然协调发展的新的价值观和消费观。何文君等（2001）和张彩华（2002）指出，绿色消费是以绿色、健康、和谐、自然为主题，有益于人类健康、环境和资源保护的一种现代消费方式。何振（2002）通过研究指出，绿色消费是指消费者从有助于健康和生态环保等角度出发，对绿色产品从崇尚、选购、使用以及到对残余物进行良化处理的总和。绿色消费包括三大要点：一是绿色消费的主体是具有良知与尊严的消费者；二是绿色消费的客体是对环境无污染的绿色产品；三是绿色消费涉及消费者对绿色产品的崇尚、选购、使用以及对剩余物的良化处理等 4 个环节。

李文英等（2004）认为绿色消费是指消费者从保护身体健康、保护生态环境、承担社会责任角度出发，在消费过程中减少资源浪费和防止污染而采用的一种理性消费方式。绿色消费以满足生态需要为基本准则，以保护消费者健康权益为宗旨，以有利于人的健康和环境保护为标准。它体现了一种绿色文明，体现了可持续发展的内在要求。马瑞婧（2006）认为，绿色消费是指人类为了与自然协调发展、保护自身生存环境而提倡的一种新型消费模式。它是为了满足人们的生态需要，选择符合环境保护标准的商品和劳务，是一种具有生态意识的、高层次的理性消费意识。它要求人们的消费活动有利于环境保护、资源利用和人类整体素质的提高，体现了消费者科学的道德观、价值观和人生观。

岳洪竹（2010）的研究认为，绿色消费指人们的一切消费活动，即消费者的行为方式、方法、行为过程及变化等都受生态意识的支配。他认为绿色消费行为要符合生态环境保护和自然资源永续利用的要求，以实现整个社会的持续发展。岳洪竹认为绿色消费既是一种节约型消费，也是一种共同富裕型消费，同时还是一种文明、科学的消费。清华（2011）指出，所谓绿色消费，是指以保护消费者健康为主旨，符合人的健康和环境保护标准的各种消费行为和消费方式的统称。它不仅包括绿色产品，还包括资源的回收利用、能源的有效使用、对生存环境的保护等，可以说是涵盖生产行为、销售行为、消费行为的方方面面。它要求在消费中，不仅要满足我们这一代人的消费需求和健康、安全，同时还要满足我们子孙后代的消费需求和健康、安全。这就要求我们消费者要崇尚自然，注重节能环保，在消费时要选择无污染的健康的绿色产品，在消费后要注重对垃圾的处置，不造成环境污染和破坏。

刘晓薇等（2011）认为绿色消费主要是指人们为了满足生理和社会的需要，综合考虑环境影响、资源效率、消费者权利等因素，对有益于人类健康、环境和资源保护的产品和劳务进行消费的一种现代新型消费模式。绿色消费以绿色、健康、自然、和谐为主题，坚持在人与自然、人与人相互关系中找到平衡，实现需求的全面、持续与最大化满足。他们也指出绿色消费有三层含义：一是在消费内容上，提倡消费者消费未被污染或有利于身体健康的绿色产品；二是在消费过程中，注重对垃圾的处置，不造成环境污染；三是在消费观念上，引导消费者崇尚自然、追求健康，在追求生活舒适的同时，注重环保，节约资源，实现可持续消费，不仅要满足我们这一代人的消费需求和安全健康需要，还要满足子孙后代的消费需求和安全健康需要。绿色消费既强调消费的重要作用，又注重消费和再生产其他环节与环境的动态平衡，有利于人类社会与自然的协调发展。梁富荣（2014）认为，要有保护原生态的生态文明理念，在进行消费时，不要乱挖、乱砍，更不要将原生态旅游、观光、水资源饮用等区域建设成城市化享受区。

还有一些学者把绿色消费概括为“5R”原则，即节约资源、减少污染（reduce），绿色生活、环保选购（reevaluate），重复使用、多次利用（reuse），分类回收、循环再生（recycle），保护自然、万物共存（rescue）5 个方面。也有的学者认为一切有益于人类健康和环保的消费方式和内容都是绿色消费。

综上所述，不同学者因角度不同，对绿色消费的概念理解也会有稍许差别。但是，不管其侧重点是什么，其本质都是一样的，都是一种有利于环境保护、节约资源、人类身心健康的可持续的消费理念和消费方式，最终达到人与人、人与自然的和谐共处。

本书认为绿色消费的含义可以从广义和狭义两个层面来阐述。从广义的层面来看，绿色消费含义包括以下几个方面：①消费者在消费时所消费的产品应是对公众健康有益的或是未被污染过的；②消费者在消费过程中所产生的污染废弃物尽可能最少，不给环境造成污染困扰；③在消费结束后注重对垃圾的分类回收利用，促进资源的循环利用，注重周围环境的保护；④倡导广大公众转变消费理念，追求健康、崇尚纯朴自然，在追求自身生活舒适、方便的同时，要尽力节约能源和资源，注重环境的保护。由此可见，广义的绿色消费覆盖的范围很广，生产和消费的各方面都被囊括在内。它不仅要求我们购买绿色产品，进行环境友好消费，而且还要求人们在消费过程中处处有节约资源和保护环境意识，在消费后注重垃圾的处理，避免造成垃圾围城和围村现象。从狭义层面来看，绿色消费是指消费者消费对环境保护有益的或是未被污染过的产品，也就是所谓的消费绿色产品。通过消费绿色产品来减少对环境的污染，提高人们的生活质量。总的来说，绿色消费是一个很全面、很广泛的概念，其包含的内容很多，要想真正实现全社会绿色化消费，需要社会各方的共同努力。

1.2.1.2 绿色消费的具体内容

绿色消费包括的内容非常广泛，本节从吃、穿、住、用、行等人们熟悉的日常生活方面来一一进行阐述，这也有助于公众知道自己该如何行动才算实施绿色消费。

（1）从“吃”的方面谈绿色消费。我们知道，饮食是人类维持生存的必需之物，每个人每天都必须吃各种食物来维持生命，我们的健康成长就是通过我们所吃的食物一点点建立的。但是，当我们消费食物时，又会考虑这样一个问题：这些食物是否有益健康？如果摄入的是无毒、无害的食物，那么我们的健康就有了保障。相反，就会对人体健康造成损害，甚至会危及生命，所谓“病从口入”就是这个道理。于是人们从自身健康着眼，就会寻找对自身健康安全无毒害的食品——绿色食品应运而生。

所谓绿色食品，是指生产于优良环境，按照规定的技术规范生产，实行全程质量控制，无污染、安全、优质并使用专用标志的食用农产品及加工品。[①]简单地说，绿色食品就是无污染、安全、优质、营养类食品。我国目前将绿色食品标准分为两个技术等级，即 AA 级和 A 级绿色食品标准。绿色食品必须同时具备以下几个条件：一是产品原料或产品产地必须符合绿色食品生态环境质量标准；二是产品必须符合绿色食品质量和卫生标准；三是畜禽饲养、水产养殖、农作物种植和食品加工必须符合绿色食品的生产操作规程；四是产品外包装必须符合国家食品标签通用标

① 刘敏、牟俊山：《绿色消费与绿色营销》，北京：光明日报出版社，2004 年版。

准，要符合绿色产品特定的包装和标签规定，比如产品包装必须要有“绿色食品”的统一标志。绿色食品在产前、产中和产后环节等一系列过程都实施了很严格的质量标准控制，只有符合以上条件的才称得上是绿色食品，广大消费者购买和食用的绿色食品必须符合以上几方面标准。

具体到饮食方面，要食用安全无危害食品，所谓“民以食为天，食以安为先”，所以在饮食时要先确保食品的安全性。在此基础上，再考虑饮食的健康和环保等因素。平常应该多吃绿色蔬菜和水果等绿色食品，少吃肉类，尤其要拒绝食用山珍野味，坚决不吃野生动物，这样有利于人与自然的和谐相处；多在家做饭吃，少去外面就餐，这样不仅可以减少污染和浪费，还更卫生，有利于健康；多吃非加工食品，少吃加工产品，尤其是深加工产品。

（2）从“穿”的方面谈绿色消费。在穿着方面，绿色消费的具体体现是选购“绿色服装”，遵循的原则是生态环保、有利健康。具体来说：适度购买，避免造成不必要的浪费；尽量选用棉、麻等纤维类衣物，避免选用由动物毛或动物皮制作的价格昂贵的衣物，因为这样就会加大饲养像牛、羊这样的动物，而动物的增加势必会增加对花草树木等的食用，从而会对生态环境造成破坏；尽量做到对旧衣服回收利用，养成节约的习惯。

（3）从“住”的方面来看绿色消费。“绿色建筑”“绿色住宅”“绿色装饰”“绿色家具”是绿色消费在“住”的方面的反映。具体来说，在房屋建造上要充分利用好阳光，节约能源，为居住者创造一种接近自然的感觉，把空气、阳光、绿色引进每套住宅，这也是绿色建筑的理念；在房屋购买上，遵循适用原则，避免一味地追求豪华；在房屋装修上，尽量挑选绿色环保材料。

（4）从“用”的方面来看绿色消费。用的方面涉及的范围较广，有家用电器、日常用品等。在选择家用电器时，尽可能挑选耗能量低、绿色环保的电器，减少电力的消耗；在空调的使用上，做到尽量节约电能消耗，温度不宜太高，人离开空调时，要立即关掉空调；冰箱使用过程中，尽量减少开门次数；在家庭用水上，尽量要做到节约和循环使用，如淘米水可以用来浇花等；在日常用品上，减少一次性物品如一次性碗筷、一次性牙刷类用具、一次性塑料保鲜膜的使用，因为这些用品不但污染环境，而且还浪费资源，我们应自觉减少或拒绝使用；尽量少用餐巾纸，可以自备手帕，这样既干净，又节约纸张的使用，同时对森林资源起到了保护作用；不要使用由稀有珍贵动物制作的物品，注重保护生态环境多样性。同时，还要注意物品的重复循环利用，对垃圾进行分类丢弃，分类处理。[①]总之，人们在使用产品时要时时刻刻考虑其对环境和资源的影响，提高自身环保意识和社会责任感。

（5）从行的方面来看绿色消费。在“行”的方面主要体现在“绿色交通”上，其宗旨就是低碳、低能耗、环保、无污染。具体做法上，尽量减少私家车的使用，用公共交通代替私家车出行。这样可以减少尾气的排放和油、气等能源资源的使用，也能有效缓解交通堵塞和拥挤。美国公共联合交通会的报告显示，公共交通每年能节省 53 亿 L 天然气，这意味着能减少 150 万 t 二氧化碳的排放。因此，多步行、多骑自行车和电动车、少开私家车是绿色出行的最好实践。现在很多城市都提倡使用环保自行车和电动车，有些城市还专门设置了电动车充电专用站，旨在推行电动车的使用，减少环境的污染。在汽车的购买上，要尽量选购尾气排放量小的和低能耗的汽车，如果增强了这一意识的话，空气污染现状就会大大缓解，资源紧张现状也会得以缓解。同时，在楼层里上下行走时，尽量以走楼梯的方式代替乘坐电梯，这样能达到既锻炼身体又节约能源的双赢局面。

此外，绿色消费还包括其他方面的内容。比如与绿色消费相关的宣传活动、环保活动等。广大消费者可以更多地主动参加绿色环保运动，呼吁相关企业多进行绿色产品的生产，对于那些生产污染性产品的企业要坚决抵制，逼迫其退出市场；政府要倡导绿色消费观念，举办绿色环保活动，像绿色讲座、绿色展览等，进行绿色采购和制定绿色政策等。

如果用一个简单图形来表示的话，绿色消费包括的内容如图 1-1 所示。

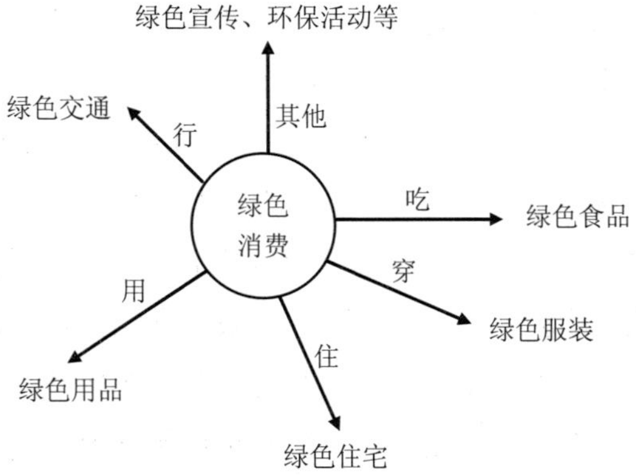

图 1-1　绿色消费的内容

---

① 刘敏、牟俊山：《绿色消费与绿色营销》，北京：光明日报出版社，2004 年版。

绿色消费所包含的内容如此之多，如此之泛，看似简单，但每一个具体行为都需要广大公众的积极参与。作为社会中的一员，我们有理由从身边的每一件小事做起，自觉实施绿色消费，只要每一个人都有绿色理念并主动参与其中，那么我们的社会就能朝着绿色方向发展。

1.2.2 绿色消费与可持续消费

随着经济的发展和人们环保意识的提高，绿色理念和可持续理念越来越受到人们的追捧，与此相对应的是绿色消费和可持续消费的兴起和发展。这两者的含义既有联系又有区别，它们是在不同的条件下提出的，但两考又有着不可分开的紧密关系，在分析绿色消费与可持续消费的关系前，要先了解绿色消费的本质特点。

1.2.2.1 绿色消费的本质特点

从绿色消费的内涵可以归纳其具有以下几方面的本质特点：

（1）绿色消费是一种理性消费。这种理性消费，是指在经济发展水平和资源环境承载能力的范围内，合理地进行物质消费。绿色消费反对挥霍消费和过度消费，反对人们不顾资源环境而大肆铺张浪费，提倡适度、节约消费。这种消费对于个人和社会来说，都有着很大的好处。从个人来看，适度消费有利于物质需求和精神需求以及生态需求的协调和平衡，有利于人们生活质量的提高和个人的全面发展；对于社会来说，理性消费能够拯救地球的资源和环境，能够促进整个人类社会的可持续发展。

（2）绿色消费体现了一种公平消费观。这种公平消费既包括代内公平又包括代际公平，代内公平即代内不同个体消费的公平公正性，它要求个人在满足自身欲望和需求的同时，不对他人的消费需要造成危害，它主要用于确保当代个人的基本消费需求；代际公平即当代人与后代人之间消费上的公平性，它要求当代人在满足基本需求的同时，不危及后代人满足其生存的基本需要。[①]绿色消费要求我们每个人在消费过程中自觉做到节约资源和保护环境，给他人和子孙后代一个好的生存和发展环境，让资源能够得以永续利用，它是从全人类的整体利益出发的，是为了人类能更好地生存和可持续发展。

① 马瑞婧：《推行绿色消费的障碍及其对策》，载《流通经济》2006 年第 12 期，第 24～25 页。

（3）绿色消费倡导满足人的基本需求，致力于保护生态环境。传统消费以人的需求为中心，不顾资源和环境的影响，在这种消费模式下，环境受到严重污染和破坏，资源也浪费严重。而绿色消费就是要抛弃这种传统的消费模式，它以满足人的基本需求为前提，在此条件下注重对环境和资源的保护。在绿色消费理念下，人类把地球上生存的各种动植物当作自己的朋友和伙伴，在自身进行消费行为的同时考虑其对这些自然资源和生物的影响，使人类自身的消费行为对自然环境的破坏和影响降到最低点，形成人类与自然和谐相处的美好画面。从这个方面来说，绿色消费也体现了一种生态需求的原则，在满足人的基本需求时，致力于保护生态环境。

1.2.2.2 可持续消费的内涵及特征

可持续消费的定义最早是在 1994 年联合国环境规划署的报告《可持续消费的政策因素》中提出来的，该报告认为，所谓可持续消费，是指提供产品及相关服务以满足人类的基本需求，提高生活质量，同时减少有毒材料和自然资源的使用量，使产品或服务在其生命周期中所产生的污染废物最少化，从而不危及后代的需求。[①]这份报告也指出，可持续消费不是在由富裕导致的过度消费和由贫困导致的消费不足之间取得一种折中，而是一种新的能够适合所有人的消费方式，是社会发展到一定程度所必须采取的新型消费方式。可持续消费的定义有以下几个要点：①满足人类的基本需求，而不是无限欲望需求；②优先考虑生活质量而不是物质水平；③资源使用、污染废物的产生最小化；④采用生命周期方法；⑤当代人的消费要考虑到后代人的消费需求，以可持续性为标准。

可持续消费是基于可持续发展理念提出来的，它的兴起与西方环境保护和绿色消费主义浪潮有关，它是可持续发展在消费领域的深入表达。世界环境与发展委员会给可持续发展下的定义就是：既满足当代人的需要，又不对后代人满足其需要的能力构成危害的发展。在这里我们可以看到“需要”和“限制”两个重点，“需要”就是指要满足当代人的基本需要，“限制”则是指我们当代人不能过多需要，要对当代人的需要加以一定的限制，以不影响后代人的需要。从本质上说，可持续发展要求自然生态系统的长期生产力不被人类活动所影响。人类活动包括生产和消费两方面，即利用自然资源生产产品和服务，并将消费完产品和服务后产生的废弃物进行处置再排入自然环境中去。可持续生产和消费要求更有效地利用资源，合理有效

---

① 李伟：《刍议绿色消费、可持续消费及生态消费观》，载《特区经济》2008 年第 9 期，第 284～285 页。

地进行生产和消费，并恰当地处理消费后的垃圾，避免造成对环境的破坏。

可持续消费是相对于可持续生产而言的。可持续生产强调供需平衡中的供给，可持续消费强调供需平衡中的需求，它注重如何在减少对环境压力的条件下，提供产品和服务（包括衣、食、住、行、用等）以满足人类的基本需求和提高人类的生活质量。可持续消费的含义让我们看到可持续消费的本质，即在为满足人们的基本生活需要和提供更好的服务或产品以提高人们的生活质量的同时，要持续减少这些产品或服务对人类身体健康的危害和自然环境的影响，要通过改变消费方式来促进人与自然的和谐，促进人的物质生活与精神生活的提高，实现“发展性”与“可持续性”的双赢。

可持续消费的特征可以简单概括为以下几点：①具有整体性特点。这种整体性表现为可持续消费追求的不仅仅是降低对环境的污染和破坏，而且是提供产品和服务来满足人们的基本需求、改善人们的生活质量，最终为可持续发展服务。②具有战略性特点。可持续消费通过消费需求来平衡好社会、经济和环境长期发展的关系，站在一种战略高度来看待这几者之间的关系。③具有全面性特点。可持续消费既影响消费者个人的消费行为，又影响整个社会集团的消费行为；不仅引导当代人的消费习惯，也考虑到后代人的消费需求，是一种全面性的综合消费。④具有创新性特点。可持续消费要求把人的消费行为与环境和资源结合起来，把个人消费与他人消费结合起来，把当代人的消费与后代的消费结合起来，是一种创新型的消费方式，符合时代发展潮流。

1.2.2.3 可持续消费体现的原则

从可持续消费的含义中我们可以发现可持续消费模式应该遵循和体现以下几方面原则：

（1）公平消费原则。公平消费提倡代内公平消费和代际公平消费，也就是说它既考虑到当代人的消费公平，也考虑到不影响后代人的消费需求，能使当代人以及子孙后代持续消费。这种公平消费也限制了少数人的高消费、奢侈消费、超前消费等，体现了全体公民的消费公平模式。

（2）适度消费原则。适度消费要求人类把消费需求的水平控制在大自然承载能力范围内，它既反对过度消费，也反对过分节约。虽然过分节约能减少能源物质消耗，但它也降低了人们的生活质量，抑制了人们的生活情趣，阻碍身心健康发展；而过度消费既浪费资源，又破坏环境，是不可持续消费，当然要坚决反对。适度消费原则坚持以人的需要为出发点，以人们的健康生存为目的，逐步减少对人类健康无益甚至有害的消费，而可持续消费也正好体现了这一原则。

（3）以人为本的消费原则。以人为本的消费原则要求在消费结构上形成合理的比例，实现人的本质以及人的全面发展目标。以人为本的消费特别注重物质消费和精神消费的比重，尤其是要不断提高精神消费比重。怎样提高精神消费比重呢？在物质消费中，要增加对绿色产品的消费比例，减少对环境有害的各种消费；在总体消费中，要增大精神文化消费的比重，增加对知识教育类、文化类、科技类、文艺类的消费。可持续消费以满足人类基本需要为中心，着眼于对人类和社会可持续发展的追求，强调精神消费在整个消费中的地位，坚持以人为本的消费原则。

（4）系统性原则。可持续消费把经济、社会、生态系统放进一个整体的系统中去考察，以实现经济、社会和生态的和谐发展，克服了传统消费理论主要考虑经济和社会两大系统的弊病。

可持续消费的核心理念是绿色、文明、适度、健康、可持续。它的目的就是促进人与人、人与自然、自然与社会之间的互惠互利、和谐相处、协调发展。

绿色消费和可持续消费各自的内涵和特征等可以用表 1-1 来简单概括。

表 1-1　绿色消费与可持续消费的含义、特征和本质的对比

	绿色消费	可持续消费
含义	强调“绿色”，即消费的产品对公众健康有益或是未被污染过的；消费过程产生的废弃物尽可能最少，不给环境造成污染；消费后注重对废弃物的分类回收利用，不对环境造成污染	强调当代与下一代的消费对比，是一个持续的过程，即减少有毒材料和自然资源的使用量，使产品或服务在其生命周期中所产生的污染废物最少化，从而不危及后代的需求
特征	是一种公平消费；是一种理性消费；是一种致力于保护生态环境、追求人类身心健康的消费	具有整体性、战略性、全面性、创新性等特点，体现公平消费、适度消费、科学消费、以人为本的消费原则
本质	绿色、健康、环保，注重保护环境、节约资源以及保障人类健康，从而达到人与自然的和谐共处，最终实现人类社会和自然的可持续发展	绿色、健康、可持续，旨在保证当代人的消费与后代人的消费维持均衡，从而人们能够可持续地消费下去，社会能够持续发展

1.2.2.4　绿色消费与可持续消费的关系

绿色消费与可持续消费既有联系又有区别。从它们的含义来看，绿色消费和可持续消费都是为了保护环境、节约资源、促进人类的健康发展，都是一种适度的理性消费。绿色消费要求消费者消费的产品是未被污染过的有利于人们健康的产品，要求消费者在消费过程中尽可能使污染废弃物最少化，在消费后要对垃圾进行回收利用，注重节约资源和保护环境。可持续消费也要求减少有毒材料和自然资源的使用，以使产品或服务在其生命周期中产生的污染和破坏最少，力求保护环境、节约资源，在满足当代人的基本需求时，也不对后代人的需求造成困扰。可见它们都是一种致力于保护生态环境、节约能源和资源的新型理性消费方式。

但两者之间也是有区别的，不同概念和理念所注重的肯定会有所不同。可持续消费强调的是一种可持续性的消费，它所注重的是如何在满足当代人的消费需求的同时，不危及满足后代人的消费需要。从“可持续消费”这几个字可知它强调一种“可持续性”，它的外延十分广泛。而且可持续消费是在绿色消费兴起之后提出的，学者们注意到实施绿色消费的最终目的也是让社会和经济各个系统能持续发展下去，人与自然能和谐生存。所以可持续消费的范围远大于绿色消费，绿色消费只是其中所包含的一部分内容，也就是说，绿色消费的实施有助于可持续消费的实施，绿色消费蕴含于可持续消费之中，前者是实现后者的一个手段，也是一个重要组成部分。绿色消费侧重点在“绿色”二字，这里的“绿色”不是指“绿颜色”，它代表的是一种健康、生命和活力，它包括生命、节能、环保等方面。也就是说，有利于人类身体健康、有利于节约能源和资源、有利于保护自然环境的消费就是绿色消费。它重在强调人们的绿色环保消费行为，力求促进人与自然的和谐相处。两者的关系见表 1-2。

表 1-2 绿色消费与可持续消费的关系

联系	区别	
	绿色消费	可持续消费
都是一种保护环境、节约资源、促进人类健康发展的新型理性消费方式，都是追求人与人、人与自然的和谐共处，最终都是为了促进人类社会能够可持续发展下去	侧重“绿色”，强调人们进行绿色环保消费，在消费的同时注重环保和资源的节约，促进人与自然的和谐，是可持续消费的一个重要内容，是可持续发展的一个重要手段	侧重“可持续性”，注重如何在满足当代人消费需求的同时，考虑不危及满足后代人的消费需求，追求代内和代际公平消费，力求保障人们能持续消费，其外延很广，把绿色消费蕴含在其中

经济的可持续发展需要可持续的消费需求来支撑，而绿色消费就是这种可持续的消费需求。绿色消费是可持续消费的动力，可持续消费也是为满足绿色消费而进行的，二者相辅相成、相互依存，共同促进可持续发展的实现。如果用数学中的集合来表示可持续发展、可持续消费以及绿色消费之间的关系，那么，可持续消费是可持续发展的子集，而绿色消费又是可持续消费的子集。总之，要实现可持续消费，就必须实施绿色消费。

1.2.3 绿色消费与生态消费

绿色消费与生态消费两者之间是一种怎样的关系？它们有哪些相同之处，又有哪些不同之处呢？

1.2.3.1 生态消费的内涵及特点

生态消费是指消费方式的生态化，即消费过程注重对生态环境的保护和资源的节约，把人类的消费行为纳入生态系统中，强调人的消费行为与自然生态系统的和谐。生态消费的出现是随着社会不断进步、经济不断发展、大自然的生态环境不断恶化、人们的消费需求由低档次向高档次逐渐递进以及人们更加关注自身健康和生活质量而出现的，它的兴起和发展符合人类可持续发展的要求和标准。

生态消费的本质和内涵决定着它有以下几方面的特点。

（1）生态消费是一种持续性的消费模式，它具有满足不同代际间人的消费需求的要求与功能。它把当代人消费的前提设定为整个人类发展的永久性需要，使人们的消费需求能够延续和持久。进一步，它提出人类消费的道德和伦理标准，也就是要求人们消费要尊重他人、尊重自然、尊重后代，尽量达到自身消费与他人消费的平衡，人类社会的发展与自然发展相协调，当代消费与后代消费相平衡。

（2）生态消费也是一种适度消费或是理性消费。适度消费是经过理性选择的、与一定物质生产和生态生产相适应的消费规模与消费水平所决定的并且能充分保证一定生活质量的消费。在适度消费理念下，人们既不能过度消费，也不提倡过分节约消费。人们的消费不能超越自然资源的承载能力，不能超越自身的经济能力而不断透支，不能超越我们的传统文化和伦理道德而进行放肆消费。生态消费的内涵正是适度消费所提倡的，凡是不符合适度消费的消费行为也不会是生态消费。

（3）生态消费具有高质量性的特点，它注重精神消费，有利于人们生活质量的提高。著名的马斯洛需求层次理论告诉我们：人首先是最基本的生理需求，之后会是安全、归属、尊重、自我实现的需求。生态消费的全面广泛性使其包含人的多方面需求，比如物质需求、精神需求、生态需求等。而生态消费特别注重精神消费。所谓精神消费是指人的精神方面的需要，在生态消费中得以突出强调，它是一种高品质的消费追求。生活质量的高低与生活舒适的程度、人们身体健康状况、精神上得到的享乐、生活的价值等息息相关，而生态消费在满足人们物质需求的同时，特别强调人们的精神消费，注重提高人们的生活质量，让人们过上高品质的生活。

（4）生态消费具有全面性的特点。生态消费的全面性表现为人们需求的多样性和多角度。具体来说，从纵向层面来看，人们的消费从低级消费逐渐向高级消费发展，从人的基本需要的消费到人的价值需要的消费，从现在消费到将来消费再到永久消费等。从横向的层面来看，人们的消费包括物质消费、精神消费、文化消费、政治消费、内在消费、外在消费、自我消费、他人消费、生态消费等。这些足以说明生态消费具有全面消费的特点，它包括多方面的需求消费，是一种综合消费。

1.2.3.2 绿色消费与生态消费的关系

绿色消费是一种环保消费、健康消费的消费方式，它注重保护环境、节约资源。具体表现为：企业要进行环保生产，生产节约能源和资源、易于回收利用、不造成环境污染、对消费者健康有益的产品；消费者要选择未被污染过的、有益于身体健康、有利于环境保护、能回收再利用的绿色产品；个人在消费时尽量对他人、社会以及后代不造成坏的影响，形成良好道德观和社会责任感。生态消费是把生态与消费相结合的一种消费模式，它既能满足人的物质和精神基本需要，又不对生态环境造成破坏，最终实现人、社会和生态的全面平衡发展。生态消费模式具体表现为健康消费、环保消费、协调消费、全面消费、持续消费等。

绿色消费与生态消费都是有利于生态环境的保护和自然资源的节约的消费，有利于保护人们的身心健康，有利于人与自然的和谐发展。它们的发展给人类社会、自然界都带来了良好的影响和作用，提高了整个社会的福利，让人们从良好的生态环境中得到自身健康的利益，提高了人类自身的生活质量，使大自然得以循环运转，整个社会也在良性的可持续发展中前进。

但是绿色消费侧重的是绿色环保消费，是一个相对比较基础和窄的消费，而生态消费侧重于生态化的消费，是一个比较综合和全面的消费，它的层次上升到生态文明的高度，是一个相对比较高要求的消费。生态消费能够体现绿色消费的所有内容，如果用数学中的集合来解释的话，把生态消费作为全集，而绿色消费就是全集中的一个子集，绿色消费是生态消费中的一个重要核心内容。所以可以认为：绿色消费是生态消费的一个重要部分，前者寓于后者之中，同时两者又都是可持续消费的组成部分，共同促进可持续消费的实现。也就是说可持续消费包含生态消费，生态消费又包含绿色消费。

两者的关系可用表 1-3 说明。

表 1-3　绿色消费与生态消费的联系

联系	区别	
	绿色消费	生态消费
都是一种保护环境、节约资源、促进人类健康发展、提高人类生活质量的新型理性消费方式，都是追求人与人、人与自然的和谐共处，最终都是为了促进人类社会能够可持续发展下去	侧重“绿色”，强调人们进行绿色环保消费，在消费的同时注重环保和资源的节约，促进人与自然的和谐，外延相对比较窄，是生态消费的一个重要内容，也是可持续发展的一个重要手段	侧重“生态化”，是一个较综合和全面的消费；站在生态文明的高度对人们的消费行为提出要求和建议，把物质消费、精神消费、个人消费、他人消费、内在消费、外在消费都囊括在内，外延极其广，绿色消费也是其部分内容

1.2.4　绿色消费误区

虽然我们倡导和呼吁绿色消费，越来越多的人也开始认识到实施绿色消费的必要性，并且越来越多的公众自觉参与到绿色消费的实践中来，但是，对于什么才是真正的绿色消费，绿色消费的本质是什么以及人们该如何在实践中实施绿色消费等方面，还存在很多误区，主要反映在以下方面。

1.2.4.1　把绿色消费等同于消费绿色

很多人对绿色消费认识不够，他们把绿色消费和消费绿色等同起来，只是从自身利益和健康出发，而并不去考虑对环境的保护，违背了绿色消费的初衷，从而容易走入误区。还有些人把绿色和天然联系起来，觉得绿色消费就是食用天然食品、穿天然材料制作的衣物、用天然材料制作的东西、住天然建材做成的房子等，使绿色消费走向一个反的方向。有的人除了绿色食品以外其他都不吃，但也照样吃野生稀有珍贵动物；有些人宣称只用绿色产品，但是在用完之后却随手作为垃圾丢掉；

有的人在装修房子时非绿色建材不用，但却热衷于互相攀比装修的豪华程度，追求奢侈。这样的消费只是考虑了个人自身的方便与利益，没有去考虑对周围他人和环境的影响，这种行为并不是真正意义上的绿色消费。

真正意义上的绿色消费是保护“绿色”而不是消费“绿色”，是指在消费活动中，要考虑到对环境的影响并且尽量减少对环境的负面影响，也就是说，我们每个人的消费行为除了满足我们自身的基本需要外，更要考虑到自身的消费行为对周围环境所造成的影响，并主动实施有利于保护生态环境的行为，减少环境的污染。以旅游为例，我们知道现在都提倡“绿色旅游”“生态旅游”，如果在旅游景点内把所有的花草树木以及建筑物都尽量还原为自然绿色，铺上绿色画面，这当然是好的，但是如果风景区的工作管理者在自然景观中乱建人工建筑，旅游者在景点里面乱写乱画、随处踩踏花草树木，随手乱丢垃圾，不顾景区的环境污染，那么这样的旅游行为称得上是进行了一次“生态旅游”吗？这显然不是，只有以保护“绿色”而不是消费“绿色”为基础的消费才是真正的绿色消费。也只有注重环保和节约资源的真正的绿色消费才能有助于可持续消费的发展。因此，绿色消费必须是以保护“绿色”为出发点。

1.2.4.2 商家利用消费者对“绿色”的偏好而蓄意炒作“绿色”

在激烈竞争的市场上，“绿色”成为商家制胜的新筹码。市场上推出形形色色的绿色产品。比如，在商场或超市里可以看到很多“绿色”水果、“绿色”蔬菜，消费者一般看到这些“绿色”蔬菜和水果时，就会认为它是绿色健康的，然后就会去购买。其实，有很多这样的“绿色”水果和蔬菜都是和其他水果、蔬菜一样，是用过农药、施过化肥的，只不过是在包装时，贴上“绿色食品”的标签而已。商家往往利用广大消费者对绿色产品的青睐而故意去炒作“绿色”，把非绿色产品当作绿色产品卖，容易让消费者走入看到有“绿色”标签就去买的误区。

再拿电器类商品来说，近几年来，各种各样的绿色电器呈现在广大消费者的面前，像绿色电脑、绿色冰箱、绿色电视、绿色空调等，但是这些绿色电器中往往有很多是达不到“健康、环保、安全、无污染”标准的。有关专家指出，目前很多厂商只是通过提升产品的品质和大肆宣扬企业的绿色理念来迎合消费者的“绿色”需求，而并没有从产品原材料选购开始到产品生产的全过程都采用绿色清洁技术，生产的并非是真正对人们和环境友好的绿色环保产品。很多厂商利用消费者对绿色产品的偏好以及对绿色产品的专业识别能力不强，提供给消费者一些假冒伪劣的绿色产品，误导广大消费者的选择。

1.2.4.3 利用绿色消费构筑绿色壁垒

一些国家利用推行绿色消费之势，构筑起绿色壁垒之墙，以试图控制他国产品的输入，保护本国的贸易。一些发达国家利用本国的技术优势，制定一些相应的绿色产品标准和绿色技术规范，如现在美国等发达国家都制订了环境标志计划，这样就能通过增加进口产品进入该国市场的难度而达到贸易壁垒的目的。该国会对进入该国的其他国家的绿色出口产品制定不同的标准，对于生产绿色产品所使用的绿色技术有相应的要求和规范，对于绿色产品的外包装要求以及标有“绿色产品”的标识也有相应的规定，对于不合格的产品一律不准进入该国市场。

我们都知道，发达国家的技术往往要远比发展中国家先进，利用这种技术上的优势，打着促进绿色消费和保护生态环境的旗号，建立起绿色壁垒的高墙，对于发展中国家来说是不公平的，不利于发展中国家发展绿色消费，对于全世界来说，也是不利于绿色消费的发展。绿色消费的初衷并不是为了让一些国家限制另外一些国家的对外贸易，也不是为了保护发达国家的贸易，它是为了促进全人类朝着更好、更健康的方向发展，是为了全人类社会能够实现可持续发展。发达国家建立绿色壁垒不利于绿色消费的发展和推广，当然，它既不利于本国绿色消费的推行，也不利于全球绿色消费的发展，是对绿色消费认识的一个误区。所以各国都要从全局出发，不要拘泥于自身小利益，要竭尽全力为全人类社会的绿色消费做出不懈的努力，促进人类的长久持续健康发展。

1.2.4.4 把绿色消费等同于绿色耗费

在现实生活中，一部分人进行绿色消费的目的是炫耀自己的财富，显示自己的社会地位，而不是满足自身以及他人的基本需要，也不是保护大自然免受破坏和节约社会的能源和资源。这样就容易导致过度消费、奢侈消费、超前消费以及畸形消费等，形成绿色耗费，走入绿色消费误区。比如，现在我们提倡消除和杜绝“白色污染”，政府也出台了相应政策予以支持，各大商场和超市对于塑料袋都实行了收费标准，各地也都不提倡甚至限制一次性塑料餐具的使用，大力提倡人们使用环保购物袋、布袋子、竹木篮子、纸盒子等。这样确实有一定的好处，能够降低“白色垃圾”和“白色污染”，但是由于人们对绿色消费的认识并不深，在减少了一次性用品的使用后，在大街上可以看到的是更多随处乱丢的纸盒子、纸碗等，人们为了使用纸盒子和竹木篮子类的用品，不惜进行大肆砍伐树木，有些人甚至以多拥有天然的竹篮子为傲，不惜花大量金钱去购买，这样不但没有保护好环境，反而是对大自然的一种破坏，形成一种绿色耗费的现象。

消费者在进行绿色消费的时候一定要注重节约意识和环保意识，不要被自己所认为的“绿色”消费的表象所迷惑。过度地进行不恰当的绿色消费只会造成绿色耗费，对于绿色消费的发展和推行不会是前进的动力，只会造成阻碍，广大消费者一定要切记这点：勿把绿色消费当成绿色耗费来实施。

综上所述，人们在认识绿色消费上以及具体实施绿色消费行为时会陷入各种各样的误区，这就要求广大公众在日常生活中要多多关注绿色消费，主动深入认识和了解绿色消费的本质，从而才有可能去实施真正的绿色消费，给自己、他人、社会和自然都带来益处，促进人们的身心健康全面发展和社会的可持续发展。

第 2 章

绿色消费理论

绿色消费理念的兴起是随着资源、环境、生态危机和人们生活水平大幅度提高后出现的，绿色消费所倡导的保护环境、节约资源、促进人类福祉的提高的内涵也符合了人们在物质生活水平提高后对更高生活质量追求的需要，它的兴起有其理论基础，国内外从不同角度对绿色消费进行了研究。

2.1 绿色消费的理论基础

绿色消费之所以产生，基于以下理论。

2.1.1 需求层次理论

美国心理学家亚伯拉罕·马斯洛于 1943 年在他的《人类激励理论》论文中提出了著名的马斯洛需求层次理论，该需求理论将人类的需求分为 5 种，从低到高层次逐渐递升，这 5 个层次依次为：生理需求（吃饱、保暖等）；安全需求（人身安全、职业安全、生活保障等）；社会需求（渴望关怀、爱护、理解等）；尊重需求（受到肯定、受到尊重、尊重他人等）；自我实现需求（自我理想、价值的实现、为社会作贡献等）。5 种需求可以粗略分为两级，其中生理需求、安全需求和社会需求属于相对低级的需求，这些需求可以通过外部条件得以满足；而尊重需求和自我实现需求属于相对高级的需求，它们需通过内部因素才能得到满足。

在经济不发达、物质供应不足的条件下，人们对于物质产品的消费需求量往往较低，社会能够提供给人们的东西也很有限，这时人们的消费需求大部分局限在生理需求上。当然，这时由于经济不发达，工业发展很少，科技水平也不高，产品的生产能力也较低下，这样就对能源和资源的需求也较低，对大自然的生态环境产生比较小的影响。同时，经济发展水平也影响着人们对自身健康和周围环境的要求，低水平的经济发展让人们无暇顾及自身的生活质量，在他们的意识里，能吃饱、穿暖就是很幸福的一件事。但是，随着社会的发展，经济发展水平越来越高，工业快速发展，人们的物质生活水平也有了很大的提高，大部分人摆脱了贫困，逐渐过上了小康生活甚至富裕的生活。物质生活水平的提高，也让人们对健康安全的产品、人身安全、优美的自然环境、得到他人的关怀理解、受到他人的肯定与尊重以及自我价值的实现等需求的感受越来越强烈，也就是说，经济的发展让人们的消费需求层次越来越高，对生活质量和品质有了更高的追求，人们越来越关注自身的健康和自然环境的保护，越来越有社会责任感，这也是自我实现需求的体现。而与这些需求相呼应的就是绿色消费——这是一种既有利于人类健康发展又有利于环境保护的可持续消费方式，绿色消费自然就成了人们在日常生活中追求的消费方式。

2.1.2 消费伦理和哲学观

人类在社会生活中生活，肯定会与他人、社会形成各种各样的关系，因而也会产生各种矛盾和冲突。消费伦理是人们在消费水平、消费方式等问题上产生的道德观念、道德规范以及对社会消费行为的价值判断和道德评价。消费伦理观引导我们思考这样一些问题：人与自然界的其他生物之间的关系是怎样的？人与自然的关系又是怎样的？人类是否可以为了一己之利而去破坏自然环境？……在这些问题的背后，消费伦理观倡导的一种积极向上的生活方式，即人与自然和谐共处的消费方式进入了人们的视线。消费伦理坚持生态化适度性原则，坚持人与人以及人与自然之间的和谐原则，坚持“以人为本”原则，但这里的“以人为本”并非是“人类中心主义”，因为它倡导在满足人的需要的同时要兼顾自然需要，体现着人与自然的友好和谐，而不是人对自然的征服和抛弃之欲。早在 18 世纪，一些博物学家为了要恢复人类与其他生物在自然中的和平共存而倡导人类过一种简单和谐的生活，20

世纪出现过的“大地伦理学”指出人与其他生物在大自然中都是平等的，共处于一个大家庭中。

许多哲学家也都提倡人与自然要和谐共处，比如中国古人就崇尚“天人合一”的思想，这种思想也反映在消费方面，它主张必须有度、有禁地索取大自然。国外很多学者对中国的这种哲学思想，也持赞同态度。像法国著名哲学家施伟泽认为，中国哲学中“天人合一”的思想把人类最高的生态智慧体现出来了，并称赞它是最丰富和无所不包的哲学。美国著名的生态哲学家林恩·怀特也指出，具有深厚渊源的中国文化中关于“人与自然相互协调”的观念值得所有西方人借鉴。同样在西方哲学史上，从古希腊哲学开始，就有了自然主义这样一个思想传统，它强调人对自然的依赖和人与自然的统一，同极端的人类中心论和功利主义相对抗。到20世纪，像海德格尔等著名哲学家倡导人与自然合一，人要“诗意地栖居在大地上”。德国古典哲学家康德、黑格尔、谢林等，也都肯定了人与自然构成一个统一的有机整体，人的生存是与大自然息息相关的。马克思在继承前人优秀成果的基础上，立足于人的实践活动，一方面强调人对自然的塑造作用，突出了以实践活动为基础的人的现实的主观能动性，另一方面又深入阐述了人对自然的依赖和自然相对于人来说所处的“优先地位”。马克思认为，人的活动越能动，其对自然的依赖就会越深刻，人是自然的一部分，人的所有活动都必须纳入自然当中加以衡量。①

以上这些哲学思想本质都是提出人与自然是一个有机整体，提倡人与自然和谐相处。这种思想告诉人们在满足人类自身需要的同时，要考虑大自然的承受能力，要对人类赖以生存的自然界友好、负起责任，否则，大自然会反向报复人类的。哲学观告诉我们：人类应该改变传统的消费方式，实施一种新的人与自然和谐共处的消费方式，而绿色消费正好符合这种要求，是可持续消费方式的一个重要表现形式和内容。

2.1.3 可持续发展理论

按照世界环境与发展委员会的定义，可持续发展指的是既满足当代人的需要，又不对后代人满足其需要的能力构成危害的发展。可持续发展的概念最初源于生态

①《马克思恩格斯选集》第2卷，北京：人民出版社，1992年版。

学，指的是对于资源的一种管理战略，其后慢慢被广泛用于经济学和社会学范畴，成了一个涉及经济、社会、文化、技术、生态等领域的综合的动态概念。可持续发展的概念形成经历了一个漫长过程，不同学者从不同的角度和侧重点给出了可持续发展的不同定义。有的学者着重于从自然属性定义可持续发展，他们认为可持续发展是保护和加强环境系统的生产和更新能力。他们是从生物圈的概念出发定义可持续发展的，认为可持续发展就是寻求一种最佳的生态系统以支持生态的完整性和人类愿望的实现，使人类的生存环境得以持续。有的学者侧重于从经济属性来定义可持续发展，他们认为可持续发展就是：在保持自然资源的质量和其所提供服务的前提下，使经济发展的净利益增加到最大限度。这里的经济发展当然不是传统的、以牺牲环境和资源为代价的经济发展，而是一种以不降低环境质量和不破坏自然资源为基础的经济发展。还有的学者从社会属性来给可持续发展下定义，《保护地球——可持续生存战略》中对可持续发展的解释为，“在生存于不超出维持生态系统涵容能力的条件下，提高人类的生活质量”，并且还提出了可持续生存的 9 条基本原则。这些原则一方面强调人类的生产方式与生活方式要与地球承载能力保持平衡，人类要保护地球物种多样性，另一方面着重论述了可持续发展的最终落脚点是人类社会，即改善人类的生活质量、创造美好的生活环境。其实质也就是在强调人类的发展要与自然的发展同步进行，人类与自然和谐共处，只有这样，人类的生活质量才能真正提高，社会才能真正发展。当然，被国际社会普遍接受的就是世界环境与发展委员会给出的可持续发展的定义：可持续发展是指既满足当代人的需要，又不损害后代人满足需要的能力的发展。这种定义把前面几种定义都囊括进来，是一种综合性的定义。

可持续发展的内涵很丰富：①它代表一种共同发展。地球是一个复杂的系统，每个国家或地区都是这个系统中不可分割的子系统。系统的一个重要特征就是其完整性，子系统之间是相互联系、相互影响的，任何一个子系统出现问题都会影响到其他子系统的发展，进而影响到地球这个系统的发展。因此，可持续发展强调整体发展，即共同发展。②可持续发展是一种协调发展。这种协调既包括经济、社会、生态三大系统的整体协调，也包括世界、国家、地区 3 个空间层面的协调，还包括一个国家或地区经济与人口、环境、资源、社会以及内部各个阶层之间的协调，可持续发展要求以上这些要素之间能够完好地协调发展。③可持续发展是一种公平发展，这种公平一方面强调当代人的发展不能以损害后代人的发展能力为代价，另一方面强调一个国家或地区的发展不能以损害其他国家或地区的发展能力为代价。④可持续发展是一种高效发展，这种高效发展是指人口、经济、社会、环境、资源等协调下的高效率发展，它不同于经济意义上的效率，因为它考虑了自然环境和资源，把它们的损益也包括在内。

在具体内容上，可持续发展包括可持续经济、可持续生态和可持续社会等几方面，它要求人类在发展中讲究经济效率、注重生态和谐和追求社会公平，最终实现人的全面发展。在经济可持续发展方面，可持续发展不仅关注经济增长的数量，更追求经济发展的质量。它要求改变传统的以“高投入、高消耗、高污染”为特征的生产和消费模式，要求实施清洁生产和绿色消费，以提高经济效应、节约资源和保护环境。在生态可持续发展方面，可持续发展要求经济、社会的发展要与自然承载能力相适应，人类社会在发展的同时要保护和改善我们的生态环境，力求以可持续的方式使用自然资源，避免环境遭到破坏，也就是说人类的发展必须控制在自然的承载能力之内。在社会可持续发展方面，可持续发展强调社会公平是环境保护得以实现的机制和目标。[①]发展的本质就是要提高人类的健康水平，改善人类的生活质量，创造一个保障人们自由、平等、安全、人权等权利的生活环境。因此，在可持续发展理论中，“生态可持续”是可持续发展的前提，“经济可持续”是可持续发展的基础，“社会可持续”是可持续发展的目的，三者共同组成“前提—基础—目的”的一个循环连接系统，相互依存、相互促进。只有实施生态可持续，才能保证经济可持续；只有实施经济可持续，才能保证社会的可持续；同时，只有社会得到可持续发展，才能更好地促进生态可持续和经济可持续的发展。

可持续发展理论告诉我们：人类要跳出传统的、单纯追求经济增长的发展模式，去追求一种新的可持续发展模式，这种可持续发展模式能够协调好经济发展与环境的关系，能使社会的发展既满足当代人的需求，又不对后代人的需求的满足造成危害，最终实现社会、经济、生态的协调发展。可持续发展需要企业的可持续生产和消费者的可持续消费作保障，绿色消费又是可持续消费的一个重要部分，所以推行和发展绿色消费是实现可持续发展战略的重要保证。

---

①《可持续发展理论》，MBA 智库百科，http：//wiki.mbalib.com。

2.1.4 生态经济全面需求理论

人的全面需求是指人类的物质文化需要和生态环境需要的综合有机体，它是由人类发展所处的不同经济、社会条件来决定的。根据人类社会的生产力水平发展状况，人类需求变化大体可分为 3 个阶段：①单纯的生存需求阶段，这个阶段，人类只是为了生存而奋斗；②人类物质享受文化需求的阶段，这个阶段中，人不仅为了生存而斗争，也是为了享受而斗争；③人的全面需求阶段，在这个阶段，不仅包括丰富的物质生活和文化生活，而且会追求良好的生活环境，达到所谓的生态需求目的。所以，人的生存和发展，既要在经济系统运行过程中满足其经济需求，又要在生态系统运行过程中满足其生态需求，还要在两者相互协调发展过程中使生态经济真正得到满足。[①]需求阶段的变化使生态经济全面需求理论应运而生。

传统的经济学在研究人类的物质文化需要时只从经济系统内部的物质资料的生产和消费等过程来考虑，没有把人类自身生命的生活和生产过程中对生态环境的需要，也就是人的生态需求考虑进去，有失全面性。生态经济学是基于现代经济社会是个生态经济有机体这一基础，从生态经济发展过程来研究人类的社会需要，自然就把人自身的生态需求包括在人类社会经济发展的需求之内，符合经济社会发展的实际情况：生产力的发展使人的需求范围不断扩大，从传统的物质需求转向精神需求，然后再转向生态需求；生产力的发展使人们生活水平得以提升，人们对生活质量也有了更高要求，人们生活质量提高的重要标志就是满足生态需求。

2.2 国外关于绿色消费的理论研究

社会经济的快速发展让公众越来越关注生产和消费模式对环境和人类健康的影响，特别是消费方式对人类和生态环境的影响。绿色消费在西方的兴起催生了一批研究成果，主要反映在以下方面。

① 刘思华：《可持续经济文集》，北京：中国财政经济出版社，2007 年版，第 73～78 页。

2.2.1 有关绿色消费的研究现状及发展进程

西方对于绿色消费的研究侧重于研究它的价值判断、绿色消费影响因素的模型检验以及它的政策的选择等，这一研究过程从宏观到微观不断调整，可以把绿色消费的发展分为 3 个阶段：20 世纪中后期的启蒙发展阶段、20 世纪末的深化发展阶段和 21 世纪的全面发展阶段。

绿色消费的兴起最早源于 20 世纪 40 年代的欧洲。此后，这一理念逐渐盛行并开始上升到政府政策层面。1977 年，德国率先推出“蓝天使计划”，并于 1979 年开始实施“蓝天使标志”，成为世界上第一个全国性推动环保标志制度的国家。该政策通过环保标志这种市场导向来引导消费者购买对环境污染小的产品，并以此来鼓励厂商开发生产对环境友好的产品，以促使环境质量的提升。德国的循环经济发展水平目前排在世界先列，德国联邦政府也计划最迟在 2020 年把垃圾填埋方式完全抛弃，届时，所有的垃圾在物质和能量方面都会经过预处理和循环重复利用。自 70 年代以来，美国开发了一些生态工业园区，包括生物能源的开发、废物处理、清洁工业、固体和液体废物的循环利用等多方面，美国政府还专门在总统可持续发展委员会下设立了一个“生态工业园区特别工作小组”。

20 世纪 80 年代以来，随着经济的发展，环境和资源问题也日益严重，世界各国更进一步体会到了人类与资源、环境协调发展的重要性。1989 年，Schipper 指出，消费者的行为能够影响全部能源消费的 45%～55%。

20 世纪 90 年代以来，相关学者进一步深化研究与绿色消费有关的问题。Rees（1995）、Daly（1996）和 Duchin（1998）认为，环境污染与消费者的行为有着密切的关系，大部分环境破坏都与消费者的行为有着直接或间接的关系。Grossman 和 Krueger（1991）提出反映环境污染与人均收入关系的倒 U 形“环境库兹涅茨曲线”（EKC），该理论后来成为综合反映绿色消费影响因素相互关系的基础性工具。更进一步，1994 年，联合国环境规划署的报告《可持续消费的政策因素》提出了可持续消费的概念，指出其核心是一部分人的消费不以损害当代人和后代人的利益为代价，即可持续消费必须遵循消费的代内公平和代际公平原则。

西方理论界并不注重对绿色消费的概念进行界定，他们认为，“绿色消费”与“生态消费”“低碳消费”“可持续消费”等概念是内在一致的，即它们都是一种以适度理性消费，尽量避免或减少污染、破坏环境，崇尚和保护自然，节约能源和资源为特征的消费行为。绿色消费在他们看来也可以作为可持续发展和生态需求在消费环节的深入表达。

21 世纪以来，西方学者通过多种方法来研究绿色消费以及与之相关的因素。Marlow（2007）指出，目前消费者拥护环境措施的意念增强，绿色消费者数量庞大，尤其在北美、西欧、澳洲和日本，其中澳洲的绿色消费意识最强。2008 年，全球绿色消费者购买力有 5 000 亿美元，随着经济的不断发展，其后的购买力会更强。Levine（2008）研究了全球和澳大利亚的环保意识现状。他的研究显示，35%的澳大利亚人（2006 年为 14%）认为全球面临的最大问题是环境问题，排在经济、恐怖主义、战争等问题的前面；30%（2006 年为 8%）认为澳大利亚面临的最大问题是环境问题。Gabrielle Wbile（2009）指出在北半球研究环境问题已有 30 余年，美国、法国等国家从 1980 年起就发明了一些环保产品，它们的低碳技术也得到迅速发展。Jianping Zhang（2010）通过研究指出，夏威夷观测测量到的大气 CO_2 浓度升高，海平面在上升，人类的活动影响着气候变化，气候变化又影响着世界，目前如何阻止气候变化成为所有国家最大的挑战。

西方学者也以定量分析的方法深入研究了消费行为对环境的影响，并探讨了环境治理的可行策略。Bin 等（2005）提出 CLA（Consumer Lifestyle Approach）分析框架，其内容包括外部环境、个人决定因素、家庭特征、消费者行为选择和消费行为后果 5 个因素，并用该框架分析了美国消费者行为对环境的影响。Mostafa（2006）将公民参与低碳消费方式的原则归结为“5A”，即 awareness（认知性）、availability（可行性）、accessibility（可操作性）、affordability（可承受性）和 acceptance（可接受性）。Ajzen（2007）基于计划行为理论创建了绿色消费的 TPB 模型，分析了影响绿色消费的因素，并在整合各因素的基础上审视不同变量的相对影响程度，探究中介变量。上述研究与传统的定性分析相比，要更为深入，它提供了现代绿色消费研究的模型依据。

从现实发展看，全球绿色消费运动开始被国际社会所接受，并成为公众广泛参与环境和生态保护的消费方式。据有关资料统计，有 82%的德国人和 62%的荷兰人到超市购物时会优先考虑环保问题，66%的英国人愿意花更多的钱购买绿色产品，有 84%的美国人愿意购买有机蔬菜和水果，愿意为未被污染的产品及能再循环使用的包装多付费，而且这部分消费者的比例正在逐渐扩大。目前，在美国，新产品中绿色产品所占比重已达到80%，在德国、日本等国家开发的新产品中，绿色产品也在60%以上。由此可见，绿色消费将逐步成为人类消费的主流。[①]

2.2.2 关于绿色消费的影响因素分析

国外学者把影响绿色消费的因素主要归纳为消费意识、环境、消费者态度和价值观、收入水平、技术水平、绿色宣传等。

Yearley（1991）提出绿色运动的开始依赖于普通人能通过他们的购买决定影响环境的观点，也就是说人们不必要参加一个压力集团或绿色会议就能加入到绿色浪潮中，所以消费者的绿色消费意识对于推行绿色消费至关重要。Ha（2008）提到，生态足迹技术已成为一种流行方式来让消费者衡量环境对他们生活的影响，所以生态足迹技术的发展程度也是影响绿色消费的一大因素。

Carla（2009）指出消费者态度和价值观影响绿色消费，同时消费者的社会地位和收入情况也影响绿色消费，现在消费者更喜欢购买环境友好型产品，主要是源于他们对自身的健康更加关注和经济收入水平日益提高。

当然，政府的政策措施和规范以及宣传绿色消费的知识的力度等也影响着绿色消费的推行，还有的学者认为性别也影响着环保及绿色消费。总之，影响绿色消费的因素很多，这些因素相互作用，融会贯通共同影响人们的绿色消费。

2.2.3 关于推行绿色消费的障碍因素分析

Jianping Zhang（2010）指出气候变化是严重抑制绿色消费发展的因素，如何阻止气候变化将是各国面临的最大挑战。

Johanna Moisander（2007）认为环境信息的复杂性和个人信息的局限性制约着绿色消费的实施。可以从以下几方面来理解，首先，公众理解消费活动对环境的影响需要知道引起环境问题的特别知识，而一般人对这些知识的了解并不多，政府的教育宣传也不够；其次，对生态负责的消费需要消费者有一定的实践技巧和相关知识，比如废旧电池怎样回收使用和再利用，而消费者目前普遍缺乏这些技巧和知识；

① 张旭、贺艳珍：《论绿色消费的本质》，载《当代经理人》2006年第10期，第9页。

最后，绿色消费动机因生态信息的争论性和怀疑性而变得复杂。因此，由于以上障碍因素，即使消费者愿意运用他们的个人资源（时间、金钱和努力等）来关心环境，环境信息的复杂性和低可信度有时也难以让他们对环境的关心而行动起来。

此外，道德意识的复杂性也是一大障碍。Palmer（2008）和 Carla（2009）指出尽管消费者有意识并且也有意愿购买绿色产品，但这种意愿目前还没有很好地转化为绿色购买行为，主要的障碍是绿色成本，也就是说绿色产品把绿色成本包括在内而导致绿色产品的价格过高，超过了消费者的购买能力。所以，这也可以说政府目前给予生产企业的激励措施不够，同时，生产企业的技术也没有达到标准以及生产尚未形成规模化。企业、消费者和政府等都有制约绿色消费的推行和发展，所以制约绿色消费的因素包括需求、供给、制度等多方面。

2.2.4 关于推行绿色消费的措施分析

既然绿色消费对于人们的生活是如此的重要，那么推行绿色消费就势在必行。国外学者就如何推行绿色消费进行了大量研究分析，综合起来也是包括政府、企业和消费者等方面。

因为发展低碳经济也是绿色消费的内在要求，所以就如何发展低碳经济，Jianping Zhang（2010）给出了建议，他认为发展低碳经济要得到政府的支持和引导，要依赖于市场竞争，企业要增加在低碳技术发展上的投资。Yearley（1991）指出通过产品价格、产品设计、产品有用性和环保等一系列措施来让绿色产品和非绿色产品进行竞争，只要政府给予一定的支持，企业积极配合，那么绿色产品一定能把非绿色产品挤出去，同时政府要采取一定的手段来引导消费者，加强宣传可持续性和生态方面的知识，也要鼓励企业积极参加绿色生产和消费。

Miller（1995）指出，通过具体消费者绿色意识的提高和发展才能提升人们对绿色消费概念的认识，也就是说消费者要加强绿色消费意识来推动绿色消费，从而主动选择绿色产品。Johanna Moisander（2007）认为环境政策的关注点应该从个人消费者转向整个社会的消费者，个人是社会的一部分，所以研究个人消费者时要把他放进整个团体社会中去，以便更好地了解他们。Mark Roseland（2010）指出绿色住宅能改善居民环境，减少物质消费，所以政府和管理部门要重新思考怎样组织住房能更有效地进行绿色消费，让消费者感受到绿色消费带给他们的愉悦和舒适，当然绿色服务组织也要和政府一起努力。Xiaobing Liu 等（2010）认为环境教育对推行绿色消费非常重要。绿色消费的内涵就包括保护环境、减少对资源的浪费、达到人与自然的和谐，所以应加强对人们的环境教育，宣传环境知识就显得格外重要。

Carla（2009）指出，现在的消费者主要关心以下问题：减少它们的碳足迹，即燃料用量；废物管理，包括回收、包装等；产品天然成分：较少的化学或有机成分。通过了解消费者最关心的问题，政府和企业可以对绿色产品或绿色消费进行宣传，让消费者知道绿色消费正是他们所期望的那种消费方式，从而推动绿色消费的发展。

总之，要想推行绿色消费，使之成为人们消费方式的主流，那么就需要政府、企业和消费者之间的共同努力，以使全球经济社会快速可持续发展，全人类过上高品质的生活，地球成为人们生活和谐的星球。

2.3 国内关于绿色消费的理论研究

随着经济与社会的不断发展，人们的消费观念从传统消费逐渐转向绿色消费。我国的绿色消费已经起步，但仍处于初级阶段，绿色认识还有待进一步提高，政府及企业等相关部门都还缺乏对绿色消费的深入认识，相关的政策和法律法规还不健全，公众的绿色意识也不够强，所以研究我国的绿色消费问题，可以让绿色消费进一步深入人心，有利于发展我国的绿色消费，进而促进可持续消费的发展和社会的可持续发展。

目前国内学术界对绿色消费进行了大量的研究，本章从以下几个方面来归纳绿色消费的理论研究成果。

2.3.1 绿色消费的必要性

学者们从科学发展、环境保护、国民经济可持续发展、生活质量等多方面对绿色消费的必要性进行了阐述。

从科学发展的角度，王小玉等（2008）指出，绿色消费是科学发展的必然选择。因为经济发展过程中由于环境污染对人们的消费生活所带来的负面影响与人们的消费结构日益优化、消费层次不断提高之间的矛盾不断扩大，所以要想科学发展，就必须进行绿色消费。

从环境保护的角度，唐振龙等（2007）指出，我国的生产企业每年排放的工业“三废”逐年增加，对农业生产的环境污染也由局部向整体蔓延。此外，居民生活消费，特别是大中城市的居民生活消费，对环境已造成很大污染，像“白色污染”和“垃圾围城”已经成为困扰城市发展的严重问题，鉴于这种环境污染的严重现状，推行绿色消费已势在必行。吴琳（2009）也指出，绿色消费对促进生态环境改善具有直接作用。由于绿色消费具有多途径降低能源消耗、减少污染作用，绿色消费也注重研究消费活动对环境和生态的影响，所以绿色消费对于我国倡导的生态文明具有重要的作用。李顺莲（2010）指出，绿色消费是保护生态环境的必然选择。由于工业社会的发展导致的环境污染、资源浪费不是可持续发展所要求的，物质生活水平的提高也让人民对良好质量的需求日益增加，绿色消费的特点和内涵正好就是可持续发展所需要的，它既满足生活需要，又不浪费资源、不污染环境，是保护环境的必然选择。所以推行绿色消费是十分必要的。

从国民经济可持续发展的角度，张旭（2005）指出，经济的可持续发展需要绿色消费来支持，绿色消费是推动可持续发展的动力，而经济的可持续发展也是为满足绿色消费而进行的，二者是相互依存、相辅相成的关系。因此，实施可持续发展必须实施绿色消费。潘家耕（2003）研究认为，绿色消费方式是可持续发展的消费方式。他研究了传统的工业社会的消费方式，这种消费方式无论对个人还是对社会都带来很大的负面影响，严重制约着社会的可持续发展。而绿色是生态、生命、健康和活力的象征，它具有可持续发展的意义。绿色消费观念是针对工业消费方式的弊端而提出来的，是对工业消费方式的扬弃。它提倡适度消费、倡导选择绿色产品、关注环境保护、注重精神生活，是可持续发展的消费方式，所以推行绿色消费是可持续发展的内在要求。吴汉嵩（2004）和唐振龙等（2007）指出，一方面，绿色消费可以带动我国产业结构的升级与调整。一个产业的发展依赖于消费的发展，消费的数量、质量、结构及变化趋势决定产业的数量、质量、结构及发展趋势。同时，绿色产品的相关要求能推动清洁生产技术的研究、开发与生产，推动技术创新，从而推动产业结构的升级与调整。另一方面，绿色消费有利于突破国外设置的“绿色壁垒”，帮助我国开拓国际市场。我国加入 WTO 后，关税壁垒和出口配额限制已逐步消除，但非关税壁垒——主要是“绿色壁垒”已成为我国出口贸易的主要障碍。

随着一些国际公约的实施，发达国家对绿色产品进口制订了严格的技术规定，“绿色壁垒”广泛地冲击我国的出口贸易。为了帮助我国企业打破“绿色壁垒”，提高出口产品的国际竞争力，有必要采取措施积极推广使用清洁生产技术，开发绿色产品，进而突破国际贸易壁垒，拓展国际市场。只有实施绿色消费，我国才有可能在国际市场上站稳脚步。

此外，赵金蕊（2008）认为绿色消费是构建生态城市的出发点，它对打造良好的城市生态环境、改善人类居住环境、提高人类生活质量有驱动作用。它的驱动作用主要体现在以下方面：第一，绿色消费能促进消费行为绿色化，保护城市的生态环境；第二，绿色消费能促进资源的合理使用，保护生态城市的可持续发展；第三，绿色消费能促进消费结构升级，提高人民生活质量，有利于创造和谐的生态城市。刘敏等（2004）通过研究也指出，绿色消费是人类高品质生活的保证，有利于提高人们的生活质量。因为绿色消费的特征之一，就是要求所消费的产品对使用者本人、他人以及生态环境的危害尽可能小，由此可知，绿色消费有利于提升人们的生活质量或品质，实施绿色消费刻不容缓。秦书生等（2013）认为，推行绿色消费是加强生态文明建设的有效途径。

还有些学者认为，绿色消费能够节约我国的福利开支，提高整个国家的福利水平。由于我国工业化进程加快，所带来的环境污染程度更加严重，国家每年投入治理环境污染的费用也越来越多。而如果摒弃传统的消费方式，全面实施绿色消费，则国家为此所需支付的治理费就会越来越少，这将从根本上减轻国家所承担的社会福利负担，从而可以将那些钱用在其他更有利的用途开支上，提高整个国家福利水平，所以要大力推行绿色消费。还有学者指出，绿色消费是发展低碳经济、循环经济、实现节能减排的一个现实选择，是我国实现“环境友好型、资源节约型”社会的重要抓手，它的推行势在必行。

总之，在我国推行绿色消费是十分必要的，是人类、经济、社会和生态可持续发展的必然选择。

2.3.2 绿色消费的障碍因素

我国作为“绿色”浪潮中的后起者，在各方面与发达国家都有着一定的差距，诸多不利因素阻碍绿色消费的推广，因此分析影响我国绿色消费发展的阻碍因素十分必要。理论界主要从供给约束、需求约束、制度约束等几个方面展开研究。

2.3.2.1 供给约束

绿色消费的普及，究其根本在于绿色产品的生产。林锟等（2005）指出，我国生产绿色产品的企业非常少，企业对于绿色产品的市场需求认识不清，基本的绿色生产技术不过关，技术改造缺乏必要的资金和技术。黄晋京等（2002）、余央央等（2005）、林锟等（2005）、李文英等（2004）、高清（2008）指出绿色产品的生产成本较高、风险较大，企业缺乏生产动力和激励，这成为绿色产品供给数量少的主要原因。由于绿色产品的开发难度大、成本高、风险大、获利不确定，而且存在外部性，如果没有政府的扶持，外溢的收益就无法内化，而且生产绿色产品的企业与非绿色产品生产的企业竞争不公平，这必然使企业选择绿色产品的生产、营销的动力不足，导致绿色产品供给非常有限。

胡日东（2004）、马瑞婧（2006）通过分析指出目前我国绿色产品流通渠道不健全。由于绿色产品流通中存在一些不必要的关卡、收费，运输中缺乏统一标识和标志，在途污染时有发生；全国也尚未建立从批发到零售的绿色产品流通网络体系；绿色产品的专营商店、连锁店在市场上很少见甚至是空白。流通渠道的不健全也严重影响着绿色消费的进行。

林锟等（2005）认为我国绿色产品研发技术落后，专业人才缺乏，绿色产品科研与生产结合不紧密，开发绿色产品的投资缺口大，同时要承担较大的投资风险，这些都导致我国市场上绿色产品匮乏。林锟等（2005）、曹明玉（2008）还指出我国绿色产品的市场开发力度不够，绿色营销体系建设滞后，企业对市场的调研不足，宣传不到位，这些也是制约我国绿色消费发展的原因。黄晋京等（2002）指出我国企业的生产管理水平还很落后，我国还尚未形成规模化的绿色产品制造业，绿色产品的结构单调、种类单一、技术落后，使广大消费者的绿色需求根本无法得到满足。

2.3.2.2 需求约束

消费者是绿色产品的最终购买和使用者，没有绿色产品的消费群体，企业生产的绿色产品就不能销售出去，所以绿色需求对于绿色消费的推行起着核心的作用。但是，由于各种原因，我们的绿色需求规模还不够，一定程度上绿色需求成为制约绿色消费的重要因素。

林锟等（2005）认为绿色消费在我国兴起的时间不长，消费者的绿色观念不强，且绿色产品过高的价格和消费者偏低的消费能力形成了尖锐的矛盾，从而成为阻碍绿色消费普及的重要原因。马瑞婧（2006）也指出消费者在购物时，往往只考虑质量等因素，很少考虑其在使用过程中对环境的不良影响，更不会考虑产品在生产过程中对环境的影响。因而大多数消费者对绿色产品并未产生购买欲望，绿色消费者比较少。黄晋京等（2002）、谢威娜（2008）认为，我国消费者环境保护意识不强，只图自己方便。拿一次性筷子来说，日本森林覆盖率在世界前三位，但该国自己却不生产一次性筷子，而从中国进口；相反，我国消费者为了自身的方便和健康，都比较热衷于使用一次性筷子。

宁薛平等（2008）、林锟等（2005）、谢威娜（2008）通过分析指出，绿色产品价格制约着绿色产品需求，进而阻碍绿色消费的推行。由于绿色产品大多采用较为高新的技术和材料制成，成本和生产工艺以及市场开拓费用相对高昂，因而价格较高，而那些不顾及生态环境和资源浪费的普通产品价格就较低。而我国消费者的购买力较低，绿色消费观念也不够强，在现实中更关注产品的价格和适用性。绿色产品的高价格，往往使消费者感到难以接受而抑制他们的消费。

绿色消费是人类消费方式的根本质变，但实现绿色消费是以消费者较高的生态意识、环保意识和社会责任感为支撑的。林锟等（2005）认为我国居民生态意识、环保意识远未达到实现绿色消费的需求，观念上没有完全接受这一全新的消费方式，这成为制约我国绿色市场形成的重要因素。

黄晋京等（2002）、李文英等（2004）、刘敏等（2004）、宁薛平等（2008）、高清（2008）指出我国居民人均收入不高，购买力有限，绿色产品较高的定价制约消费者的购买。同时，消费还受预期的影响，目前我国居民的现期收入较低，预期收入又不稳定，教育、住房、医疗、养老改革的全面展开，加大了人们的预期支出，在消费效用既定下，消费者为使自己的支出最小化，会选择非绿色产品，这使绿色市场的发展壮大受阻。

谢威娜（2008）还提到了中国饮食文化的传统观念根深蒂固也是一大障碍。因为中国历来对饮食非常讲究，追求新、奇、特。人们在生活水平普遍提高的今天，在饮食方面讲究口味、特色，所以对于这部分消费者，要推行绿色食品就存在困难。刘敏等（2004）也指出我国人们在物质生活水平大幅度提高的前提下，一些人受到西方消费主义思想的影响，盲目追求高消费、多消费和奢侈消费，以豪华奢侈、铺张浪费来显摆自己，以显示出自己“高贵”的地位和身份。盲目攀比成风，消费时完全只顾自己需求，不顾环境污染和资源浪费，这些传统的消费观念在一些消费者心中根深蒂固，使绿色消费的推行大受阻碍。

2.3.2.3 制度约束

企业生产绿色产品，消费者购买消费，在这两者之间有个中间流通环节，那就是制度问题。如果没有一系列的规范市场体系，没有完善的制度保障，绿色产品就不能走进千家万户。但是，在目前，我国有关绿色消费的制度和政策制定不健全，存在很多问题，使我国推行绿色消费步履维艰。

黄晋京等（2002）、林锟等（2005）指出目前我国的绿色产品市场发育不完全，产品很难进入市场，而且对相关产品的质量标准规定不完善，造成市场秩序混乱，质量难以保证，消费者的权益随时面临被侵犯的危险，制度的不规范严重影响着绿色消费市场的形成和发展。

刘敏等（2004）认为，由于绿色消费具有一定的外部性效应，也就是说人们积极的消费行为除了对自己有好处外，对整个社会也是有利的，而消极的消费行为对自己和整个社会都有害，因此，个人实施绿色消费给社会所带来的好处就是一种正的外部效应。经济学知识告诉我们外部效应需要制度来加以解决，比如对于那些实施绿色消费的人给予一定的奖励，而对于那些不实施绿色消费的行为给予一定的惩罚，不然就会出现“搭便车”的现象，最终可能会导致“公地悲剧”现象的发生。而目前我国的绿色消费尚存在这种制度方面的缺陷，缺乏相应的奖惩措施和政策。

宁薛平等（2008）通过研究指出，部分企业利用消费者的绿色购买心理，进行虚假广告宣传，假意包装成“绿色产品”，不仅损害消费者利益，而且严重威胁绿色营销企业的生存，甚至造成整个社会经济秩序的混乱，而国家也没有出台相应的有效措施和政策来制止和惩罚这种虚假产品行为，即使出台了一些政策想要阻止企业把非绿色产品混进市场当绿色产品销售给消费者，但由于其政策制定力度不强，相关惩罚措施也不完善，最终难以实现其初衷，非绿色产品依然在市场上横行其道。

刘敏等（2004）、马瑞婧（2006）指出绿色产品市场的秩序不规范。由于相关部门对“绿色食品”标志、“国家环境标志”等绿色标志宣传不力，使消费者难以认清真正的绿色产品；国家也没有成立专门的绿色管理部门，没有专门的行政机构负责制定绿色产业总体发展规划和产业政策等问题，使绿色产品市场尚未形成一个完善、规范的管理体制，从而影响消费者的绿色消费需求。

宁薛平等（2008）、王怡（2009）、清华（2011）认为绿色产品的相关质量检验标准建设不完全，绿色产品质量检验标准建设滞后。目前都没有一个核准绿色产品和各项生产指标的标准，国家的相关立法和标准条例也是空缺，这又导致市场上充斥着形形色色的假冒绿色产品，让消费者没有办法去辨别。

2.3.2.4 其他障碍因素分析

宁薛平等（2008）利用绿色消费模型分析了绿色商业引导绿色消费的障碍。他们通过建立一个绿色消费模型，利用消费者效用—花费曲线分析分别使用传统和绿色消费品的消费者在获得相同效用时所付出的不同费用，以及利用厂商利润—销售量曲线来描绘分别生产同类传统产品和绿色产品的企业供给消费者相同数量产品所获得的不同利润，进而探讨绿色产品与传统产品在市场上的差异。得出的结论是：绿色产品增加了绿色成本，绿色成本的出现有可能使市场参与者的利益出现损失，利益损失问题就是阻碍绿色消费市场的核心问题。

李文英等（2004）也认为由于绿色产品中包含有绿色成本这一特殊性，使绿色产品的需求者和供给者可能要承担利益损失，作为理性的消费者和生产厂商就会减少对绿色产品的需求和供给，转而投向其他的传统产品。所以解决好绿色成本带来的利益损失问题，才是推动绿色消费发展的关键。

黄晋京等（2002）认为绿色产品在国际贸易中的不利地位影响了国内绿色消费水平的提高。相对于西方发达国家，我国还没有形成一套行之有效的环保措施，环保水平低，因而绿色消费品成本高、档次低。发达国家还以繁琐、严格的环保措施设置“绿色壁垒”，使我国在绿色产品的出口中处于更不利的地位。我国在绿色消费品国际贸易中与西方发达国家的非对称性地位严重制约着我国消费水平特别是绿色消费水平的提高。

综上所述，推行绿色消费还存在各种各样的问题和障碍因素，要使绿色消费更好地推行和发展，就必须针对这些障碍因素制定相应的策略以更好地推动我国绿色消费的发展。

第 3 章

绿色消费的现状及存在的问题

绿色消费在国外兴起比较早，其发展已比较成熟，并制定了很多措施来推动绿色消费的发展，尤其是美、英、日、德、法等发达国家发展绿色消费的经验值得我们借鉴。同时，可以从我国绿色消费的发展实践中发现存在的问题，并寻找解决问题的措施。

3.1 国外绿色消费的现状

西方发达国家开展绿色消费的时间较早，且经济发展水平较高、技术比较成熟、制度也比较完善，因而西方发达国家在绿色消费的实践方面要比发展中国家领先很多，而且并不拘泥于概念上的比较，在他们看来，绿色消费与生态消费、低碳消费、可持续消费等没有本质区别，它们具有内在一致性，都是一种保护环境、崇尚自然、节约资源的理性消费行为，因此，实施绿色消费也可以看作是实施低碳消费、生态消费、可持续消费等。本节就美、英、日、德、法等主要发达国家在绿色消费方面的具体实践进行阐述和总结。

3.1.1 美、英、日、德、法国家的具体实践

3.1.1.1 美国

美国在促进绿色消费发展方面的主要做法是制定相关法律，为绿色消费的发展提供法律保障。1976年，美国制定了《固体废弃物处置法》用于规范处理废弃物。20世纪80年代中期，新泽西州、俄勒冈州等先后制定《促进资源再生循环法》，到2010年为止，已有半数以上的州制定了各种不同形式的再生循环法规。1989年，美国加州制定《综合废弃物综合管理法令》，要求在2000年以前，实现50%废弃物可通过循环的方式进行处理，如果有城市未达到要求，就要每天对其实施相应的行政罚款。2009年6月，美国众议院通过了《美国清洁能源与安全法案》，该法案制定的目的在于降低美国温室气体排放、减少美国对外国石油的依赖，该法案规定美国的减排目标是：到2020年，二氧化碳排放量比2005年减少17%，到2050年减少83%。[①]

构建绿色税收体系，以促进绿色消费的推行。美国是世界上最大能源消耗国之一，消耗能源就会造成环境的污染，为了治理环境，美国已逐步建立了较完整的绿色税收体系。比如制定开采税、对损害臭氧的化学品征收消费税、汽油税、对固体废弃物处置的征税等与环境保护相关的税种。此外，还制定了相关税收优惠政策，包括直接税收减免、投资税收抵免、加速折旧等税收支出政策，这些政策的制定对于企业和消费者实施绿色消费起到了很好的积极推动作用，在美国有比较显著的作用。

制定绿色采购制度，推动绿色消费的发展。从20世纪90年代初以来，美国就已先后制定并实施了采购循环品计划、能源之星计划、生态农产品法案、环境友好产品采购计划等一系列绿色采购计划。[②]目前，美国政府主要以联邦法令与总统行政命令作为推动政府绿色采购的法律基础，如美国总统第13101号行政命令，美国的《资源保护与回收法》《政府采购法》《能源政策法》等，通过这些行政命令和法令的实施，推动人们使用健康和对环境影响最小的产品和服务。

制定低碳技术计划，促进低碳技术和绿色能源的发展。2006年9月，美国公

---

① 曾珠、周一：《主要发达国家发展低碳经济的经验》，载《商业研究》2010年第12期，第183～186页。

② 丁丹丹：《西方发达国家发展绿色消费的经验做法及启示》，载《经营管理者》2012年第7期，第98页。

布了新的气候变化技术计划，美国将推动新一代清洁能源技术的研发与创新，尤其是专门提供资金用于燃煤发电的碳捕获与封存技术的开发，到 2009 年，美国通过了《美国清洁能源与安全法案》，[①]确保低碳技术的发展，同时鼓励可再生能源、核能以及先进的电池技术的应用，为了确保国家的经济发展和能源安全，要减少对石油的依赖。在绿色能源的开发和利用上，美国采取了各种政策措施。首先，美国政府加大资助力度。在运作方式上，美国能源部通过公开招标管理公司进行管理，而不是直接管理实验室，实行私有化管理模式，由管理公司负责项目经费的管理和控制，并吸引社会资金的加入，加快绿色能源的研发周期。其次，实施政府采购。美国联邦政府有关法律规定政府必须购买绿色产品，比如要求联邦政府在 2005 年购买 10 万辆洁净汽车。最后，对绿色能源产出提供补贴。1992 年，美国的《能源政策法》规定，国会每年对免税公共事业单位、地方政府和农村经营的可再生能源发电企业实施拨款，具体标准是每生产 1 kW · h 的电能补助 1.5 美元。[②]

制定全方位政策和措施，促进物流的节能减排。首先，美国制定了一系列环保法律，比如《清洁空气法》《清洁水法》《资源保护和恢复法》《危险品材料运输法》《综合环境责任赔偿和义务法》等，[③]这些法律的制定用于尽量减少物流发展对人类安全和自然环境构成威胁。其次，美国在 1991 年颁布《多式联运法》，大力提倡多式联运的发展，以减少能源的消耗。再次，美国一些行业协会通过推广节能方法及技术来促进物流业减少能源的消耗，比如美国供应链管理专业协会专门设立了环保部门，负责评估物流企业的环保状况以及推广节能减排新技术等工作。最后，美国采取相应措施鼓励废弃物的回收再利用。由于废物回收有利于减少能源、材料消耗以及污染物的排放，是循环物流发展的要求之一，所以美国的很多州也致力于采取相关措施来促进废弃物的回收利用。2002 年 12 月，新泽西州制定了《一般废弃物处理法案》[④]，用于管理包括电脑在内的所有电子设备废弃物的处置，该法案规定，在任何时候，如果一个组织积累的一般废弃物超过 99.792 kg，那么该组织就必须承担处理废弃物的责任，比如将废弃物运送到指定的处理厂。2003 年 9 月，加利

① 曾珠，周一：《主要发达国家发展低碳经济的经验》，载《商业研究》2010 年第 12 期，第 183～186 页。

② 方虹：《国外发展绿色能源的做法及启示》，载《中国科技投资》2007 年第 11 期，第 35～37 页。

③ 叶蕾、麦强、王晓宁等：《国外物流节能减排措施综述》，载《城市交通》2009 年第 5 期，第 27～31 页，第 84 页。

④ 朱煜、汝宜红、吴潮音：《基于循环经济的物流模式研究》，载《综合运输》2006年第12期，第52～54页。

福尼亚州制定了《电子废物循环再造法》，该法规定，视频显示设备要能够回收再利用并且限制其有害物质，为了补偿政府指定的废弃物处理者的处理费用，零售商就须向消费者收取电子废弃物循环处理费用。缅因州颁布《扩大的制造商责任法案》，该法案规定政府收集电子废弃物，收集和运输费用则由被回收的电子产品制造商来承担。

制定低碳城市行动计划，发展低碳城市。发展低碳城市是抵御气候变化的有力武器，2007 年美国进步中心发布《抓住能源机遇，创建低碳经济》报告，提出创建低碳经济的十步计划。同年，美国参议院提出《低碳经济法案》，表明低碳经济的发展道路有望成为美国未来的重要战略选择。在金融危机带来重组及奥巴马政府策略的影响下，低碳、减排已成为美国大部分州政府的重要发展战略之一。当前，美国低碳发展区域政策主要分为东北、西部、中西 3 个范围，于 2009 年 1 月启动东北各州的区域温室气体行动，约束的对象为发电能力超过 25 MW 的发电企业，这些企业贡献了美国东北各州二氧化碳排放的 95%。项目分为两个阶段，各阶段目标分别为：2009—2014 年保持排放量不变；2015—2018 年每年排放量减少 2.5%。该项目将根据每个州 2000—2002 年的排放水平，给各州分配排放配额。由加州政府牵头提出的西部气候行动项目预计 2012 年开始实施，持续 3 年。同期，中西部温室气体减排协议也将上马，美国中部的大部分州和加拿大的曼尼托巴都被覆盖在内，主要针对大型工业设施和发电厂。项目目标：到 2020 年排放量减少到 2005 年的 15%～25%；2050 年减少到 2005 年的 60%～80%。目前，美国的低碳城市发展良好。

3.1.1.2 英国

绿色消费要求产品及其包装符合环保要求，不危害自然环境和人类健康。为此，英国政府推行包装回收和垃圾处理政策，明确要求包装材料制造商拟定包装废弃物重新使用计划，逐步达到包装物减量使用、重复利用、回收再用和降解分化的目标，以促进资源合理利用和保护自然环境，减少对人们健康的危害和环境的破坏。绿色消费要求节约能源和减少能源耗费。英国于 2006 年公布了一份《能源评估报告》，该报告显示：英国家庭各种电器和办公设备处于待机状态时，会白白浪费掉 8%左右的电量。[①]为此，英国有关机构宣布必须重新设计尽量减少浪费电能的电器，还

① 丁丹丹：《西方发达国家发展绿色消费的经验做法及启示》，载《经营管理者》2012 年第 7 期，第 98 页。

计划通过立法以彻底消除家电的待机状态对电能的浪费。

在低碳消费方面，英国政府于 2008 年颁布《气候变化法案》，使英国成为世界上第一个为温室气体减排目标立法的国家，同时，英国成立了相应的能源和气候变化部。该法律规定，英国政府必须致力于低碳经济的发展，促进低碳和绿色消费的实现，到 2050 年，要达到 80%减排的目标。并且，从 2001 年开始，所有企业和公共部门都要缴纳气候税，计征方式按照其煤炭、油气及电能等高碳能源的使用量来计算，如果一个企业使用的是生物能源、清洁能源或可再生能源，那么该企业就可获得税收减免优惠。

规划发展低碳城市，积极向低碳经济转型。英国是低碳城市规划和实践的先行者。2001 年，英国政府设立碳信托基金会，碳信托基金会与能源节约基金会联合推动了英国的低碳城市项目。首批 3 个示范城市（布里斯托、利兹、曼彻斯特）在低碳城市项目提供的专家和技术支持下制定了全市范围的低碳城市规划。建筑和交通是城市规划的两个重点领域，在这两个领域内推广可再生能源应用、提高能效和控制能源需求，促进城市总的碳排放降低。其中，伦敦市在英国低碳城市建设方面起到了领跑者的作用。2003 年伦敦市为了控制市内私人汽车运行量，除了对其收费外，还增加了电动汽车的投放量，2010 年，在市场上投放了 10 万辆电动汽车，计划将伦敦建设成“电动车之都”。2004 年伦敦颁布《伦敦能源策略》，把气候变化纳入其内。《伦敦能源策略》是关于如何在满足伦敦市民基本能源需要、克服燃油短缺的前提下对本土和全球环境产生有益的影响的方针政策。这也确定了通过发展新的清洁技术实现可持续发展能源的框架。

此外，英国政府还运用多种方法和措施来改变人们的生活方式，力图向低碳绿色生活方式转变。比如，要求人们不要使用一次性塑料，要求目前所新建的房屋至少要有 1/3 体现碳足迹减少计划，到 2016 年，所有新盖的房屋要达到碳的零排放等。[①]此外，英国还利用其海岛国家的自然优势，利用海洋资源进行技术研发和运用，在发展海上风能、海藻能源等低碳环保能源方面居于全球领先水平。这些能源的开发使用能够大大地减少现在对环境有污染的传统能源的使用，有利于节约能源，保护大气环境。

---

① 曾珠、周一：《主要发达国家发展低碳经济的经验》，载《商业研究》2010 年第 12 期，第 183～186 页。

3.1.1.3 日本

在制度和立法方面，日本制定了《促进建立循环社会基本法》《固定废弃物管理和公共清洁性》《促进资源有效利用法》《促进容器与包装分类法》《家用电器回收法》《建筑及材料回收法》《食品回收法》《绿色采购法》①等绿色消费方面的法律，它是迄今为止世界上发展绿色消费和循环经济立法最全面的国家，这些法律的制定为绿色消费提供了一个良好的社会环境。以《绿色采购法》为例，作为绿色采购的后起之秀，日本在绿色采购方面做了很多工作。1994 年，日本制订并实施了政府绿色化行动计划，拟定了绿色采购的基本原则，鼓励所有中央政府管理机构采购绿色产品。1996 年，日本政府与各产业团体组成了日本绿色采购网络组织（GPN），"购买环境友善产品及服务，减少采购活动对环境和人类的不良影响"是参与到该组织中来的会员团体必须承诺做到的。绿色采购网络组织的主要活动包括颁布绿色采购指导原则、拟定采购指导纲要、出版环境信息手册、进行绿色采购推广活动等。到 2000 年，日本颁布了《绿色采购法》，它是日本为建立绿色型社会颁布的 6 个核心法案之一。《绿色采购法》规定，年度绿色采购计划要在所有的中央政府所属的机构中制定出并实施开来，而且这些机构要向环境部长提交报告；对于地方政府，则要尽其最大可能制订和实施年度绿色采购计划。到目前为止，全日本实施了绿色采购的公共和私人组织大约占 83%的份额。②

作为能耗较大且能源又匮乏的国家，日本在建立"低碳、绿色、循环型社会"理念的指导下，建立了相对比较复杂完善的绿色税收体系。日本的绿色税收体系包括环境税和资源税两大税系，环境税包括车辆税、机动车辆吨位税等；资源税包括道路使用税、石油消费税、液化气税、二氧化硫税等。除了制定绿色税种之外，日本政府同时也制定了一系列税收优惠措施来鼓励节约资源、保护环境，以更好地推行绿色消费，如定期税收减免、减免固定资产税再加一定比例的减免、普遍退税外加特别退税、在原有折旧率的基础上再加比例不等的特别折旧率等。举个例子来说，自 2009 年开始，日本开始向购买清洁柴油机的企业和个人支付补助金，目前日本政府也正在探讨恢复对家庭购买太阳能发电设备提供补助的制度等。这些措施很好地调动了企业进行绿色投资、绿色生产和消费者进行绿色消费的积极性，也加快了

① 高辉清、钱敏泽、郝彦菲：《建立促进绿色消费的政策体系——日、德经验与中国借鉴》，载《中国改革》2006 年第 8 期，第 44～46 页。

② 丁丹丹：《西方发达国家发展绿色消费的经验做法及启示》，载《经营管理者》2012 年第 7 期，第 98 页。

绿色产业的规模形成，促进了绿色消费的发展。

近几年，国际社会一直在倡导低碳、环保和绿色，在该口号的响应下，日本内阁会议也于 2008 年 7 月通过了“低碳社会行动计划”。根据该计划的阐述，在未来 3～5 年内，要将家用太阳能发电系统的成本减少一半，该计划里面的一些重要内容都与开发新能源有关。2009 年 4 月，日本又制定并公布了《绿色经济与社会变革》的政策草案，意图通过减少温室气体排放等措施来更好地推进日本低碳绿色经济的发展。日本还制定了《建筑循环利用法》用于推动能源和环境技术的发展，[①]该法规定改建房屋时有义务循环利用所有的建筑材料。

在低碳、环保潮流的趋势下，日本加入到低碳社会建设的队伍中来。由于地理环境处于相对弱势，气候变化对日本的影响要比很多其他发达国家要大，考虑到气候变暖可能给本国农业、渔业、环境以及国民健康带来不良的影响，日本政府积极应对气候变化，提出创建“低碳社会”。日本认为，要想发展“低碳经济”，就必须发展“低碳社会”。2004 年，日本环境省设立的全球环境研究基金成立了“面向 2050 年的日本低碳社会情景”研究计划，对日本 2050 年低碳社会发展的情景和路线图进行了研究，并且在技术创新、制度变革和生活方式转变方面提出了具体的对策。2006 年 5 月，日本经济产业省编制了《新国家能源战略》，通过法律手段全面推动各项节能减排措施的实施。2007 年 5 月，日本经济产业省决定在未来 5 年投入 2 090 亿日元用于发展清洁汽车技术，降低燃料的消耗符合碳排放量。2008 年 5 月，日本内阁“综合科学技术会议”公布了“低碳技术计划”，提出了实现低碳社会的技术战略以及环境能源技术创新的促进措施，比如超燃烧系统技术、超时空能源利用技术、低碳型社会构建技术等领域的创新。日本政府还制定了“技术战略图”，动员政府、产业界、学术界的力量调动国家和民间的资源，全方位地开展低碳技术的创新。目前，以富士山为首的城市正在积极发展低碳城市。

此外，日本政府广泛开展了绿色消费的政策宣传。在日本政府 2000 年制定的《绿色采购法》中，要求政府、企业和个人都要进行环保的采购活动。2005 年，日本政府有关部门曾调查了绿色采购的实际成果，结果显示，那些在 2003 年被定为必须重点加大筹备力度的环境产品中，筹备率基本高达 95%以上，尤其是文具、再生纸类、家电产品、电子产品等，其筹备率都非常高。能取得这么好的成

① 曾珠、周一：《主要发达国家发展低碳经济的经验》，载《商业研究》2010 年第 12 期，第 183～186 页。

效，很大程度上要归功于日本政府在政策宣传方面做得到位。据相关调查结果显示，经常留意购买绿色环保产品的日本市民占60%以上，约40%的市民表示，[①]和普通产品相比，如果绿色产品的价格和前者基本一致或相差不大，他们会选择购买绿色产品。

3.1.1.4　德国

为了更好地把绿色消费推行开来，德国政府采取了一系列措施，制定了很多法律制度、政策措施来保障绿色消费顺利进行。第一，德国政府建立了多层次法律框架。早在1972年，德国就制定了《废弃物处理法》，随后又颁布了《电力输送法》和《可再生能源优先法》，[②]以便为绿色消费发展提供法律保障。第二，德国政府制定了绿色采购政策。自1979年起，德国推行环保标志制度，规定国家政府机构优先采购环保标志产品，也规定了绿色采购的原则，包括禁止浪费、产品必须具有耐久性、可回收、可维修、容易处置等条件。1994年9月通过《循环经济法》，其中第37章对政府采购循环经济产品作了原则规定，其中明确规定联邦政府有关机构应拟订工作计划，进行采购、使用有关物品；拟订建设计划，采购和使用对环境友好的产品和服务，这些产品和服务必须满足一定耐用性、维修保证、可再生利用性等规定条件。[③]第三，为了促进节能环保和新能源消费，采取鼓励措施进行财政补贴。1990年，德国颁布实施《电力输送法》，其中明确规定电力运营商有义务有偿接纳在其供电范围内生产出来的可再生能源电力，政府就给予电网运营商一定的财政补贴，补贴的金额至少为其从终端用户所获平均收益的80%。2000年，德国颁布的《可再生能源优先法》又进一步强调要对可再生能源的发电实施鼓励和奖励政策，在该政策的鼓励下，德国风力发电发展迅速，从1990年开始起步，到2003年年底装机容量已达1 460万kW，全国发电总量的5%的份额由其提供，[④]目前德国已经成为世界上最大的风力发电国。

为了让企业自主加入到绿色消费的大浪潮中来，成为绿色环保企业，德国制定了产品责任制度来推动垃圾处理的市场化和产业化。

---

① 高辉清、钱敏泽、郝彦菲：《建立促进绿色消费的政策体系——日、德经验与中国借鉴》，载《中国改革》2006年第8期，第44～46页。

② 丁丹丹：《西方发达国家发展绿色消费的经验做法及启示》，载《经营管理者》2012年第7期，第98页。

③ 郑小玲：《国外政府绿色采购的经验及启示》，载《商业时代》2007年第2期，第57～59页。

④ 高辉清、钱敏泽、郝彦菲：《建立促进绿色消费的政策体系——日、德经验与中国借鉴》，载《中国改革》2006年第8期，第44～46页。

此外，为了鼓励广大消费者积极参与到绿色消费的实践中来，德国政府也制定了针对消费者的政策。德国实施了抵押金返还政策来推动包装品回收，《包装及包装废弃物管理条例》规定，强制性的抵押金制度只针对一次性饮料包装回收率低于72%的产品。以饮料为例，顾客购买的易拉罐包装饮料低于 1.5 L 时，需支付 0.25 欧元；当超过 1.5 L 时就需支付 0.5 欧元①。只要消费者按照条例规定的相应要求返还容器，那么他（她）就能收回之前抵押的押金。这一措施有力地推动了包装品的回收和利用，减少了环境的污染和破坏。

3.1.1.5 法国

法国近年来为了推动绿色消费的发展，也出台了一系列相关政策：

（1）2008 年，法国政府颁布了一揽子旨在发展可再生能源的计划，该计划把风能、太阳能、地热能、生物质能等领域都包括在内。具体来说，法国政府计划在 2009—2010 年拨款 10 亿欧元设立“可再生热能基金”，用于推动公共建筑、工业和第三产业供热资源的多样化，太阳能和地热能也包括在内；政府计划将政府部门建筑和行业机构建筑的屋顶安装太阳能电池板，国家对于行业机构支付的相关费用会给予一定的补贴，对于个人如果想要安装太阳能电池板，政府会大大简化其行政审批程序。

（2）法国将核能发展提到绿色战略发展的高度，采取措施积极发展核能。法国绿色经济发展的一个重点就是核能，核能也是法国能源的支柱。法国是一个核能利用大国，拥有法国电力集团、阿海珐集团等在核能开发方面全球知名的企业。法国总理曾表示要在全球金融危机背景下，把核能作为国家发展的一个“历史性机遇”，政府将加大力气促进它的发展。前法国总统萨科齐也表示要将开发核能与发展可再生能源放在同等重要的位置上，2009 年年底，在法国总统府公布的一项总额 350 亿欧元的政府借贷计划中，把 10 亿欧元用于发展第四代核反应堆，这足以看出法国发展核能的决心。②

（3）通过节能减排措施推动绿色产业的发展。2008 年年初，法国政府推出“汽车置换计划”。根据这项政策，车主在换车时，如果购买小排量、环保新车，就可以得到 200～1 000 欧元的补贴；而如果购买的是大排量、污染严重的新车，则必

---

① 高辉清、钱敏泽、郝彦菲：《建立促进绿色消费的政策体系——日、德经验与中国借鉴》，载《中国改革》2006 年第 8 期，第 44～46 页。

② 《法国出台一系列政策发展绿色经济》，2010，http：//www.bioon.com/bioindustry/bioenergy/427866.shtml。

须缴纳最高至 2 600 欧元的购置税。[①]这一措施使法国家用新车市场在全球汽车市场大萧条的背景下依然保持着很好的市场份额和前景，同时为法国汽车行业的就业岗位提供了保障。此外，法国政府还把目光投向了“低碳汽车”，即电动车和混合动力车。法国政府在 2008 年宣布将投入 4 亿欧元用于研发清洁能源汽车，把新能源汽车作为一项长期发展战略。通过这种优惠政策措施，来带动汽车生产厂商积极生产环保电动车。法国政府还采取了相应的配套措施，来确保环保电动车的顺利运行，比如，在工作场所、商场和住宅区等大幅度增加充电站的数量，让更多人能够顺利把电动车充上电，既方便，又省时，可以保证工作外出的顺利进行。

3.1.2 各国的实践总结

发达国家通过采取一系列政策措施，有力地推动了这些国家低碳、绿色经济和绿色消费的发展，使绿色消费成了这些国家新一轮经济增长的重要制高点。总结起来，各发达国家在进行绿色消费实践过程中采取了各种措施，虽然政策上各有千秋，但归纳起来有以下共同点：①构建多层次的法律框架，为绿色消费的发展提供法律保障。比如，美国制定《固体废弃物处置法》《美国清洁能源与安全法案》《促进资源再生循环法》等法律条款；英国颁布《气候变化法案》等；日本制定了《促进建立循环社会基本法》《固定废弃物管理和公共清洁性》《促进资源有效利用法》《促进容器与包装分类法》《家用电器回收法》《建筑及材料回收法》《食品回收法》《绿色采购法》等法律；德国制定了《废弃物处理法》《电力输送法》和《可再生能源优先法》等绿色消费方面的法律。②给予绿色消费相应的财政补贴。各国对于实施绿色消费的行为给予一定的资金补贴，以更好地促进绿色消费的实施和发展。比如，德国政府给予使用可再生能源的电网运营商一定的财政补贴，偿付的金额最少为其从终端用户所获得平均收益的 80%，有力地推动了德国风力发电的发展。法国政府推出“汽车置换计划”，这个计划规定，车主在换车时，如果购买小排量、环保新车，就可以得到 200～1 000 欧元的补贴。③构建绿色税收体系。比如，美国制定开采税、对损害臭氧的化学品征收消费税、汽油税、对固体废弃物处置的征税等与环境保护相关的税种。此外，还制定了相关税收优惠政策，包括直接税收减免、投

① 《法国欲借绿色技术撬动经济增长》，2009，http：//www.xsjedu.org/xyz/fy/Show/33698/。

资税收抵免、加速折旧等税收支出政策。日本的绿色税收体系包括环境税和资源税两大税系，环境税包括车辆税、机动车辆吨位税等；资源税包括道路使用税、石油消费税、液化气税、二氧化硫税等。除了制定绿色税种之外，日本政府同时也制定了一系列税收优惠措施来鼓励节约资源、保护环境，如定期税收减免、减免固定资产税再加一定比例的减免、普遍退税外加特别退税、在原有折旧率的基础上再加比例不等的特别折旧率等。德国的绿色税收体现在垃圾处理费征收和抵押金返还政策上，有力地减少了居民垃圾的排放。④实施绿色采购。比如，美国先后制订并实施了采购循环品计划、能源之星计划、生态农产品法案、环境友好产品采购计划等一系列绿色采购计划。日本颁布《绿色采购法》，制订并实施政府绿色化行动计划，拟定了绿色采购的基本原则，鼓励所有中央政府管理机构采购绿色产品。日本政府与各产业团体还组成了日本绿色采购网络组织（GPN），“购买环境友善产品及服务，减少采购活动对环境和人类的不良影响”是参与到该组织中来的会员团体必须承诺做到的。德国推行环保标志制度，国家规定政府机关优先采购绿色环保产品；德国于 1997 年也通过《循环经济法》对政府采购循环经济产品作出了原则性规定，明确规定联邦政府有关机关要拟订相应计划，进行采购、使用有关产品。⑤制定低碳计划，构建低碳城市。像美、英、日等发达国家都纷纷制订了相应的低碳计划，加入构建低碳城市的队伍中。通过低碳城市的构建来发展低碳经济、循环经济、绿色消费，让城市能够可持续发展下去。目前，低碳城市在发达国家运行得不错。⑥大力宣传绿色消费的理念知识。意识到绿色消费的推行需要社会各个成员的积极参与和共同努力，各发达国家政府纷纷推出面向企业和广大消费者的绿色消费的宣传政策，积极宣扬绿色消费的理念和知识，鼓励社会公众积极参与绿色消费的实践。

当然，由于各个国家的经济发展水平和相关情况是不一样的，所以各发达国家的绿色消费实践是不完全一致的。各发达国家会根据自己的特定条件和具体情况而制定相应的政策和措施来推行绿色消费。比如英国就利用其海岛国家的自然优势，利用海洋资源进行技术研发和运用，在发展海上风能、海藻能源等低碳环保能源方面居于全球领先水平。德国制定产品责任制度来推动垃圾处理的市场化和产业化。它是把垃圾处理作为一种产业来发展，从而产生了“垃圾经济”一说，这也很好地带动了经济发展。目前，德国的垃圾回收处理企业的数目在世界上是领先的。由于法国是一个核能利用大国，所以法国将发展绿色经济的一个重点放在核能的发展上，核能也成为法国能源的支柱。由此可见，发展绿色消费是一项长期和综合的系统工程，需要各个国家根据各自不同的条件和特点制定适合自己国家绿色消费发展的政策措施以及进行相应的绿色实践。

3.2 国内绿色消费的现状

3.2.1 绿色消费的发展历程

绿色消费在我国起步较晚，经历了萌芽、起步到快速发展的阶段。1972 年，我国政府派团参加了联合国在斯德哥尔摩召开的人类环境大会。大会之后，我国根据实际情况，开始大力发展绿色产业、倡导绿色消费、节约资源、保护环境、促进可持续发展。

1982 年，我国建立了国家环保局，1983 年，在国务院第二次全国环境保护会议上，决定把环境保护作为我国的一项基本国策。“九五”期间，我国制定并开始实施《中国跨世纪绿色工程计划》，全国八届人大四次会议通过《国民经济和社会发展“九五”计划和 2010 年远景目标纲要》，把实施可持续发展作为现代化建设的一项重大战略。1999 年，以开辟绿色通道、培育绿色市场、提倡绿色消费为主要内容的“三绿工程”在国家环境保护总局等 6 个部门的合作下启动。“十五”计划提出“重视生态建设和环境保护，实现可持续发展”的战略目标。2001 年，中国消费者协会把该年消费主题确立为“绿色消费”，向广大消费者普及绿色知识、宣传绿色消费观、倡导消费者选择绿色环保产品、注重对垃圾的分类回收处理，力求保护环境，节约资源，争取让所有人主动积极参与到绿色消费中来。

“十一五”规划提出建设“资源节约型、环境友好型”社会的发展目标，具体措施就是：加大环保力度，务必保护好自然生态，积极发展循环经济，促进能源和资源的节约。2005 年，中国消费者协会把消费主题又确立为“健康 • 维权”，该活动的主要内容之一就是进行消费科学知识教育和先进消费文化教育，提升人们的生活质量；同年 8 月，国家发展和改革委员会、中央电视台、中央文明办联合众多媒体、网站推出大型宣传活动——“全民节约　共同行动”，目的在于鼓励全体人们节约资源，共同建设资源节约型社会。2006 年 10 月，财政部和国家环境保护总局联合颁布《关于环境标志产品政府采购实施意见》和《环境标志产品政府采购清单》，实施政府绿色采购，由政府出面带头进行绿色消费，对于我国建立可持续消费模式，构建资源节约型、环境友好型社会起到了很好的推动作用。党的十七大报告进一步提出和论述生态文明建设问题，强调全社会要树立起生态文明观念，努力提高全社会的生态文明程度，这对于推动绿色消费的实践又有着重要的现实意义，把绿色消费提高到了一个新的层次。党的十八大报告将生态文明摆在了突出位置，并纳入了经济建设、政治建设、文化建设、社会建设的“五位一体”总格局中，进一步将绿色消费提到了一个国家战略高度。

近几年来，随着工业经济的进一步发展，各种食品安全事件、环境污染事件不断曝光，促使政府进一步转变经济发展方式，着力发展绿色经济、实施绿色消费，走新型的绿色发展道路，并把发展绿色经济作为我国新一轮经济发展的重要制高点。并在“十二五”规划中继续强调要建设资源节约型、环境友好型社会，调整产业结构，发展绿色经济。绿色经济需要绿色消费和绿色产业作支撑，所以要进一步推动绿色消费的发展，大力发展新兴产业，也就是要发展绿色环保产业。同时，国家制定了节能减排目标，到 2020 年我国单位国内生产总值二氧化碳要比 2005 年下降 40%～45%，并将其作为约束性指标纳入国民经济发展中长期规划。党的十八大报告进一步指出，面对资源约束趋紧、环境污染严重、生态系统退化的严峻形势，必须树立尊重自然、顺应自然、保护自然的生态文明理念，把生态文明建设放在突出地位，融入经济建设、政治建设、文化建设、社会建设各方面和全过程，努力建设美丽中国，实现中华民族永续发展。而绿色消费是其中的重要环节。

由此可见，国家已把发展绿色经济、实施绿色消费提到了一个战略的高度，足以彰显出我国发展绿色消费的决心。

3.2.2 绿色消费实践

绿色消费的本质就是保护人们的身心健康、保护生态环境、节约能源和资源，最终达到人与人、人与自然的和谐统一，和平共处。人们在日常生活中，不管采取何种形式，实施哪种行为，只要是能促进以上所提及方面的行为都可以看作是绿色消费的实践。

我国绿色消费的实践比西方发达国家要晚，很多方面都需借鉴发达国家实施绿色消费方面的经验，但是，为了努力推动绿色消费的发展，我国在绿色消费的具体实践方面也已经做了以及正在做很多工作，尤其是我国的政府部门，担当起了推行绿色消费的重任和主要推动者，在政策方面下了很多工夫，在一定程度上带动了企业和广大消费者积极参与到绿色消费的大浪潮中来。

（1）制定政府绿色采购政策并付诸实施。政府绿色采购就是政府通过庞大的采购力量，在政府采购中选择的产品和服务符合国家生态和环境标准的行为。2003年，我国通过《政府采购法》，该法第九条明确规定环境保护是我国政府采购的公共政策目标之一；2004年年底，我国颁布《节能产品政府采购实施意见》；2006年10月，财政部和国家环保总局联合颁布了《实施环境标志产品政府采购实施意见》和《环境标志产品政府采购清单》，并规定，自2007年1月1日起，中央一级预算单位和省级（含计划单列市）预算单位开始实施，全国自2008年1月1日起全面实行。[①]《环境标志产品政府采购清单》中的采购清单包括复印机、打印机、轻型汽车、传真机等14类产品81家企业856个型号的产品，2007年年初经财政部和国家环保总局调整，政府绿色采购清单从调整前的81家增加到调整后的444家。这一系列绿色采购政策的实施对于我国建立绿色消费模式，构建资源节约型、环境友好型社会起到了很大的推动作用。

我国政府绿色采购在近几年来取得了一定的成效，一些部门和单位开展了一些试点工作。比如，2008年北京奥运会规划中就明确表明在奥运会设施建设中，要广泛使用绿色环保建筑材料；对于每类采购产品，北京奥组委都对其规定了产品的环境要求，优先购买那些获得环境标志的产品。一些地方政府也已颁布或正在制定地方政府绿色采购法，比如，青岛市已经进行了政府绿色采购的实践，贵阳市政府已经颁布了《贵阳市政府绿色采购管理办法》，通过地方规章来保障政府绿色采购的实施，厦门、深圳、汕头、珠海等一些城市正在制定本地的政府绿色采购法。

（2）构建绿色GDP核算体系。所谓绿色GDP，是指扣除经济发展对自然和人的损害之后的国内生产总值的净值，是建立在以人为本、统筹协调、可持续发展观念之上的新型国民经济核算体系。2002年，我国对国民经济核算体系进行修订，在附录表中首次增加了自然资源实物量核算表，这些核算大部分限于实物量，还未涉及价值量，但为进一步发展绿色核算奠定了初步统计基础。此外，国家统计局陆续在海南、黑龙江以及重庆等地开展了森林、水资源等核算试点。

① 郭远远、段庆、张凯：《我国政府绿色采购的实践与对策研究》，载《商贸现代化》2008年第22期，第187～188页。

2004 年 3 月，中央人口资源环境工作会议中明确提出“绿色 GDP”的概念，并提出要研究国民经济绿色核算方法。随后，国家统计局与国家环保总局联合启动了《中国绿色国民经济核算研究》项目，并且，国家统计局和国家环保总局联合成立了工作领导小组和项目顾问组，具体负责绿色国民经济核算（简称绿色 GDP 核算）的实施工作，同时国家统计局和国家环保总局提出相应的目标：要在未来 3～5 年内争取建立中国的绿色 GDP 体系框架。

为了更好地开展绿色 GDP 的核算工作，我国政府计划初期在东北、华北、西北、东南、中南、华南等地各选一个省份做试点工作，后来考虑到其他因素，在 2005 年年初，国家统计局和国家环保总局在 10 个省市启动了以环境核算和污染经济损失调查为内容的绿色 GDP 试点工作。这 10 个省市分别为：北京、天津、重庆、四川、河北、浙江、辽宁、安徽、广东、海南。在维持一年多的调查工作中，试点省市完成了涵盖 30%的重点工业污染企业、所有的污水处理厂、垃圾处理场和规模化畜禽养殖场，以及 3 万份家庭问卷的调查，同时统计和环保部门以外的农业、卫生、城建、交通、水利等相关部门也在调查中。核算的基础就是调查所获得的资料，核算过程也带来了许多有用信息，帮助政府了解哪些地区和部门是资源消耗的“高强度区”，哪些地区和部门是环境污染和生态破坏的“重灾区”，这样就能够找出应该治理的重点地区和部门。

2006 年 9 月，国家统计局和国家环保总局联合发布了《中国绿色国民经济核算研究报告（2004）》，这是我国首份有关环境污染经济核算的研究报告。2006 年年底，国家统计局和国家环保总局在北京联合主持召开了绿色 GDP 核算的最后一批试点省份专家评审验收会，天津、浙江、河北、四川和海南 5 个试点省市的绿色核算工作通过评审验收，此前，北京、重庆、辽宁、安徽和广东已顺利通过专家组的评审验收，至此，绿色核算的 10 个试点省市《绿色国民经济核算和环境污染损失调查》试点工作尘埃落定。[①]通过绿色 GDP 核算，能够给出各个地区和部门的具体环境退化成本和资源消耗成本，并以此制定科学的政绩考核制度，把绿色 GDP 核算加入到地方干部政绩考核指标中来，使干部环保考核更具科学性，促使政府更加关心环保产业的发展，有利于地方经济的可持续发展；通过绿色 GDP 核算，可以为区域发展定位、产业结构调整、产业污染控制和环境保护治理提供政策建议。

---

① 《我国绿色 GDP 工作：在争议中继续前行》，http：//finance.qq.com/。

目前，有关建立更加完善的绿色 GDP 核算体系仍在规划当中，相信我国政府会继续加大推进绿色 GDP 核算工作。

（3）制定环保法律法规，为绿色消费提供法律保障。市场经济的运行离不开法律的引导和规范。绿色消费是我国社会主义市场经济的重要组成部分，是我国经济的潜在驱动力，其发展也需要法律规章制度的保驾护航。我国相继颁布实施了《环境保护法》《海洋环境保护法》《固体废物污染环境防治法》等 5 部专门的环境保护法律以及《环境噪声污染防治条例》等 20 多项环境保护行政法规，地方政府也颁布了许多地方环境保护法规和地方环境标准，形成了具有中国特色的环境保护法律体系。与此同时，政府积极制订并完善“绿色标志”制度，促进了绿色市场营销在各行业的实施。

（4）制定了相应的绿色税收政策来鼓励企业和消费者实施绿色消费，以更好地推动全国绿色消费的发展。绿色税收又称环境税收，是指对投资于防治污染或环境保护的纳税人给予税收减免，或对污染行业和污染物的使用进行征税。它不仅包括为环保而特定征收的各种税，也包括为环保而采取的各种减免税措施。

1994 年，我国进行税制改革，建立起新税制，现行我国有 19 个税种，除固定资产投资方向税外，实际开征 18 个税种，包括流转税、增值税、消费税、营业税、所得税、财产资源税等税种。近年来，为了响应“环保、健康、绿色”的号召，促进社会的可持续发展，在税收方面，我国陆续出台了一系列有利于节能减排、环境保护的税收优惠政策。为了支持可再生能源的开发与利用，对属于生物质能源的垃圾发电、风力发电、水力发电、变性燃料乙醇等实行了即征即退或减半征收政策；对于变性燃料乙醇则实施免征税收；为了更好地节约和利用资源，减半征收部分新型墙体材料税。

为了鼓励企业加大绿色投资，为消费者提供更多绿色产品，对于需要国家重点扶持的高新技术企业，我国政府规定要减免 15%税率；对于企业开发新技术、新产品、新工艺所发生的研究开发费用，给予一定的减扣；为促进可再生能源的开发与利用，如果企业从事符合条件的风力发电、太阳能发电、地热发电、从事节水节能项目等公共基础设施项目以及符合条件的节能服务公司实施的合同能源管理项目，那么其所得就给予“三免三减半”优惠；对企业购置并实际使用的节能节水专用设备，给予一定的比例抵免优惠；对企业生产产品所使用的主要生产原料是《资源综合利用企业所得税优惠目录》内的且生产的产品符合国家和行业相关标准的，该产品所取得的收入可以减免 10%税收优惠；为促进环境保护，对企业从事符合条件的环境保护项目的所得，给予“三免三减半”的优惠；对企业购置并实际使用的环境保护专用设备，减免 10%的税收。

为促进能源和资源的节约与利用，对原油和天然气及煤炭征收资源税并将部分油田原油和天然气的资源税单位税额提高到最高标准；我国政府适当提高了部分有色金属矿产品的资源税税额标准，并相应调整了有色金属、铁矿石的资源税优惠政策；为鼓励节约、集约用地，自 2007 年起，政府提高了城镇土地使用税税额标准，将之提高到 2 倍，自 2008 年起，对占用耕地建房和从事其他非农业建设的行为实施税收调节，将其适用的耕地占用税税额标准提高到 4 倍；为鼓励节能减排，自 2009 年起，将购置 1.6 L 及以下排量乘用车，暂减按 5%税率征税；为了限制高污染、高能耗产品的出口，我国政府先后多次取消或降低了部分能耗型产品出口退（免）税。①

我国政府制定的这一系列绿色税收政策对于企业进行绿色投资、绿色生产，对于环保产业的发展、环境保护和资源节约起到了比较大的激励和推动作用，提供了一个好的政策环境。

（5）制定措施促进节能减排，发展绿色经济。“十二五”规划强调要深化总量减排，注重经济结构调整和引导控制，下大力气淘汰落后产能，实施严格的环境准入与清洁生产，将控制污染物新增量过快增长作为首要任务，建立等量淘汰和减量淘汰机制，利用节能减排来促进经济结构的转变。“十二五”期间，我国将推动跨行业跨企业循环利用联合体建设，实行环保设施运营资质许可制度，建立环保产业服务体系，促进环保产业深化发展。

（6）进行有关绿色消费的宣传，举办各种各样的绿色宣传活动，采取各种措施鼓励企业和广大消费者积极参与到绿色消费的实践中来，越来越多的企业愿意发展绿色产业，生产绿色产品，相当一部分企业已经开始采用清洁生产技术，树立起绿色管理的全局意识，从生产到营销等一系列环节都注重“绿色”理念，进而生产出满足人们绿色需求的绿色产品。越来越多的企业在努力提高自身的绿色技术，争相申请为绿色环保企业。目前在我国环保行业中，像中原环保、浙江菲达环保、天津创业环保以及北京桑德环保集团等都做得比较成功，国家每年也会对相关环保企业

---

① 殷丽海：《我国绿色税收政策 2011》，http：//wenku.baidu.com。

进行评比，奖罚分明。同时，广大消费者在政府和企业的潜移默化下也进行着各种各样的绿色消费行为。比如自觉减少塑料袋的使用，选择环保袋购物；注意垃圾的分类收集；减少一次性物品的使用等。

我国绿色消费的实践可通过表 3-1 反映。

表 3-1 我国绿色消费的实践

政府					企业	消费者
制定政府绿色采购政策，实施政府绿色采购	构建绿色 GDP 核算体系，先后在多个城市进行试点，调整产业结构，这些对产业污染控制和环境保护治理起了一定作用	进行税制改革，制定绿色税收政策，一定程度上鼓励了企业和消费者实施绿色消费	采取多项措施加大节能减排力度，调整经济结构，采用财政政策扶持绿色产业发展	进行绿色知识的宣传，举办绿色活动，提升人们的绿色理念	进行绿色研发与生产，实施绿色营销，申请绿色环保企业等	主动实施绿色消费行为，比如手拿环保购物袋购买东西、拒绝使用一次性餐具等

3.3 绿色消费实践中存在的问题

绿色消费是一种全新的消费方式，它的出现需要人们摒弃传统的消费方式。近年来，虽然在政府及有关部门的大力倡导和推动下，我国的绿色消费发展迅速，绿色消费群体也越来越大，但是，由于起步较晚，在绿色消费实践中仍存在不少问题，阻碍了我国绿色消费的进一步发展。

3.3.1 绿色意识淡薄

绿色消费需要广大消费者具有较高的环保意识、生态意识、绿色意识以及强烈的社会责任感作支撑。虽然近几年来，我国广大公众的生态环保意识较之以前有了一定的提高，越来越多的消费者表现出了绿色消费行为：购买绿色食品和绿色家电、进行绿色装修、生态旅游等。但是，从总体上来说，人们的这种绿色环保及购买意识还比较淡薄。

2004 年对石家庄居民的调查显示，六成以上的消费者将绿色消费简单地理解为资源节约；2005 年对武汉的调查显示，30%的消费者认为绿色消费是指“购买无污染的商品”和购买“无损健康的商品”，仅 7%的人选择“回收利用和节约资源”。从这一调查状况来看，国人总体的绿色消费意识尚处于萌芽阶段。远远达不到实行绿色消费的要求，人们还没有完全认清这一全新的消费方式，没有真正深入地了解绿色消费的理念和它带给人们的好处和利益，所以在自身意识和观念上还没有完全接受和认可绿色消费，这也就成为制约我国绿色消费发展的一大重要因素。

绿色意识受心理和价值观以及消费者受教育程度等影响。心理支配意识，意识影响消费意愿，意愿进一步影响消费行为。目前在消费者心中，大多数都首要考虑商品价格，而没有太多关注商品质量和环保问题。价值观通过环境态度、环境信念和个人规范影响绿色消费行为，如果一个人有良好的价值观，即他（她）对于环境有一种信仰，认为保护环境就是自己的责任和义务，并坚信通过自己的消费行为能维持良好的环境，那么社会就能形成良好的绿色消费行为。价值观除了自我意识行为之外，更多的是通过接受良好的高等教育培养形成，可是由于我国目前经济发展水平不够高，不能够对所有人普及高等教育，很多人的受教育程度都很有限，这样就阻碍了人们形成一种良好价值观，也进而阻碍了人们绿色意识的形成，导致现在大部分人绿色意识淡薄，绿色需求不足。

3.3.2 保障体系不完善

绿色消费的推行和发展需要相应的制度和政策作保障，但目前相应的政策和制度还不够完善。

（1）政府没有建立完善的绿色产品的市场准入制度，使得绿色产品很难进入市场。虽然我国也一直在倡导绿色生产、绿色营销以及绿色消费，但是绿色产品想要真正进入市场，却存在很大困难，没有相应的制度体系作保障。从而限制了生产者生产绿色产品的积极性，消费者对绿色产品的需求得不到满足，阻碍了绿色消费的发展。

（2）没有规范的绿色产品市场秩序，导致很多假冒伪劣绿色产品出现在市场上。我国法律明确规定，我国绿色食品发展中心颁发的绿色标志必须出现在绿色产品上，合法的绿色标志也是判别绿色产品的唯一依据。但是，我国政府有关部门在宣传“绿色食品”和“环境标志”等绿色标志上力度不够，使广大消费者难以辨别真正的绿色产品，企业也难以真正摸清绿色标志的申请和认证途径。加之，相关认证部门还没有形成比较经济方便和普及的检测手段，国家也没有专门成立绿色管理部门，没有建立专门的行政机构来负责制定绿色产业政策和绿色发展总体规划等，使得绿色产品市场的管理体制和市场秩序不规范、不完善，整个绿色产业和产品市场处于一种混乱无序的状态。很多非绿色产品贴一个绿色标签就变成绿色产品出现在市场上，形形色色的假冒伪劣绿色产品充斥市场，影响了消费者对真正绿色产品的信任，阻碍了广大消费者对绿色产品的欲望和需求，自然就制约了我国绿色消费的发展。

（3）相关绿色产品质量检验标准建设不健全。目前，政府还没有比较具体和完善的制度规范绿色产品的标准以及绿色产品在生产过程中的各项生产指标的标准，如从技术的选择、原材料的选取、生产过程的控制到生产出的绿色产品这一系列过程，它们所要严格遵循的要求和规定，目前都没有一个比较健全的制度来规范这些操作要求和流程。既然国家的相关法律制度和标准条例都没有很好地去为绿色产品的供应提供保障，那么消费者由于自身知识和能力的有限，也无法真正深入认识绿色产品，自然也不可能去消费绿色产品。

此外，国家也没有建立完善的法律法规保护消费者的合法权益，相关管理部门对于消费者权益受到侵害时的处理力度不够。虽然我国也有消费者保护协会等机构和设计“3·15”维权日来保护消费者的正当利益，但是当普通消费者的权益因假冒伪劣绿色产品受到危害时，他们通过这些机构去投诉的机会成本过大，或是渠道过长、时间过久。如果不是特大权益受害事件，他们往往都不愿为了维护个人正当权益而花大量时间、金钱维权。相反，为了慎重起见，有些消费者甚至干脆不买所谓的绿色产品，这样自然也就大大削弱了对绿色产品的购买，阻碍了消费者对真正绿色产品的需求，推行绿色消费变得更加困难。

（4）有关绿色消费方面的绿色政策体系建立不完善。为了推动绿色消费的快速发展，我国政府制定了很多相关的绿色政策，如绿色税收政策、绿色购买政策、绿色金融政策、绿色产业政策、绿色 GDP 考核政策等。这些政策虽然在一定程度上调动了企业进行绿色投资和绿色生产的积极性，提高了消费者主动进行绿色消费的积极性，促进了我国绿色消费的发展，但是，由于政策制定得不健全、不完善，使得其对绿色消费的推动作用很有限。由于我国绿色消费发展较晚，又受到各种因素的多种限制，使我国尚未制定出比较完善的鼓励绿色消费的绿色政策，这样自然也就会阻碍绿色消费的发展。以绿色税收政策为例，由于税种的优惠普及面以及优惠程度的问题，还不能对企业形成比较大的激励和约束作用，比如一次性筷子的税率只有 5%，这不能有效地阻止生产者生产一次性筷子，也不能有效地阻止消费者使用一次性筷子，因为他们生产和消费一次性筷子的成本和代价不足以让他们停止生产和使用。

3.3.3 绿色产品供给不足

（1）企业没有足够的动力去开发和提供绿色产品。企业提供绿色产品是实现绿色消费的前提，但目前，企业在绿色产品供应方面还没有表示出相应的积极性。一方面，绿色产品的开发难度较大，成本较高，加之风险较大，获利也不确定，企业不知道自己开发出来的绿色产品能否受到消费者的青睐，减弱了企业生产绿色产品的动力。另一方面，政府缺乏相应的资金和技术支持。本来绿色产品生产成本高，短期获利能力不可获知，而且绿色产品具有一定的外部性效应，如果政府又缺乏相应的激励措施和优惠政策，那么企业进行绿色投资、绿色生产的积极性自然就更不会高。此外，企业没有深刻认识到绿色产品的市场前景。目前很多企业依然注重短期利益和眼前利益，注重能为企业迅速带来可观利润的普通产品的开发和生产，而没有从长远角度出发考虑市场前景好并能在未来长久为消费者、企业和社会都带来极大利益和好处的绿色产品的开发和生产。就算有少部分企业真正认识到绿色产品长远的发展前景很可观，是值得企业去投资和开发生产的，但是，由于其利润回报时间过长，如果生产绿色产品，短期内企业的资金流动会不足，资金周转出现问题，进而会危及企业的生存。这样企业就宁愿选择继续生产传统的普通产品，也不冒险去生产绿色产品，所以就使绿色产品的供给严重不足，满足不了广大消费者对绿色产品的需求。

（2）企业的绿色技术比较落后，绿色产品没有形成规模。我们知道，发达国家的绿色技术比较先进，相应地，绿色产品市场也发展迅速，规模庞大；而相比较来说，我国的绿色产业发展较晚，国家对绿色产业发展的扶持力度也不够，我国的企业又以中小型企业为主，没有形成大型国有企业的规模优势，技术也不能共享，资金有限，所以对绿色技术的研发和创新也就非常有限。虽然近年来我国加大了像绿色建筑、绿色食品和绿色能源类技术的研发和创新，也积极向国外引进先进技术，但总体来说，我国的这种技术还没有形成自主创新的优势，加之企业缺乏相应的高端技术研发人才，国内很多优秀人才又在外流，这就导致我国企业的绿色技术比较落后，开发出的绿色产品种类和结构就比较单一、质量也不高，不能形成相应的产品规模优势，满足不了广大消费者的绿色产品需求。

（3）企业缺乏对绿色产品的市场调研，绿色营销体系建设较滞后。虽然目前有些企业已经看到了发展绿色产业的市场前景，也致力于研究开发绿色产品，希望能在目前激烈的市场竞争中以“绿色”制胜。但是在具体实践中，它们没有对绿色产品进行深入细致的调研，没有调查目前绿色产品的市场份额是多少，市场需求情况如何，以及消费者对绿色产品的购买欲望和能力情况又是怎样。相当部分企业只是盲目地进行开发和生产，使一些绿色产品的生产过多而难以销售，造成积压和浪费，而部分其他绿色产品又生产不足而无法满足消费者的绿色需求。此外，对于宣传和营销绿色产品，很多企业仍然实行一种传统的营销方式，没有建立一种全新的绿色营销模式。它们没有合理地宣传绿色产品，要么宣传不够，使消费者难以真正认识和消费其生产出来的绿色产品；要么就是过分宣传，过分宣扬其所生产的绿色产品，致使消费者不敢相信其是绿色产品，也就更加不敢购买绿色产品；更甚的是，有些企业生产的产品明明达不到绿色产品的要求，但也大力宣传其产品是绿色产品，把假冒伪劣的绿色产品推到消费者面前，让消费者购买伪绿色产品，最后使消费者失去对其的信任。所有这些都严重阻碍了真正绿色产品的生产和供给，也就制约了消费者对绿色产品的需求，限制绿色消费的实现。

（4）绿色产品的流通渠道不健全，导致绿色产品的供给不足。到目前为止，全国还没有建立从批发到零售的完善的绿色流通网络体系，在市场上很少见到甚至根本没有绿色产品的专营商店、绿色产品连锁店之类的专门提供绿色产品的市场，这样也就影响绿色产品的供给。

总之，目前我国绿色产品的生产不足，难以满足广大消费者对绿色产品的需求，出现供不应求的现象，进而也就阻碍着我国绿色消费的发展，进一步制约社会的可持续发展。

3.3.4 购买能力的限制

（1）绿色产品的价格比较昂贵。虽然从长远来看，在科技和生产力发展到一定程度后，绿色产品的规模化生产会提升企业的竞争力，降低企业的生产成本，最终绿色产品较之普通产品会形成价格优势，但是就目前来说，生产绿色产品的成本要高于普通产品。绿色产品要求对环境的负面影响尽可能最少，这就要求企业从技术的选择、产品的设计、原材料的选购、包装方式的选取、产品营销直至产品使用后的废弃物的处理等一系列过程都要考虑对环境的影响，尽量做到安全、健康、无公害。这样一来，企业生产绿色产品就要比生产普通产品所支付的成本高很多，绿色产品也比普通产品售价更高。

（2）人们的收入水平有限。虽然我国经济发展比较迅速，人们的收入水平较之以前有了很大幅度的提高，物质生活也得以更加丰富。但是，总体来说，我国经济发展起步较晚，目前的整体收入水平不高，大部分消费者的收入水平处于较低或中等阶段，有很多人甚至还处在贫困阶段，尤其是那些经济不发达地区，比如西部地区、偏远山区等，加上收入分配不均，贫富差距大，使人们的购买能力受到限制。

购买能力限制绿色消费的示意见图 3-1。

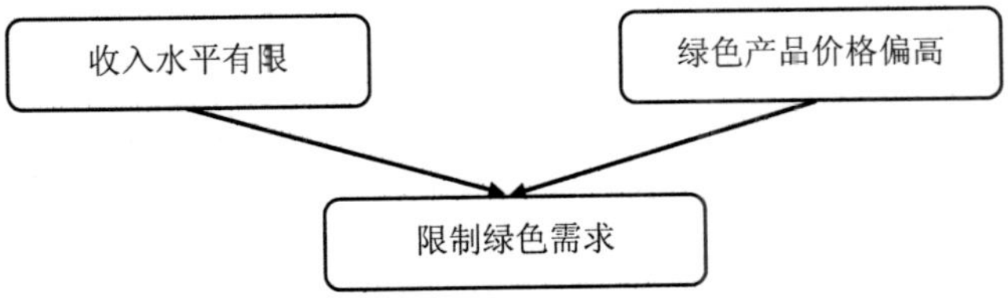

图 3-1　购买能力限制示意图

针对绿色消费中存在的问题，我们每一个人都有责任和义务去积极主动地推行绿色消费，通过消费的可持续发展来推动生产的可持续发展。

第2篇

绿色消费行为与影响因素

绿色消费心理、消费需要和消费动机会导致绿色消费行为，而绿色消费行为受到社会因素、市场因素、消费主体自身因素的影响，如何使消费行为绿色化，需要从绿色消费观念引导、进行绿色消费教育、制订绿色消费政策多方面入手。

第 4 章 绿色消费行为

联合国环境与发展大会通过的《21 世纪议程》指出："地球所面临的最严重的问题之一，就是不适当的消费和生产模式，导致环境恶化、贫困加剧和各国的发展失衡。"环境问题的出现表面上可能是由于传统的工业生产和生态破坏，比如一次性筷子的大量使用导致森林被大量砍伐，引起水土流失和土壤荒漠化；汽车的大量使用导致大量的尾气排放；对珍稀物种的猎杀和食用，导致珍禽奇兽的减少甚至灭绝。而实际上这些问题归根结底是个人的欲望和行为。当这种欲望和行为被大多数人效仿，并形成了一定的规模时，才导致企业千方百计地来满足消费者的需求，其中就不乏一些不法厂商不顾环境的影响来生产非绿色产品。所以如果消费者能以理性的态度对待自己的消费行为，做到产品的综合循环利用、垃圾的分类回收处理、爱护动物，通过"用脚投票"的方式选用无污染、无公害的绿色产品，那么企业也会遵循这种消费趋势来生产绿色产品。因此我们需要从更深的层次来探讨绿色消费行为的影响因素以及绿色消费行为主体应该承担的责任和应发挥的作用，从而对绿色消费行为有更全面和更深入的了解。

4.1 绿色消费行为概述

消费行为一般由消费心理引起，在内在和外在因素的综合作用下产生消费需求，然后引发消费动机，最后可能促成消费行为。绿色消费行为是由于购买意识和购买的产品等方面不同而形成的消费行为，它既有一般消费行为的共性，又有其特殊性。下面我们从绿色消费心理、绿色消费需要和绿色消费动机 3 个方面进行阐述。

4.1.1 绿色消费心理

4.1.1.1 绿色消费心理的定义

近年来，能源危机、环境污染、生态破坏等问题频繁出现，给人类的生存环境带来了较为严重的威胁，也给人类的身心健康带来了一系列的负面影响。在这样的情况下，人们要求营造更和谐、更自然的生态环境的呼声越来越高。另外，随着经济水平的不断提高，人们的物质需求在不断获得满足的同时，对精神需求、高品质的生活越来越渴望。这两个因素促使人们在消费领域追求绿色、健康、环保的产品。

绿色消费心理是指以“绿色、自然、和谐、健康”为宗旨的绿色消费意识，是人们社会道德感和环保责任感提升的表现，也是人们的价值观从利己主义转向环境效益和社会效益并重的观念的表现。绿色消费心理是消费者在消费过程中体现出来并影响其消费行为的绿色消费意识。①

4.1.1.2 绿色消费心理的一般过程

消费行为受心理活动的支配和制约。消费者的购买行为都是建立在心理活动过程基础之上。消费者的心理过程是指消费者实现消费行为的全过程，其实质是客观现实在消费者头脑中的动态反映。这一过程包括认知过程、情绪过程和意志过程。了解这 3 个方面对于我们把握消费者的共性心理特征、进而认识绿色消费心理有重要的意义。②

（1）消费者的认识过程。消费者通过大脑对外部信息加以接收、整理、加工、贮存，从而形成对商品或劳务的认知，这一过程就是心理活动的认识过程。③具体表现为感觉、知觉、注意、记忆、联想、思维、想象等过程。认知过程是整个心理过程的起点，是消费者是否决定购买的心理基础。从绿色消费行为来看，消费者首先借助外部感觉器官对绿色产品的外部的个别属性产生第一印象，比如该绿色产品

---

① 戴卫东、刘鸽：《消费心理学》，北京：北京大学出版社，2011 年版。

② 杜金柱、陶克涛：《消费心理学》，北京：中国商业出版社，2001 年版。

③ 徐萍：《消费心理学教程》，上海：上海财经大学出版社，2001 年版。

的颜色、形状、大小、包装等是怎样的。在感觉的基础上，消费者会对这些感觉到的材料进行加工，形成对绿色产品的整体印象，如该产品的性能、质量等内在因素，并综合考虑购物环境、服务质量、企业信誉等多种外部因素。然后消费者把注意力集中在自己较为感兴趣的绿色产品上，再联想消费者以前的购物经验、对该类产品的消费体验以及相关知识，汲取、掌握对自己最有用途的部分进行比较、分析、鉴定和决策，去粗取精、去伪存真，最终选择称心如意的绿色产品。

（2）消费者的情绪过程。情绪和情感是消费者对于客观事物能否满足自己的消费需要而产生的态度体验，它是消费者对客观事物与自己需要之间关系的反映。[①]消费者的情感是非常丰富的，最主要的有 7 种：喜、怒、哀、乐、爱、恶、惧。但在消费过程中，人们的情感并不局限于这 7 种，而是比较复杂的。总体来说可以分为两极：积极和消极。积极的情感，如快乐、兴奋、激动、满意等，能增加消费者的正面情绪，促使人采取积极的行动。反之，消极的情绪则会抑制消费行为的实现。而商品是否满足消费需要（包括生理需要和心理需要）、购物场所是否优雅舒适、营业员是否热情及服务是否周到等客观环境是影响消费者采取积极或消极行为的重要因素。

绿色产品与传统产品最根本的区别在于其改善环境和社会生活品质的功能，能够最大化满足消费者的生理需要和社会需要。如绿色食品是无污染、无公害、安全、优质、营养型的食品。绿色服装是在面料、设计、加工、包装等方面安全、无毒并给人带来舒适和回归自然的感觉的纺织品。绿色建筑是指在建筑的全寿命周期内，最大限度地节约资源（节能、节地、节水、节材）、保护环境和减少污染，为人们提供健康、适用和高效的使用空间、与自然和谐共生的建筑。绿色家具是指以环境和环境资源保护为核心概念而设计的产品，典型的为绿色冰箱，其制冷剂采用半导体而非氟利昂，从而避免了氟利昂对地球大气臭氧层的破坏。这些绿色产品对人体的危害极小，能够节约资源，有利于生态环境的良性发展，这些优点将刺激消费者的积极情绪，使消费者感到身心舒适。再辅以良好的购物环境、温馨的服务，这就会更进一步刺激消费者的购物欲望。

（3）消费者的意志过程。消费者的意志过程是指消费者自觉确定活动目的，并为实现预定目的有意识地支配和调节自己行为的心理过程。消费者首先确定购买目

---

① 戴卫东、刘鸽：《消费心理学》，北京：北京大学出版社，2011 年版。

的，然后努力克服困难实现购买目的。由此可见，消费者的意志活动有两个特征：一是与目的相联系的心理活动，二是与排除各种困难相联系的心理活动。[①]意志过程又分为两个阶段：一是采取购买决定的阶段，二是执行购买决定的阶段。在第一阶段，消费者需要考虑自己到底想要什么样的绿色产品，产品的品牌、质量、价格和款式怎样，到哪里购买，就近购买还是到更大的商场购买，现在购买还是将来购买，贷款购买还是存钱购买，和谁一起去购买等。在确定购买目的和购买方案之后，消费者就要克服各种困难和障碍，采取行动努力达到目的。执行阶段是体现意志果断性和坚毅性的中心环节。它可能会出现两种情况：一是各种条件都具备，消费者毫不犹豫地购买该绿色产品，二是出现了意外状况，这推迟了消费者的购买行动。比如绿色产品的价格一般比传统产品要高，消费者在确定了购买这种产品之后，由于经济不景气，自己的经济能力有限，那么消费者可能会暂时不购买，但是会省吃俭用、努力赚钱和存钱，以便在将来购买。

总之，消费者的认识过程、情绪过程和意志过程是消费者心理过程中密不可分的 3 个环节，它们并非彼此孤立，而是相互联系、相互影响和相互制约。没有认识过程作基础，就不会有情绪过程和意志过程。情感和意志又能深化和发展认识。有了积极的情感，就会刺激消费者的购买欲望，使消费者努力采取购买行动，从而提高认识的效果。因此，这 3 个过程是消费者心理活动过程中不可或缺的。了解并把握这些过程对于我们研究绿色消费行为具有重要的意义。

4.1.1.3 绿色消费心理的影响因素

影响绿色消费心理的因素有多种，主要包括自身因素和外部环境因素。内因有消费者的经济条件、个性、受教育水平等，外因有消费者所处的文化环境、社会群体、消费习俗和消费流行等。

（1）消费者的经济条件。消费者的经济条件指的是消费者的购买能力。消费者的收入越高越稳定，那么消费者愿意购买的产品数量越多、质量层次就越高。根据美国一项研究，一旦美国人均年收入达到 15 000 美元以上，人们就会花钱用于改善环境，包括进行绿色消费。该项研究表明，在影响人们绿色消费的诸因素中，收入是最重要的因素。[②]尤其对于“实用主义”消费者来说，如何达到效用水平的最大化是至关重要的，他们会权衡绿色产品和传统产品的性价比，二者取其高者进行

① 杜金柱、陶克涛：《消费心理学》，北京：中国商业出版社，2001 年版。

② 江林：《消费者心理与行为》，北京：中国人民大学出版社，2007 年版。

购买。

（2）消费者的个性。消费者的个性包括兴趣爱好、态度、理想、信念、价值观等在内的个性倾向以及包括性格、气质、能力等在内的个性心理特征。一般来说，消费者越外向、态度越积极，就越容易形成正面的情绪情感，有可能会发生冲动性购买。反之，如果消费者较内向、被动，则可能在购买时犹豫，冷静细致地分析各种商品的内在质量，则不能轻易做出购买决定。因而个性差异越大，消费者的购买行为就越不相同。

（3）消费者的受教育水平。一般来说，消费者受教育水平越高，所接触的知识越深、越广、越全面，社会责任感越强，生活品质的追求越高，因而更能理解和接受绿色消费观念。国外学者的研究成果也表明，年轻、受过良好教育、政治上比较自由的人群比其他人群更关心环境（Van Liere and Dunlap，1980）。我国的研究也表明，教育水平最高的一组消费者对绿色产品溢价接受能力最强，对以往购买绿色产品的价格满意度最高（Guo qin，2001）。[①]

（4）消费习俗和消费流行。消费习俗是指一个地区或一个民族的约定俗成的消费习惯，是人们在长期的消费活动中相沿而成的一种消费风俗习惯，它是社会风俗的重要组成部分。受消费习俗的影响，消费者更偏向于购买符合当地风俗的商品，久而久之就建立起稳定的消费习惯，从而对新的消费环境和消费方式有较长的适应期。

消费流行是在一定时期和范围内，大部分消费者呈现出相似或相同行为表现的一种消费现象。在日常生活中，某种产品由于独具特色或企业的大肆宣传，消费者会趋之若鹜地购买该产品，使得该产品在一定时期、一定范围内广为流行。消费流行对消费者心理的影响主要体现在 3 个方面：①使消费者认知态度发生变化。当消费者了解该产品为流行产品时，怀疑和犹豫会减少，肯定的倾向会增加。②消费心理发生反向变化。消费流行会对消费者原有的观念造成冲击，从而使消费者改变消费倾向，趋向流行产品。③消费习惯和偏好发生变化。随着流行产品购买次数的增多，消费者会逐渐偏离原来的消费习惯，形成新的产品偏好。

---

① 阎俊：《影响绿色消费者消费行为的因素分析及其营销启示》，载《北京工商大学学报（社会科学版）》2003 年第 2 期，第 56～58 页。

4.1.2 绿色消费需要

4.1.2.1 绿色消费需要的含义及原则

绿色消费需要是指人们为了满足生理和社会的需要，产生的对符合环境保护标准的产品和劳务的一种消费意愿。[①]绿色消费需要是一种高度理性的、可持续的、与生态系统共生的消费理念和价值观，这是与一般的消费需要的最大的区别。绿色消费需要从狭义上来讲，可以认为是最低层次的需要，表现为人们对青山绿水、蓝天白云、干净的空气、安静的环境的渴望，这是人们身心健康的基础。从广义上来讲，绿色消费需要超越了基本的生存需要，表现为人们对更高生活品质的追求，对心理满足感和安全感的追求，这能够体现人们的社会地位和声望。同时人们也具有更强烈的社会责任感和环境保护意识，希望能够在环保方面发挥自身更大的价值，因而绿色消费需要又可被认为是高层次的需要。绿色需要大致可分为 3 种存在状态：一是已满足的绿色需要；二是尚未满足的绿色需要；三是人们尚未意识到的潜在的绿色需要。[②]

唐锡阳最早提出了绿色消费需要的"3R"和"3E"原则。"3R"指的是减量化（Reduce）、再利用（Reuse）和再循环（Recycle），"3E"指的是讲究经济实惠（Economic）、讲求生态效益（Ecological）和符合平等、人道原则（Equitable）。[③]

减量化原则是指通过新的产品改良方案尽量减少原材料、减少能源、减少包装、减少运输环节等措施以使进入生产和消费的物质量达到最小，使资源利用率达到最大化。在减量的同时，企业还需积极寻找新型替代能源。再利用原则即通过尽可能多次以及尽可能多种方式使用物品以减少资源使用量和污染排放量。[④]一方面，我们应尽量延长产品使用寿命，另一方面，还要做到资源的集约化使用。再循环原则是指把废弃物变成资源使其重新进入生产、分配、交换和消费的环节之中，简言之，就是一种变废为宝的过程。它实质上是一种资源化过程。资源化有两种方式：原级

---

① 李蕾：《绿色营销概论》，兰州：兰州大学出版社，2009 年版。

② 江林：《消费者心理与行为》，北京：中国人民大学出版社，2007 年版。

③ 唐锡阳、马霞：《环球绿色行》，桂林：漓江出版社，1993 年版。

④ 练绪宁：《简析循环经济的含义、运行原则和实现形式》，载《重庆环境科学》2003 年第 11 期，第 138～140 页。

资源化和次级资源化。原级资源化就是不改变废弃物原来的用途，用来继续生产与原来相同的产品，如棉絮以旧翻新等。次级资源化就是改变废弃物原来的用途来生产与原来不同的产品。比如，棉絮用来织布做衣服，而不是再用来做棉被。

经济实惠原则是指企业在原料采购、产品生产、流通配送、废物回收处理等过程中尽力减少资金占用和成本支出，以尽量少的劳动耗费取得尽量多的经营成果。

绿色消费除了追求经济效益之外，还需要兼顾生态效益，这就要求我们从传统的人类中心主义价值观转变为非人类中心主义价值观，即“生态系统中各种存在物（包括人）对于维护整个生态系统稳定、完整、有序所具有的价值和意义，是其最高的内在价值，它遵循的是生态系统的整体尺度，而不是服从哪一个物种的特殊要求”。① 平等原则在这里主要指的是代内平等和代际平等原则。代内平等是指当代人在要求良好生活环境和利用自然资源方面都享有平等的权利，而不论国籍、种族、性别、文化等的差异。代际平等是指当代人与后代人共享地球资源与生态环境，不能为了满足当代人的需求而过度使用后代人的环境资源，不能对后代人的生存和发展构成威胁。而人道原则注重对人性的尊重，不能随意剥削劳工和歧视弱势群体。

遵循绿色消费需要的“3R”和“3E”原则，消费者可以积极进行绿色消费行为。根据减量化原则，消费者需要转变消费观念，在保障生活品质的前提下适当减少物质需求，并尽量选择那些更节能、更环保的产品，尽量减少资源消耗量和废弃物排放量。根据再利用原则，消费者在消费过程中应尽量做到使产品能够多次使用，延长产品的使用寿命，达到节约使用资源的目的。根据再循环原则，通过对废弃物的回收再利用从而减轻资源和环境的压力。

根据经济实惠原则，企业在消费过程外的环节减少了浪费、提高收益之后，在产品销售环节，可以适当压低产品价格，以吸引更多的消费者。这样，一方面消费者买到了称心如意的绿色商品，得到了真正的实惠；另一方面，企业的销售额增加，市场份额扩大，从而获得了规模收益。从注重生态效益出发，消费者在消费时要从长远考虑，节约资源和能源，注重绿化和环保。

4.1.2.2 绿色消费需要引发绿色消费行为

由于环境污染和生态破坏日益严重对人类健康产生了威胁，迫使人们开始更加关注自身的健康，而消费者收入水平的提高则使绿色消费需要得到进一步刺激。同

---

① 王朝侠：《论循环经济的生态效益原则》，载《商场现代化》2007 年第 32 期，第 255～256 页。

时，各种政府组织和民间组织通过多种媒介对环保宣传的大力推广使绿色、环保、自然、健康等观念深入人心，在绿色消费成为时尚潮流等多种因素的影响下，绿色消费需要逐渐从潜在需要上升为显性需要，而这种需要又从以下两个方面来影响绿色消费行为。

（1）绿色消费需要的强弱影响绿色消费行为的实现程度。一般而言，绿色消费需要越强烈，人们越倾向于节约资源和能源，注重绿化和环保，购买绿色产品，从而达到绿色消费。反之，绿色消费行为不强烈，消费者会继续维持目前的生活方式和消费方式，只顾自身利益的最大化，而不顾生态效益和社会效益，以致环境问题和其他问题恶化。

（2）绿色消费需要一旦被激发将间接引起绿色消费行为。绿色消费需要一经唤醒，可以促使消费者为消除不平衡状态采取行动，但是并不对绿色消费行为产生具体的定向作用。绿色消费需要和绿色消费行为之间还存在着绿色消费动机、刺激因素等中间变量，即先有绿色消费需要，之后这种需要越来越强烈使其成为绿色消费动机，然后在内因和外因的共同作用下，该动机就转化成绿色消费行为。因而绿色消费需要只是绿色消费行为的原动力，它只是起到间接作用。

4.1.2.3 绿色消费需要与绿色消费需求

（1）绿色消费需求。需要和需求是两个不同的概念。需要是指人类为了实现自身生存、发展和享受而产生的获得各种消费资料及服务的内在欲望和意愿[①]，是一种没有得到基本满足的感受状态。而需求是对有能力购买并且愿意购买的某个具体产品的需要，对某种特定产品的需要（欲望）。[②]因而绿色消费需求是指绿色消费者在某一时期和一定市场上按照某一价格愿意并且能够购买某绿色商品与劳务的数量，即消费者有足够的购买力来满足自己的绿色消费需要。它既包括了对绿色产品和劳务的现实需求，又包括了潜在的需求。[③]

（2）绿色消费需要与绿色消费需求的联系与区别。首先，绿色消费需要是绿色消费需求的基础，绿色消费需求是绿色消费需要的现实表现。只有当有需要的时候，消费者才会努力创造条件提高自己的收入从而满足绿色消费需求。如果消费者支付能力较高，但是对绿色产品不感兴趣，认为没有必要购买，那么也不会引起绿色消

① 尹世杰：《消费经济学》，北京：高等教育出版社，2007 年版。

② 万后芬：《绿色营销》，北京：高等教育出版社，2001 年版。

③ 李蕾：《绿色营销概论》，兰州：兰州大学出版社，2009 年版。

费需求。另外，绿色消费属于偏理性消费，当消费者认同绿色产品并进行购买时，在一般情况下都是先有绿色消费需要，然后再在市场中转换为有货币支付能力的绿色需求。所以这两者是紧密联系的。其次，绿色消费需要与绿色消费需求又是相互区别的。主要表现在：①绿色需要的产生要先于绿色需求。绿色需要在人类产生之时就已经存在，而绿色需求则是在经济的发展造成了环境的严重污染和生态的极大破坏以致威胁到人类生存的时候才出现的。②绿色需要与绿色需求产生的条件不同。绿色需要是人性使然，是人本能的欲望，属于内在的意识，而绿色需求不仅受绿色需要的影响，而且还受产品的供给、价格、消费者自身的收入等因素的影响。③绿色需要与绿色需求的非同步和非同量性。由于受生产力水平制约和人们货币收入量等因素的影响，绿色需求量总是大大小于同一时期的绿色需要量。[①]

总的来说，绿色消费需要在绿色消费需求中产生了重要作用，这对于我们研究消费者的绿色购买行为具有较大的价值。

4.1.3 绿色消费动机

在消费者的心理活动过程中，当消费者面临一定的刺激而使绿色消费需要被激活时，这种需要就会转化为绿色消费动机，而只有在绿色消费动机的驱使下，消费者才会采取积极的行动来满足绿色消费需要。

4.1.3.1 绿色消费动机的定义

心理学将动机定义为引发和维持个体行为并导向一定目标的心理动力，是一种内在驱动力量。[②]消费者的购买活动都是由动机推动的，并且是某种需要的反映。消费者的购买动机是直接驱使消费者实行某种购买活动内部动力，它反映了消费者在心理上、精神上和情感上的需要。在绿色消费中，消费者以高价购买绿色产品，这就与绿色消费者的购买动机有关。

绿色消费动机是消费者购买动机中的一种，它是在绿色消费需要的基础上萌发的购买绿色产品和节约资源能源、保护生态环境的内在意愿。绿色消费注重吃要科学营养、用要安全健康、住要绿色环保，从这个意义上来讲，绿色消费动机属于享受性动机。同时，消费者在进行绿色购买时，会事先收集大量有关绿色产品的性能、

---

① 王方华、张向菁：《绿色营销》，太原：山西经济出版社，1998 年版。

② 肖立：《消费者行为学》，北京：北京大学出版社，中国农业大学出版社，2011 年版。

价格、品牌、商标等信息，然后与其他类似产品进行分析比较，最终实施购买决策，因而绿色购买动机也属于理智性动机。若是按照动机作用的形式，绿色消费动机既可认为是内在的、非社会的动机，也可认为是外在的、社会性的动机。因为绿色消费需要是自身身心健康、追求高品质生活的要求，同时也是注重环保、体现自己社会地位来满足社会交往需要的表现。

4.1.3.2　绿色消费动机直接导致绿色消费行为

绿色消费动机与绿色消费行为是紧密相关的。绿色消费动机不仅能发动和中止绿色消费行为，而且能够指引和选择该行为的方向，并对该行为进行维持与强化。

（1）绿色消费动机引发绿色消费行为。动机是行为的直接动因，绿色消费者的购买行为是由绿色消费动机的发动而进行的。消费者通过各种渠道收集相关信息，在政府、企业、媒体、民间组织大力宣传绿色产品的环保和健康、企业降低绿色产品的价格等方面的刺激下，其绿色消费需要被激活，使消费者产生对自身健康的紧张感和对绿色产品的冲动，这些情绪和状态就会衍化成一种动力。这时消费者就会压缩其他方面的开支，把更多的收入用于购买绿色产品，同时也会注重垃圾的分类回收、水电的节约等生活细节的环保。

（2）绿色消费动机指引和选择绿色消费行为的方向。绿色消费动机不仅能引发绿色消费行为，还能将该行为导向特定的方向。①表现为在多种绿色消费动机中确认基本的动机，如追求健康、求新、求美等；②表现为促使动机具体化，成为对某种绿色商品或服务的具体购买意愿，并影响消费者对选择标准或评价要素的确定。同时，绿色消费动机还可以促使消费者在不同动机的冲突中进行选择，使绿色购买行为朝需求最强烈、最迫切的方向进行，从而使得消费行为效用和消费者需求满足最大化。

（3）绿色消费动机对绿色消费行为进行维持与强化。绿色消费动机对绿色消费行为的作用表现为一个过程。在人们追求健康环保等目标的过程中，绿色消费动机贯穿绿色消费行为的始终，不断激励人们努力采取绿色消费行动，直至目标的最终实现。另外，绿色消费动机对绿色消费行为还具有重要的强化功能，即绿色消费动机强化的行为结果对绿色消费行为的再生具有加强或减弱的作用。比如，消费者在使用了绿色食品之后，觉得自己的健康状况得到了明显改善，那么消费者就会再继续购买这种食品，这就是一种强化的体现。

4.1.3.3　绿色消费动机类型及其购买行为

（1）追求安全、健康的购买动机。随着人们生活水平的提高，人们的消费需求已不再仅仅是吃饱穿暖，而是吃要更加营养、用要更加安全放心，对生命安全和生理健康的要求越来越高。绿色消费者与普通的消费者相比，更加关心自身的身心健康和环境的可持续发展。比如，在吃的方面，更青睐于无公害、无污染、有营养的食品；在住的方面，选择健康、有益、节能、低耗和低污染的建筑材料和安全文明的居住环境；在用的方面，选择生产全过程使用清洁工艺、采用绿色包装、废弃物能够回收使用的产品。

（2）求新动机。具有这种动机的绿色消费者较为注重创新，具有强烈的好奇心和丰富的想象力。而绿色产品注重造型简洁、实用节能、以人为本，并且产品可以更新升级和循环使用。这是普通产品所不能比拟的。所以求新的消费者对独特新颖的绿色产品颇为喜爱，这就形成了绿色产品的购买动机。这类消费者较为感性，容易凭自己的兴趣购买一些外形和功能都有创意的产品。

（3）求美动机。目前有不少绿色产品走的是高档路线，既绿色环保，又是时尚精品，注重包装精美和产品本身的美感。有些绿色产品价格比普通产品高几倍，在产品设计方面非常注重美的造型。对于追求商品美学价值和艺术欣赏价值的消费者来说，这些商品无疑满足了其爱美的需求，能够给其精神生活带来陶冶。因而求美动机也是绿色产品消费行为的动力。

（4）求名动机。这是一种以追求名牌商品或仰慕某种传统商品的名望为主要特征的购买动机。[①]这类消费者容易受广告、商标的影响。当生产绿色产品的企业投入巨大的广告成本时来宣扬产品的无污染、低碳环保时，绿色消费者就会被广告所吸引，从而产生购买行为。而且消费者在购买这种绿色产品时，也不会担心产品质量问题，降低购买风险。

（5）自我表现的购买动机。这又可以称为“炫耀性购买动机”，即消费者借助产品来体现自己的社会地位、身份、品位、威望和财富的购买动机。有些绿色产品直接将目标消费人群锁定为高收入人群。并且绿色消费能够体现一些精英社群的价值观念，成为公开展示这些社群身份认同的一种方式。同时有些绿色产品本身就是

---

① 冯丽云、孟繁荣、姬秀菊：《消费者行为学》，北京：经济管理出版社，2004 年版。

时尚奢侈品。[①]有的消费者购买绿色产品很大程度上出于这种动机。

（6）模仿或从众动机。它是指消费者在购买商品时自觉不自觉地模仿他人的购买行为而形成的购买动机。[②]当看到社会名人宣传环保的重要性并推广绿色产品，消费者出于仰慕、钦羡和获得认同而模仿。或身边的亲朋好友在购买绿色产品并采取环保行为时，该消费者的绿色消费意识就会逐步提高，从而有意无意地向这些人学习和模仿。

4.2 绿色消费的行为主体

绿色消费的行为主体一般来说分为政府、企业、消费者和绿色环保组织，其中前面 3 个行为主体所占比重较大，因而下面的分析主要围绕这 3 个行为主体展开。

4.2.1 政府

在已有的经济学理论中，市场这只“看不见的手”在对经济进行自动调节的同时，也会导致盲目性、自发性和滞后性等一系列问题，这就需要政府进行宏观调控。但是如果政府的公共决策失误，那么经济效率不仅得不到提高，而且还可能会有南辕北辙的效果。所以关键问题在于怎样处理好政府与市场的关系、怎样建立一个强有力的政府。政府要想采取合适的措施，首先必须对其本身在市场经济中的地位和作用有清楚的认识，即充当经济增长的催化剂，采取辅助措施保持和刺激经济的发展。在绿色消费过程中，政府更要发挥这种润滑剂的作用。

（1）政府部门是社会上最大的组织，其运行对社会和环境的影响是不言而喻的。推行绿色消费，建立环境管理体系是约束政府行为的需要。政府部门是每个国家最大的一个单位，具备充足的人力、财力、物力和信息等资源，政府一项较小的政策都能对环境产生较大的影响。身为社会管理者的政府部门，负责制定政策、法律和法规，而这些规章制度又会影响到环境的改善或恶化。目前，人类对环境问题的关注日益增加，政府部门更应该适应这种需求而自觉做到经济、社会与环境的平衡发展。因此政府要加强自身的管理，努力构建绿色政府，把绿色消费同其日常的工作

---

① 周培勤：《透视“炫耀性绿色消费”》，载《环境保护》2012 年第 11 期，第 20～23 页。

② 荣晓华：《消费者行为学》，大连：东北财经大学出版社，2006 年版。

相结合，规范政府工作人员浪费和对环境不友好的行为，从而提高政府的管理水平，发挥政府在绿色消费的模范带头作用。

（2）政府部门通过对环境加强管理可以推动绿色消费的发展。政府应该重视生态环境的作用，并将其作为一种新的生产要素纳入市场交易过程中，制定新的制度框架，处理好人与自然的关系以及人类社会生产关系。这样一种新的制度安排不仅要求对环境方面的政策、法律、法规进行重新设计，而且要求实施相配套的并行之有效的政策，即进行全方位、多层次的环保体系构建。另外，我国正处在由计划经济向市场经济过渡的转型期，一方面要利用资源加快经济建设，另一方面环境污染和生态破坏也制约着社会的进步，解决资源和环境问题因难重亘，而这是任何发达国家都未曾经历过的。所以政府要充分考虑我国的国情，因地制宜、因时制宜，制定完善的制度体系并建立、健全法律法规体系。

（3）政府部门可以通过自身的实际行动加强绿色消费的宣传。自《里约宣言》实施以来，各国政府都制定了可持续发展的行动纲要，并尽力达到减排降耗的目标。可持续发展要求促进人与自然的和谐，实现经济发展与人口、资源、环境相协调，这就要求人们提高生态环境意识。因而，作为社会管理部门，政府有义务唤醒这种意识，要做到这点，政府首先得做好表率，从自身做起。政府除了制定环境保护体系之外，还需要充分调动社会上各种组织的环保积极性，要与环保民间组织相互配合，形成一种“政府搭台、环保组织唱戏”的局面，扩大宣传的范围和对象，加深宣传的内容，加强宣传的号召力和影响力，实现全社会绿色消费行为的“自我规范、自我约束和自我完善”，引导消费者和企业自觉购买绿色产品和节约资源，从而促进经济效益和环境效益的统一。

（4）政府推行绿色消费是降低环境风险、实行自我保护的需要。在某些西方国家，政府建立环境管理体系的原因之一就是建立正当的自我防御体系，划定政府在环境方面的职责和权限。当政府履行职责，建立其环境管理预警机制、环境管理应急管理机制和环境管理风险评估系统，并认真加以维护运行，但还是由于一些偶然或者不可抗力因素导致环境污染时，那么政府也可以减轻自己的舆论压力，减少自己所承担的环境风险。这方面的考虑和企业建立风险管理体系的初衷是差不多的。

4.2.2 企业

绿色市场的形成离不开企业的“绿化”。企业是绿色消费另一重要的主体，这种主体作用体现在：

（1）企业是绿色产品设计和研发的主体。在产品设计环节，绿色型企业一般综合考虑产品的用途和可能会污染环境的方面，在各个环节上的设计尽量做到趋利避害，使产品真正贴上“绿色标志”。然后积极研发节能降耗的绿色无污染产品，比如无氟冰箱、可充电电池、绿色食品等，加大资金投入和技术难题的攻克。并在不断尝试的基础上，使产品的能耗水平降至更低。

（2）企业是绿色生产的组织者。企业首先选择绿色原材料，使用养护型的新能源，如风能、水能、太阳能、地热能和生物质能等可再生能源。其次，加强燃料的技术处理，进行清洁利用，提高能源的利用效率。再次，淘汰和改造落后低效、高污染、高能耗的生产设备，并强化工艺、设备、原材料在生产组织过程中的管理。最后，通过产业集聚，上下游企业和关联企业之间形成绿色经济产业链，从而在一定程度上降低企业的成本和形成绿色生产的氛围。

（3）企业是绿色流通的主导者。绿色流通包括绿色商流和绿色物流。绿色商流主要是指绿色产品的经营和促销、绿色消费的推动和引导、优化经营网络等。绿色物流是指科学化的物流设计、管理和实施，使商品运输方案合理化和最优化，同时采用无污染、少用材的包装，注重包装的回收利用等。[①]企业通过实施绿色流通，能更方便消费者在第一时间看到绿色产品，并引起绿色消费的欲望。在流通领域注重节能环保，也是企业贯彻落实绿色消费观的体现。

（4）企业是绿色产品销售的实施者。为了使绿色产品能够顺利销售出去，企业需要考虑多方面的问题，如在制定绿色产品的价格时要考虑产品的制造成本、管理成本以及一定的利润，在绿色产品促销方面需要考虑应该使用什么样的广告来引导消费者接受广告诉求、怎样进行绿色推销和营业推广，在绿色公关方面企业为树立绿色形象而需进行环保公益活动等。

（5）企业是绿色服务的提供者。企业不仅需要生产绿色产品，还应该提供绿色

① 张晓阳：《浅析我国绿色流通》，载《合作经济与科技》2010 年第 3 期，第 97～98 页。

服务，尤其是要注重售后服务。企业员工要坚持“以人为本”的原则来对待消费者，一切以消费者的需要为中心，注重细节的处理，给消费者提供最周到的服务。并引导消费者接受生态环保理念，让其逐步形成绿色消费的生活方式。

（6）企业是社会责任的主要承担者。企业除了创造利润、对股东承担法律责任之外，还要承担对员工、消费者、社区和环境的责任。最近几年来，以环保运动、劳工运动和消费者运动为主要内容的企业社会责任建设越来越得到国际社会的普遍认同，它要求企业承担利益相关者的社会责任，使企业利益和社会效益、环境效益达到平衡。在我国绿色消费的推广中，需要企业树立绿色形象，打出绿色品牌，从而赢得消费者对绿色产品的好感。

4.2.3 消费者

消费者是绿色消费中范围最大的实践者，是影响绿色消费广度和深度最重要的群体。那么在绿色消费中，消费者又充当着什么样的角色呢？

（1）消费者是绿色消费的亲身试验者。消费者参与到绿色消费中的各个环节。首先消费者广泛收集信息以对绿色产品形成初步的认知，然后到市场中寻找相关的绿色产品，再进行分类比较，货比三家之后决定购买，并在生活中使用该产品，最后对商家进行反馈。消费者通过这一系列的体验之后，对产品产生或好或坏的印象，从而形成不同的评价。

（2）消费者是绿色消费的推广者。根据人们消费选择中所体现的对环境的关注程度呈由低到高的一个连续不断的状态，可以将消费者大致分为浅绿色消费者、中绿色消费者和深绿色消费者。浅绿色消费者主要是指其绿色意识比较模糊，有要对环境进行保护的意识，但意识不是太强，而且对于绿色产品难以接受。中绿色消费者主要是指绿色意识较强但环境保护意识不是很全面，主要选择与自身利益联系比较密切的绿色产品。深绿色消费者的绿色意识强且全面，对绿色消费有深刻和全面的认识，而且主动性强，会不断提出新的绿色消费需求。

消费者在意识到绿色消费对自身健康和环境的重要性并通过自身的亲身实践体验到这种益处之后，会将自己的经历和感受告诉给周围的亲朋好友，将绿色产品及生产绿色产品的企业进行推广，这样使潜在的绿色消费者变为浅绿色消费者，使浅绿色消费者变为中绿色消费者，使中绿色消费者变为深绿色消费者，从而使绿色消费深入人心并落实到实践之中。

（3）消费者是绿色消费的利益捍卫者。在绿色消费市场秩序混乱、假冒伪劣产品充斥其中的市场上，不仅需要消费者具备一双“慧眼”，不去购买该类产品，同时还需要消费者对这种假冒伪劣的产品进行揭发，将其告知其他消费者，必要的时候拿起法律武器来维护消费者的合法权益，使劣质品无立足之地，这样才能够出现“良币驱逐劣币”的局面，让消费者购买到货真价实的绿色产品。

总之，绿色消费行为是绿色消费心理、绿色消费需要、绿色消费动机等多种因素作用的结果，要在全社会推广绿色消费，就需要政府、企业、消费者三方主体的共同推进，而在这一过程中，政府作为政策的制定者，理应在绿色消费方面做出表率，更加积极主动地推动绿色消费的开展。

第 5 章

影响绿色消费行为的因素

绿色消费心理、绿色消费需要、绿色消费动机均会对绿色消费行为产生影响。此外，影响绿色消费行为的重要因素还有社会因素、市场因素、消费主体自身的态度及能力等。

5.1 社会因素对绿色消费行为的影响

社会因素从多方面对绿色消费行为产生影响，文化背景的不同、所处的不同社会阶层、不同的社会群体对绿色消费行为产生的影响是不同的。

5.1.1 文化因素

文化是某一特定人类社会在其长期发展历史过程中形成的，它主要由特定的价值观念、行为方式、伦理道德规范、审美观念、宗教信仰及风俗习惯等内容构成，它影响和制约着人们的消费观念和行为。特别是商业文化和消费文化对绿色消费行为的影响广泛。

当一个社会从上至下重视环境保护时，那么人们会在政府、民间组织等各种团体大力宣传绿色消费并不遗余力地鼓励绿色消费行为时自觉遵守相关的环境保护规则，从而在整个社会形成一种流行趋势，其消费行为模式就会发生变化。一个社会的环保意识和绿色消费意识越强烈，该社会群体越倾向于购买绿色产品。

到目前为止，人们对文化还没有一致认同的定义。从大多数学者的观点来看，文化从内容上可以分为广义、狭义和中义 3 个层次来理解。广义的文化是指人类在社会历史发展过程中所创造的物质财富和精神财富的总和。狭义的文化是指人类社会历史发展过程中逐渐形成、经过演绎形成的包括风俗习惯、价值观念、行为准则、道德观念以及伦理标准等非法律政治的社会共识，即是一种观念形态的文化。中义文化介于广义文化和狭义文化之间，是指社会意识形态同人们的衣、食、住、行等物质生活、社会关系相结合的一种文化，如衣饰文化、饮食文化、日用品文化和各种伦理关系、人际关系等。[①]另外王乐忠根据“经济过程”将文化分为生产领域的企业文化、流通领域的商业文化和消费领域的消费文化。[②]其中商业文化是在商品流动过程中，以实现商品价值为目标，以商品与服务为载体，通过商业交易活动，反映、传导社会的物质文明和精神文明的文化综合体。[③]本书更多涉及的是中义的文化和商业文化。文化因素对绿色消费行为的影响表现在以下方面。

5.1.1.1 文化的多样性对绿色消费行为的影响

文化具有社会性、差异性等特征。社会性是文化最大的特征。文化是人们在生产活动和生活活动中创造的，是全体人民智慧的结晶，由全体人民所共享。在共同的文化之下，人们的思想观念、行为规范、习惯习俗等趋于一致，受文化的影响比较深刻。而且文化积淀越长久，对人们的影响越深远，对绿色消费行为的影响越大。文化具有差异性，不同民族、地区和国家具有自己独特的文化，即在语言文字、思维方式、价值观念、风俗习惯、宗教与法律、审美心理等方面有所不同。从价值观的角度来看，价值观是人们对周围事物和问题的是非、善恶、曲直和重要性的评价标准。价值观通过一般的环境态度和具体的环境态度来影响绿色消费行为。物质主义价值观对绿色消费行为产生消极的评价，最终不利于绿色消费行为的实施；而集体主义价值观对绿色消费行为产生积极的评价，促使积极地实施绿色消费行为。在我国传统文化的影响下，我国居民崇尚节俭，精打细算，注重商品质量。而随着经济和文化的不断发展，有些消费者已经率先冲破了传统文化的束缚，更加注重健康化、环保化和生态化，更加注重自己的消费行为对环境和社会的影响，绿色消费观

---

① 李文同：《消费者心理与行为学》，郑州：河南人民出版社，2010 年版。

② 王乐忠：《经济文化循环圈》，北京：经济管理出版社，2002 年版。

③ 胡平：《胡平商业文化论集》，北京：中国商业出版社，1995 年版。

念正在形成。

5.1.1.2 商业文化对绿色消费行为的影响

商业文化可以分为商品文化、商业环境文化、营销文化、商业组织文化与商业伦理文化。[①]商品文化是指凝结在商品之中的文化，具体体现在商品的设计、包装、发展渊源、商标、使用说明书、合格证等方面。商业环境文化是指商业离不开一定的文化环境，外显的商业建筑、店堂布局、配套设施以及整个城市的文化环境，内在的社会风俗环境、思想制度环境等，构成影响并推动商业活动发生、发展的条件或氛围，都应纳入商业文化的范畴。[②]营销文化包括整个营销活动过程中的一系列指导思想、文化理念以及与营销理念相适应的规范、制度等方面，其精髓是以消费者为中心的营销理念和价值观。商业组织文化是能够约束和激励员工行为的组织形式、组织结构、经营方式及各项规章制度。商业伦理文化指商业道德、商业才智、商业精神和商业的价值观，其核心是商业伦理道德。

（1）商业文化引导人们对绿色消费的需求。谈到对绿色消费需求的营销，就不得不谈到商业文化中非常重要的一部分——广告文化。广告通过对商品信息的有效传播，向消费者介绍商品的厂牌、商标、性能、规格、用途、特点、价格，帮助消费者提高对商品的认知程度，指导消费者如何购买商品。[③]在许多情况下，消费者的需要是朦胧不清的。因此广告通过语言、画面、色彩、图案等元素构造唯美的意境，引起消费者的联想，满足其健康、社交、身份和地位等方面的消费心理，从而激发消费者的潜在需求。

在绿色消费方面，消费者可以分为浅绿色消费者、中绿色消费者和深绿色消费者。一般而言，深绿色消费者对自己的需求很清楚，在消费时目的明确，也不会轻易受广告的影响。而另外两种消费者并不是那么理性，受广告的影响比较明显。他们具有绿色消费意识，但对买哪种产品还是举棋不定。这时候广告就发挥较大的作用。这些广告针对绿色消费者追求健康、安全、绿色、环保的心理，不仅把产品的特点往这些方面靠拢，而且会在产品上附加人性化情调，紧扣消费者的心弦，最终促成绿色消费行为。

（2）商业文化影响绿色消费者的信息收集方式。消费者的信息收集方式一般有

① 王乐忠：《经济文化循环圈》，北京：经济管理出版社，2002 年版。

② 胡平：《胡平商业文化论集》，北京：中国商业出版社，1995 年版。

③ 褚霓霓：《论广告对消费的作用》，载《消费经济》2000 年第 3 期，第 63～64 页。

以下几种：商业来源（商家所做的广告或产品推介会等）、经验来源（个人以前使用过同类产品所获得的相关信息等）、个人来源（从家人、亲朋好友那里获取信息）、社会来源（从社会团体或组织、宗教群体、消费者协会等处获得信息）。[①]

在绿色消费中，深绿色消费者一般都具有较高的文化水平，他们的信息来源主要是报纸、杂志、互联网和书籍等媒介，以及自己在绿色消费方面的经验体会，来了解节能减排、购买绿色产品的信息，而且他们的收入也较为可观，所以在绿色消费方面所面临的困难比较小。而对于中绿色消费者和浅绿色消费者来说，他们更易于接受电视媒体、广告和亲朋好友的口头信息，他们会从产品使用者那里进一步确认购买这种产品确实是利大于弊，从而最终做出购买决策。他们相对于深绿色消费者来说社会地位要略低，所以其从社会来源中所获得的信息相对来说也更少一些。

（3）商业文化影响产品的使用方式。通过营销文化可以影响消费者的绿色消费行为。以“绿色营销”为例说明。绿色营销是指企业以环境保护为经营指导思想，以绿色文化为价值观念，以消费者的绿色消费为中心和出发点的营销观念、营销方式和营销策略。它要求企业在经营中贯彻自身利益、消费者利益和环境利益相结合的原则。在这种商业氛围的引领下，消费者也顺应时代的潮流，增强自己的绿色消费意识。在产品的使用方面，利用生活小妙招尽量挖掘产品的不同功用，扩大产品的适用范围，而且尽量购买可循环的材料，延长产品的使用寿命，少购买一次性产品，做到节约资源和循环利用。

5.1.1.3 消费文化对绿色消费行为的影响

消费文化是人们在社会经济生活中表现出来的一系列观念、行为等的总和，是文化在消费领域的渗透与发展，涉及消费理念、消费方式、消费行为和消费环境，它包括物质消费文化、精神消费文化和生态消费文化。积极的、健康的消费文化会对绿色消费行为起引导作用，而消费的消费文化则可能演变为一种消费主义，在消费中追求炫耀性、奢侈性消费，追求无节制的物质享受，与绿色消费倡导的节约、环保思想背道而驰。

① 吴敏、郭珊：《浅析文化价值观对消费者行为的影响》，载《集团经济研究》2007 年第 7Z 期，第 400 页。

5.1.2 社会群体

人具有社会属性，生活在一定的社会环境之中就难免与周围的人打交道，在相互影响和相互作用下，就会在某个区域内形成共同的思想观念、行为习惯等。群体的影响对个人的消费行为具有重要的意义。

社会群体是指两人或两人以上通过一定的社会关系结合起来进行共同活动而产生相互作用的集体。社会群体具备以下基本条件和特征：群体由一定数量的成员组成，即两个及以上；群体成员需以一定纽带联系起来，如血缘、地缘、业缘等形成的家族、邻里和职业群体等；成员之间有共同目标和持续的相互交往；群体成员有共同的群体意识和规范。[①]

按照个人是否为一个群体的成员，社会群体可以分为所属群体和参照群体。所属群体是指一个人实际参加或归属的群体。这种群体既可以是一个实际存在的组织形式，也可以是一种非正式的组织形式。所属群体对消费者的影响是直接的、显现的、稳定的。最明显的所属群体是家庭。参照群体是指消费者心里向往的群体。群体的标准和规范会成为消费者行为的指南，成为消费者希望努力达到的标准。消费者会把自己的行为与这种群体的标准进行对照，以改变自己不符合标准的某些行为。[②]下面分别从家庭和参照群体两个方面来说明社会群体对绿色消费行为的影响。

5.1.2.1 家庭对绿色消费行为的影响

家庭是以婚姻关系、血缘关系和收养关系为纽带而结成的共同生活活动的社会基本单位。家庭对绿色消费行为的影响，取决于家庭结构、家庭生命周期和家庭购买决策等因素。

（1）家庭结构。家庭结构分为核心家庭（由父母和未婚子女组成）、主干家庭（由父母和一对已婚子女组成）、联合家庭（由两对或两对以上夫妇与其未婚子女组成）以及其他类型（单亲家庭、残缺家庭等）。我国的家庭结构正由大变小，夫妻双方再加上一个孩子的三口之家的家庭结构正在成为我国家庭结构的核心模式，家庭趋于小型化。这种结构对绿色消费的影响有：①更容易接受环保观念，更加注重产品的质量。吃要营养健康，穿和用要高档，其他产品要安全，这是小家庭的消费

① 柯洪霞、曲振国：《消费心理学》，北京：对外经济贸易大学出版社，2005 年版。

② 徐萍：《消费心理学教程》，上海：上海财经大学出版社，2001 年版。

观。这就给绿色产品的消费提供了一个良好的微观环境。②购买的绿色产品数量也更多。在收入和绿色产品价格不变的情况下，家庭规模越大，需要购买的绿色产品就越多，这就限制了绿色产品的销售。相反，家庭规模小，相对来说更有经济实力承担绿色产品的价格，这就使得购买频率越高、数量越多。③促使绿色产品更新换代。这种小家庭对产品的新、美、奇等方面比较注重，讲究时髦，愿意尝试新产品，这就要求绿色企业不断研发出新的产品来迎合消费者的需求。

（2）家庭生命周期。家庭生命周期指的是一个家庭诞生、发展直至解体的运动过程，一般分为独身期、新婚期、父母期、父母后期、解体期。在独身期，青年单身男女离开父母，参加工作。由于经济负担轻，受教育水平较高，有一定的环保观念，崇尚自然、追求健康，对绿色产品有较强的购买力。在新婚阶段，消费结构中用于组建家庭的支出开始大大增加，倾向于购买环保材料、绿色家电等绿色产品。父母期，消费一般以孩子为中心，在子女 6 岁以前较为注重儿童的食品健康，绿色食品的比重较大，也会为子女购买一些绿色服装；在 6 岁以后孩子的教育费用支出较大，对绿色产品的消费不明显。父母后期，子女开始独立生活，离开父母。此时许多父母的经济和时间都最宽裕，从而实施以前未能实现的消费“理想”，注重精神生活消费，对绿色产品的消费也有增长的迹象。解体期阶段，夫妻中一方过世，收入减少，消费结构简单，生活较为节俭，能够做到节能减排。这段时期也非常注重营养保健，对绿色食品有较大的需求。

（3）家庭购买决策。家庭购买决策的做出是家庭成员集体参与的结果，只不过每个家庭成员扮演的角色有所不同。一般来讲，我们可以把家庭成员分为 5 种主要角色：倡议者、影响者、决策者、购买者和使用者。以绿色产品的购买为例，首先是倡议者接触到绿色产品的相关信息，然后向家庭成员提出购买该产品的想法。接着是影响者对这一提议做出反应，指出该商品的具体信息，并赞成或反对购买。如果影响者对倡议者的建议赞成，那么这就对决策者做出购买决定起促进作用。决策者在参考了影响者的意见之后，从多方面考虑该绿色产品对家庭所有成员的功用，并觉得该收益大于成本时就决定购买。具体购买细节则由购买者决定，比如购买什么牌子的绿色产品、到哪儿进行购买等。然后就是该绿色产品购买完成之后就由使用者进行消费，其反馈对于绿色产品生产企业的声誉和该种产品的重复购买有重要的影响。[①]

5.1.2.2　参照群体对绿色消费行为的影响

参照群体在消费者做出购买决策时可以引导消费者的购买意向，同时也会对消费者的行为做出评价。人作为“社会人”，其行为总要受到周围环境的影响。具体地说，参照群体对绿色消费行为产生的影响主要有 3 个方面。

（1）主要群体的信息性影响。主要群体是指那些与消费者关系密切、接触频繁的对消费者的决策行为影响比较直接的群体，包括家庭成员、同事、邻居等。这类群体对消费者的决策行为影响一般是通过信息性影响，这些群体对某种绿色产品或品牌进行评价，提供给消费者购买信息，影响消费者的购买决策。

（2）次要群体的规范性影响。次要群体是指与消费者接触较少，对消费者行为影响较间接的正式团体，包括消费者参加的协会、社会团体和一些业余组织。尤其当消费者参与一些环保性民间组织或者参与绿色社区这样一些活动时，那么这些群体或组织要求必须进行垃圾分类，善待动物，资源循环使用，进行绿色消费，而消费者归属于这个团体，作为其中的一员必须遵守这些规定。

（3）期望群体的价值表现性影响。期望群体主要是指一些社会公众人物，消费者容易对这类群体产生效仿。而这类群体也主要是通过价值表现来影响消费者。这类群体的影响主要是价值表现的影响，如某个大众喜爱的明星为一个绿色产品做广告代言，称其营养价值高、生产过程干净无污染，消费者就对该产品产生信任，从而纷纷进行购买。

总之，参考群体与消费者个人的关系越密切，对他们的消费行为影响越大。这种过程的进行，可能是有意识的、有形的，也可能是无意识的、通过潜移默化发生作用，使消费者的态度与自我意识进行重新调整和确立。

5.1.3　社会阶层

由于个人获取社会资源的能力和机会的差别，社会群体被划分为不同的社会阶层。每一阶层具有相似的特征，但不同的阶层有着较大的差别。对社会阶层的探讨对于研究绿色消费者行为有重要的意义。

---

① 周斌：《家庭的消费行为规律》，载《广西商业高等专科学校学报》2002 年第 2 期，第 11～14 页。

社会阶层是指按照一定的社会标准，如收入、受教育程度、职业、社会地位及名望等，将社会成员划分为若干社会等级。社会阶层展示了一定的社会地位，它不仅由经济地位所决定，而且也包括政治和社会层面的因素。社会阶层随着时间的变化也会发生变化，同一阶层的人可能跃升至更高的阶层，也可能跌入较低的阶层。①

对于社会阶层的划分，理论界还没有一致的分类方法。我国社会阶层的划分，目前最流行的方法是 2002 年中国社会科学院专家陆学艺和他领导的研究小组发表的《当代中国社会各阶层研究报告》，以组织资源、经济资源和文化资源的占有状况为标准，划分出了“十大阶层”：国家与社会管理者阶层、私营企业主阶层、专业技术人员阶层、办事人员阶层、个体工商户阶层、商业服务业从业者、产业工人阶层、农业劳动者阶层以及城乡无业、失业、半失业者阶层。

总的来说，低阶层的消费者通常存在一种立即获得感和立即满足感的消费心理，他们注重安全和保险因素；中阶层的消费者一般讲究体面，同一阶层内消费者彼此之间影响较大；高阶层的消费者则更注重成熟与成就感，所以对具有象征性的商品比较重视。②

社会阶层会影响消费者行为，消费者行为反过来又会展示他们各自所处的社会阶层。在同一个社会阶层内，成员之间有着相似的价值观念、生活目标、生活方式和思维方式，因而消费心理和行为也大同小异。但是不同的社会阶层在购买的产品、购物方式、购物环境、支付方式和支付手段等方面存在着明显的不同。就绿色消费而言，社会阶层的影响体现在下面几个方面：

5.1.3.1 对消费者获取信息的影响

由于不同阶层的消费者获取信息的渠道不同，因而对其进行绿色消费行为会产生影响。教育程度比较高的消费者可能比教育程度较低的消费者利用更多类型的渠道了解商品信息。处于社会分层底部的消费者信息的来源比较有限，对各种信息缺乏清晰的辨别能力，在购买时可能更多地依赖自己的亲友等关系网络，更加注重周围人的口碑。越处于社会分层顶部的消费者，获取消费信息的渠道也越多。在对媒体偏好方面，低阶层的消费者对电视媒体的依赖性相对较强，越高阶层的消费者，对报纸、杂志等纸质媒体的信息获取能力越强。即使同样面对纸质媒体，不同阶层

---

① 肖立：《消费者行为学》，北京：北京大学出版社，中国农业大学出版社，2011 年版。

② 陈峻松：《论社会阶层对消费者行为的影响》，载《经营管理者》1998 年第 1 期，第 43～44 页。

的消费者对内容的偏好也是不同的，这反映了不同阶层的消费者在兴趣爱好和理解能力上的差别。[①]这种差别会直接影响消费者绿色消费行为的实行。

5.1.3.2 对绿色产品选择和购买数量的影响

高阶层的消费者注重身份和社会地位，购买的产品也是高档次的。在食品方面，他们非常在意健康和营养，青睐于绿色食品和有机食品。在其他方面，他们也把产品的无毒无污染放在首要地位，使自己和家人都处于安全健康环保的环境中。而低阶层的消费者受经济能力的限制，更注重商品的物美价廉，重视产品的保修期和售后服务，他们对绿色产品的追求并不是那么热烈。同时，高阶层的消费者对绿色产品的需求量大，购买次数多，数量也多，且要求包装精美；而低阶层的消费者购买那些价格较低的绿色产品，购买次数少，数量少，对包装没什么要求。

5.1.3.3 对绿色产品购物场所的影响

较高阶层的消费者注重优雅舒适的消费环境，经常光顾高级商场和品牌专卖店，艺术审美能力较高，低阶层的消费者喜欢去一般的超市、市场和折扣店，更注重性价比和实用性。在绿色消费方面，我国的绿色农产品市场越来越成熟，其他的绿色产品也逐渐出现在超市中。在香港还有专门的绿色生活零售店，里面不仅有绿色食品还有众多的家居产品。不过由于价格偏高，普通消费者虽然经常光顾这些店，但一般不消费或者消费金额少，所以一般都是高收入阶层的消费者去购买。

5.1.3.4 对绿色消费意愿和态度的影响

绿色消费意愿与消费能力紧密相关，而不同的社会阶层具有不同的消费能力。较高阶层的消费者收入较为丰厚，也有一定的闲暇时间，在绿色消费方面条件优越，消费态度积极；较低阶层的消费者首先考虑的是维持基本的生活，然后进行储蓄来抵御未来生活的风险，消费倾向不高，消费态度不积极。

5.2 市场因素

绿色消费行为不仅受到社会因素的影响，还会受到市场因素的影响，其中经济发展水平从总体上影响绿色消费水平；绿色产品的提供程度、流通渠道和价格以及绿色消费的宣传力度从微观层面影响绿色消费。

---

① 朱姝：《消费者行为学》，上海：华东理工大学出版社，2009 年版。

5.2.1 经济发展水平

经济发展水平是制约消费者心理活动最基本的因素。1978—2011 年，我国的经济发展水平不断提高（表 5-1），综合经济实力明显增强，人民的生活水平和消费水平也上了一个台阶。从消费品销售额来看，1980 年仅为 2 140 亿元，2011 年增至 183 919 亿元，31 年间增长了 85.9 倍。城乡家庭的恩格尔系数也在不断下降（表 5-2）。城市家庭的恩格尔系数已由 1978 年的 57.5%降至 2011 年的 36.3%，农村家庭的恩格尔系数也由 1978 年的 67.7%降至 2011 年的 40.4%，30 多年间均下降了 20 多个百分点。经济的平稳健康发展使居民的收入得到稳步增加，居民的消费信心增强。信息化和网络化的普及也导致消费观念逐渐转变。消费者不仅仅满足于吃饱穿暖，更倾向于吃得健康、用得放心。环保产品和绿色产品越来越被消费者所认可和接受。

表 5-1 我国的 GDP 增长率 单位：%

年份	1978	1980	1985	1990	1995	2000	2005	2010	2011
增长率	11.7	7.8	13.5	3.8	10.9	8.4	11.3	10.3	9.2

数据来源：国家统计局官方网站（http：//www.stats.gov.cn）。

表 5-2 城乡居民家庭恩格尔系数 单位：%

年份	1978	1980	1985	1990	1995	2000	2005	2010	2011
农村	67.7	61.8	57.8	58.8	58.6	49.1	45.5	41.1	40.4
城镇	57.5	56.9	53.3	54.2	50.1	39.4	36.7	35.7	36.3

数据来源：国家统计局官方网站（http：//www.stats.gov.cn）。

经济发展水平体现的是一国的整体环境，因而它从宏观层面上影响着绿色消费的总体水平、消费结构和消费方式。

5.2.1.1 经济发展水平影响绿色消费的总体水平

绿色产品的供给数量和供给质量与社会经济发展水平息息相关。经济发展水平越高，绿色产品的数量相对越充足，对产品的绿色认证也更严格，因而质量能够得到保证；反之，绿色市场不健全、不完善，绿色产品供给不足，质量参差不齐。这也在一定程度上说明经济发展水平影响绿色产品的数量和质量，从而对绿色消费的总水平产生影响。

5.2.1.2 经济发展水平影响对绿色产品的需求

经济发展水平越高的国家，消费者对绿色产品的消费认可度越高。在发达国家，近几年对绿色食品的需求每年以 20%以上的速度增长，并出现了绿色服装、绿色家电、绿色汽车、绿色住房等产品。绿色产品越来越得到消费者的认可，在消费支出中所占份额也逐渐上升，并且更多种类的绿色产品出现在消费者的购物清单中。

5.2.1.3 经济发展水平影响绿色消费的消费方式

经济发展水平的变化在使消费者收入发生变化的同时，也使得消费者的消费对象和消费媒介发生变化。随着消费能力的增强，消费者的消费对象不仅仅注重物质型和享乐型，而且逐渐倾向于健康型、发展型和生态型。同时，伴随着科技和信息的高速发展，绿色消费从超市、农贸市场等传统消费市场逐步转向网上购物这一新兴市场，网上购物在我国发展迅猛，根据 2013 年中国网络市场购物数据显示，2013 年，中国网络购物市场交易额达 1.85 万亿元，增长 42%，这一形势说明，我们可以进一步利用电子商务这一新的形式促使绿色消费得到更快发展。

5.2.2 绿色产品提供程度

5.2.2.1 我国绿色产品发展现状

绿色产品是指从生产、使用到回收处理的整个过程中，符合特定的环境保护要求，对生态环境无害或危害极小，资源利用率高，能源消耗低的产品。[①]它包括以下内容：在设计方面，要综合考虑能源和资源的循环使用；在生产方面，进行清洁生产使排废最小化；在使用方面，对公众身体健康有益；在废弃方面，产品能够回收，对环境不造成负面影响。而绿色产品供给是指从事绿色产品生产的企业在某一特定时期内，在每一价格水平上愿意并且能够提供的产品数量。要形成有效供给，不仅需要企业有生产绿色产品的意愿，而且需要企业有雄厚的资金和技术来形成生产能力。影响有效供给的主要是商品价格，绿色产品价格的高低会直接影响到绿色产品的盈利能力，从而影响企业的生产决策。

从绿色食品方面来看，我国目前已有上千种产品获得绿色食品标志认证，其中

---

① 李蕾：《绿色营销概论》，兰州：兰州大学出版社，2009 年版。

很多都是全国各地的名牌产品。截至 2010 年，我国有效使用绿色食品标志的企业总数为 6 391 家，产品总数为 16 748 个，年销售额达到 2 823.8 亿元，出口额 23.1 亿美元，产地环境监测面积达到 2.4 亿亩①（表 5-3）。绿色食品的生产开发已从农垦系统向广大农村拓展，全国绝大多数的省市都拥有了自己生产开发的绿色食品。绿色化妆品、绿色建筑、绿色服装、绿色家电等也陆续上市。绿色产品供给程度的强弱会直接影响到消费者绿色消费行为的强弱。②

表 5-3　2003—2010 年我国绿色食品发展情况

年份	企业总数	产品总数	年销售额/亿元	出口额/亿美元	产地环境监测面积/亿亩
2003	2 047	4 030	723.0	10.8	0.771
2004	2 836	6 496	860.0	12.5	0.894
2005	3 695	9 728	1 030.0	16.2	0.98
2006	4 615	12 868	1 500.0	19.5	1.5
2007	5 740	15 238	1 929.0	21.4	2.3
2008	6 176	17 512	2 597.0	23.2	2.5
2009	6 003	15 707	3 162.0	21.6	2.48
2010	6 391	16 748	2 823.8	23.1	2.4

注：资料来源于中国绿色食品发展中心的统计年报。

5.2.2.2　绿色产品的生产和供给决定着绿色消费的物质内容

消费需求按照实际内容来划分，可以分为物质消费需求和精神消费需求。物质消费需求是指人们对物质生活用品的需要。绿色产品只有被生产出来，才能给消费者的绿色消费提供材料和对象，否则消费者面临着“巧妇难为无米之炊”的尴尬境地。从发达国家的实践来看，绿色产品的充足供给使绿色消费发展迅速。早在 20 世纪六七十年代，欧美等发达国家就已经在农业和食品加工领域掀起了“绿色革命”，先后提出了“生态食品”“自然食品”“蓝色天使食品”“健康食品”等。1972 年，有机农业国际联盟（IFOAM）在德国成立，目前已拥有 300 多个成员组织，分布在世界 60 多个国家和地区，拥有有机食品生产企业 16 400 家。

而在我国，虽然获得绿色食品标志认证的产品逾千种，但供给仍显不足，影响着绿色消费的发展速度。

① 1 亩=1/15 hm^2。

② 武永春：《绿色营销促成机制研究》，北京：经济管理出版社，2006 年版。

5.2.2.3 绿色产品的有效供给不足制约着绿色消费的扩大

在我国，生产者对绿色生产存在偏见和对环保认识不足，并惧怕绿色生产的高成本、高技术难度、高风险，因而在管理上也不重视绿色产品的生产和销售。有的企业标榜为“绿色企业”，却生产非环保产品并以高价销售给消费者，导致绿色市场秩序混乱，绿色产品鱼龙混杂，所以绿色产品的有效供给比较少，这就抑制了消费者的绿色需求，阻碍了有效供给创造消费需求的能力，从而使绿色产品的销售受阻，绿色市场的扩大受限。

5.2.3 绿色产品流通渠道

绿色消费决定绿色产品流通渠道，绿色消费需求是绿色产品流通渠道的前提条件，绿色消费的规模、结构和方式相应地决定了绿色产品流通渠道的规模、结构和方式。同时绿色产品流通渠道对绿色消费也起着制约作用。

在市场经济中，由于产品的生产者和消费者存在着时间和空间的不一致，所以要使绿色产品尽早从生产环节转入消费环节，实现其价值和使用价值，除了要迎合消费者的需求、进行合理的定价之外，还必须在“合适的时间”“合适的地点”并以“合适的方式”将绿色产品通过中间商提供给绿色消费者，这就要求具备畅通的绿色产品流通渠道。

产品从生产者到消费者或用户的营销过程是通过产品所有权转移的商流渠道、产品实体分配的储运渠道、信息沟通渠道等途径共同完成的，这些统称营销渠道。[①]绿色产品流通渠道是以绿色产品为流通对象的营销渠道。它不仅仅是一条产品流通的通道，还包括流通中的各个组织和配送机构，它们构成了一个物流网。绿色产品流通渠道对绿色消费的影响体现在以下 3 个方面。[②]

5.2.3.1 绿色产品流通渠道影响绿色消费需求的实现程度

消费是社会生产总过程中的最后环节，同样绿色消费是绿色生产各环节的最终目的。但是，绿色产品要满足消费者的需求只能通过流通渠道进行传递。如果绿色产品流通渠道没有开通或者出现堵塞，那么绿色消费需求就不能真正得到实现和满足，因而产品流通渠道对绿色消费的实现起决定性作用。

---

① 梅莉、左鹏：《绿色营销》，北京：中国财政经济出版社，2003 年版。

② 李春香：《推广绿色消费促进绿色物流发展》，载《上海商学院学报》2009 年第 4 期，第 22～26 页。

5.2.3.2 绿色产品流通渠道影响绿色消费结构

绿色产品流通渠道中的产品结构会对绿色消费结构产生直接的影响，如绿色食品、绿色工业品的数量比例以及绿色产品中的每一类别的比例会影响到当地消费者对绿色产品的购买比例。另外，绿色产品流通渠道中的组织结构，包括网点、空间和规模结构等会从时间、空间、方式等方面影响绿色消费需要的实现。并且流通渠道不一样，也会导致流通环节的成本不一样，这在一定程度上影响着绿色产品的价格，从而也使绿色消费结构发生变化和形成新的绿色消费结构。

5.2.3.3 绿色产品流通渠道影响绿色消费效益

绿色消费效益是指绿色产品和劳务的提供程度与满足消费者绿色消费需要的程度之间的比率。比率越高，绿色消费效益就越大，反之则越小。而该比率的提高，在很大程度上受制于绿色产品流通渠道。首先，绿色产品流通渠道制约绿色产品的“保质”。这一点在绿色农产品上表现得尤为明显。这些产品大多因运力、运价、交通基础状况和保鲜技术等限制，在途中损耗很大。其次，绿色产品流通渠道制约绿色产品的“保价”。还是以绿色农产品为例。在最长的农产品供应链中，经过了“生产者→产地批发商→销地批发市场→零售终端→消费者”这4次转手倒卖，所以到了消费者手中就会有较高的价格。最后，绿色产品流通渠道制约绿色消费的时间和劳动耗费。物流网点布局越合理，流通渠道越短，则绿色产品的生产周期越短，消费者购买绿色产品的等待时间就越短。另外，消费者使用节能高效的绿色产品，在消费领域能省时省力，节约社会财富。

5.2.4 绿色市场的发育

所谓绿色市场，从市场营销角度讲，是为了更好地保护生态环境和资源的可持续利用，从社会和个人健康、安全的角度出发，是为了满足个人、家庭和组织需要并产生可持续购买行为的市场。

随着消费者环境意识的增强，其思维方式、价值观念乃至消费心理、消费行为都发生了变化，消费者对绿色产品的需求和期望日益增长。绿色产品以前所未有的速度发展，绿色产品的种类日益增多，可以预见，21世纪绿色产品市场是未来的主导市场。在我国，绿色市场的前景同样美好，然而，绿色市场作为一个新型的市场，在运行过程中出现的严重的无序化，严重制约着我国绿色市场的发展。我国绿色市场的无序化对绿色消费行为有重要的影响，主要表现在以下几个方面。

5.2.4.1 市场进入无序化影响绿色消费的种类

市场进入的无序化主要表现在两个方面：大量的非绿色产品冒充绿色产品进入市场以及许多绿色产品因缺乏绿色产品认证而不被市场接受。绿色市场的交易对象显而易见是绿色产品，其与传统产品的区别就在于改善环境和社会生活品质。但是要鉴定绿色产品一般都需要技术专家在严格的技术指标下进行操作。目前的绿色标志制度使绿色产品具有可识别性，但是适用范围仅限于国家规定的几类。而目前不具有绿色标志的产品因其测量较为复杂，所以并不能认定其都是非绿色产品，国家对于这些产品并没明确指出是不准进入还是放任自由，因而就造成了市场进入无序化。这就给绿色消费带来了一定的影响。首先，大量非绿色产品进入市场，以次充好，使得消费者很难识别哪些属于真正的绿色产品，在购买的时候心存犹豫，所以不敢轻易进行尝试，毕竟这些产品价格远远高于传统产品。其次，无绿色标志的但可能是绿色健康的产品不能进入市场，导致绿色市场上真正的绿色产品种类更少，绿色产品的供应不足，从而使消费者的选择范围变小，这也在一定程度上限制了绿色市场的扩大。

5.2.4.2 价格无序化使消费者“望而却步”

市场上的绿色产品品种众多，价格也存在一定差别。一般而言，绿色产品包含了环境成本、技术成本和材料成本等诸多成本在内，其价格高于传统产品也是情有可原的，但是其盈利空间存在着很大的不确定性。一些生产经营者利用消费者在这方面信息的缺陷牟取暴利，价格是相关产品的几倍，因而给消费者造成“高处不胜寒”的感觉，这自然使消费者望而却步，不会购买该产品。而且有的商家会采取虚假降价、虚假折扣等不正当竞争手段，让消费者上当受骗。

5.2.4.3 质量无序化影响绿色消费的效果

绿色产品质量包括了产品使用质量和产品环境质量两个方面，因而绿色产品质量的不合格也相应地表现为产品使用质量的不合格和产品环境质量的不合格。产品使用质量是产品质量的关键，这是购买绿色或非绿色产品首要考虑的问题。而目前在绿色市场上，绿色产品的生产企业打着“绿色”的旗号使产品的使用质量降低，坑骗消费者，这不仅使消费者不再购买该产品，而且使这些企业的形象大打折扣，在绿色产品的供给和需求方面都产生不良的影响，更加阻碍绿色市场的健康发展。而绿色产品的使用质量也会影响环境质量。产品的环境质量表现为用什么品质的物质材料进行产品的生产。如果产品环境质量降低，那么产品使用物质的质量标准降低，这就有可能出现生产企业以非环境友好型材料来替代原来的材料，导致产品的环境质量下降，从而使不达标的产品流入绿色市场。

5.2.4.4 竞争无序化影响绿色消费的影响范围

从目前绿色产品的市场来看，不正当竞争行为大量存在。一是反映在广告宣传上，极力夸大产品的绿色环保功能和健康作用，误导消费者；二是假冒绿色产品名称；三是存在地方保护主义，对异地绿色产品的进入进行限制，导致绿色市场的人为分割。这无论是对绿色企业还是消费者都会产生不利影响。一方面限制了企业绿色产品的跨地区发展，难以扩大生产规模；另一方面，由于缺乏统一的绿色市场，可能会使不同地区绿色市场中的产品标准不一致，消费者在选择上难以把握，会影响消费者对绿色产品的选择，绿色消费范围难以扩大。如果能够形成统一的绿色产品市场，则会增强消费者的品牌忠诚度，有利于企业绿色产品的销售。

5.2.5 绿色消费宣传力度

对绿色消费宣传力度的大小会影响到人们对绿色消费的选择。在绿色消费的宣传上，我国已将其上升到政策层面。1992 年成立了“中国绿色食品发展中心”，制定和推行绿色食品的各类标准，认证绿色食品；实施绿色食品产品质量监督和标志商标管理等。1994 年，《中国 21 世纪议程——中国 21 世纪人口、环境与发展白皮书》提出要“引导建立可持续的消费模式”，指出我们不能重复工业化国家的以资源的高消耗、环境的重污染来换取高速度的经济发展和高消费的生活方式的发展模式，我们应当根据本国的国情，逐步形成一套低消耗的生产体系和适度消费的生活体系，使人民生活以一种积极、合理的消费模式步入小康阶段。1999 年以来商务部会同环境保护部等 13 个部门共同实施了以“提倡绿色消费、培育绿色市场、开辟绿色通道”为主要内容的三绿工程，并在 2001 年把该年的消费者权益保护日的主题定为“绿色消费”。国民经济和社会发展第十二个五年规划指出：面对日趋强化的资源环境约束，必须增强危机意识，树立绿色、低碳发展理念，以节能减排为重点，健全激励与约束机制，加快构建资源节约、环境友好的生产方式和消费模式，增强可持续发展能力，提高生态文明水平。并且进一步提出要倡导文明、节约、绿色、低碳消费理念，推动形成与我国国情相适应的绿色生活方式和消费模式。鼓励消费者购买使用节能节水产品、节能环保型汽车和节能省地型住宅，减少使用一次性用品，限制过度包装，抑制不合理消费。推行政府绿色采购，逐步提高节能节水产品和再生利用产品比重。将我国绿色消费理念提升到基本国策。

但从现实看，从绿色消费的宣传到具体实施还有一个过程，现实中人们对绿色消费还存在很多模糊的认识，因此，对生产者和消费者进行“绿色消费”的引导和教育宣传是非常重要的。

5.2.5.1 绿色消费宣传有助于提倡健康的生活方式，转变传统消费观念

我国政府和民间环保人士近年来通过各种形式进行环保宣传教育，比如播放环保公益广告和有关的宣传纪录片、发放节水节能的宣传单、在小区内制作环保专栏、张贴绿色生活的海报以及进行“绿色社区”的建设和评比等。如果这些形式更加多样、更加贴近居民的生活、范围更广、持续的时间更长，那么就会对居民的环保观念和绿色消费行为产生长远的、间接的、潜移默化的影响，就会摒弃原来的不健康、不可持续的消费行为，并且这些观念和行为在得到不断的巩固和强化后会升华，最终形成绿色消费行为习惯。

5.2.5.2 绿色消费宣传有助于引导和优化舆论环境，形成绿色消费的氛围

当“绿色消费”刚开始被人们认识时，会受到质疑甚至抵制，这时通过相关的宣传可以让人们正确理解绿色消费的内涵和意义，使社会舆论回到正确的轨道上来。同时，通过对健康环保行为的支持和鼓励，消费者能够享受到绿色消费带来的好处，从而在亲朋好友之间进行宣传，这样使得更多的人进行效仿，全社会也逐渐形成以绿色消费为荣、以铺张浪费为耻的这样一种局面，营造人与自然、人与社会相协调的氛围。

5.2.6 绿色产品的价格

价值决定价格，价格围绕价值上下波动，这是商品市场中的价值规律。在绿色市场中，绿色成本包含企业在设计、技术、材料、包装、物流以及废弃物处理等方面的费用，因而比一般的产品成本要高。绿色产品的价格根据成本制定，也遵循价值规律，是消费者衡量该产品价值和品质的直接标准，售价也较高。

绿色产品的价格还可以体现绿色消费者的社会地位和经济收入。绿色市场在我国还不是很成熟，商品品种少、价格高，可以说现在还是属于高端消费市场。只有

经济实力较为雄厚的高收入阶层和绿色消费观念较强的阶层才有能力和意愿购买绿色食品、绿色家电、绿色化妆品、绿色住宅等。从这一角度来看，绿色产品价格是社会收入和地位的指示器。

价格还直接影响绿色产品的需求量。一般情况下，价格和需求呈反方向变动，价格高则需求量少，价格低则需求量大。在现实生活中，由于受购买力的限制，消费者非常看重产品的价格，以及质量是否可靠和产品是否适用，即“物美价廉”是购买产品时考虑的首要因素，并不关心该产品是否具有绿色标志，是否对自己、对环境造成不利影响。而绿色产品的价格远远高于同类产品的价格，这就超出了消费者的心理预期，所以绿色产品的需求量并不是很大。例如，我国环保型餐具虽然价格也不高，但比其他餐具要贵好几倍，这时消费者为了省钱宁愿选择后者。可见，绿色产品价格对绿色消费行为产生重要影响。

5.3 消费主体自身因素

消费主体政府、企业、消费者的购买态度、购买能力及对绿色产品的判别能力会影响绿色消费的实施。

5.3.1 消费主体的购买态度

消费主体的购买态度是指消费主体在购买和使用商品活动中对商品、劳务及其有关事物形成的反应倾向。在现实生活中，消费主体的态度决定着消费主体注意的对象、对有关产品（服务）信息的加工、对该产品（服务）的体验及对有关对象的反应倾向。[①]购买态度越强烈其购买行为越强。

消费主体的购买态度对绿色消费行为的影响，主要通过以下 3 个方面体现出来。

5.3.1.1 消费主体的购买态度将影响其对绿色产品、商标的判断与评价

哈斯托夫（A. H. Hastorf）和坎特里尔（H. Cantril）将普林斯顿大学和达得毛斯大学两校校队足球赛录像分别放给两校学生看，结果，普林斯顿大学的学生发现

① 朱姝：《消费者行为学》，上海：华东理工大学出版社，2009 年版。

达得毛斯球队犯规次数比裁判实际判处的多两倍；达得毛斯大学的学生则恰好相反，更多地指出普林斯顿球队犯规而未遭处罚的次数。显然，这是两校学生维护各自学校荣誉的立场和期望本校球队获胜的积极态度造成认知判断上偏差的。[①]这种情况也经常出现于消费者选购商品之时。以深绿色消费者为例，这些消费者在生活中践行绿色消费观念，对绿色产品形成了安全、健康、环保、可靠的信念和态度，因此他们更具有在消费场所愿意多花钱来购买绿色产品的倾向。

5.3.1.2 态度影响消费者对绿色产品和绿色企业的学习兴趣与学习效果

态度对消费者的学习兴趣会产生重要作用。对此心理学家琼斯（E. E. Jones，1956）做了如下实验：他们以两组美国南部的白人大学生为被试者，第一组反对黑白人分校，第二组赞成黑白人分校。然后让被试者朗读 11 篇“反对黑白人分校”的文章，并请他们尽量把所读的文章完整地写下来。结果显示，第一组所记忆的材料远远超过第二组。可见，与既存态度更贴切的材料更容易被记忆和提取，而与个体信念、价值观违背的材料更容易被忽视或歪曲。换言之，态度承担着过滤器的角色。同样，绿色消费者通过网络、报纸、杂志等来源获得绿色产品信息时，也会对绿色企业、绿色产品持有不同的态度，产生先入为主的印象，从而更有意愿和兴趣做进一步的理解。

5.3.1.3 态度通过影响消费主体的购买意向，进而影响购买行为

佩里（M. Perry）曾进行的一项研究显示，态度与消费者购买意向存在直接联系，抱有善意态度的被试者怀有明确的购买意向；抱有恶意态度的被试者，完全没有购买意向；漠不关心的消费者则对将来是否购买持观望和不确定状态。由此得出的结论是：购买意向是产品或品牌态度的函数，即态度能在很大程度上决定消费者的购买意向。绿色消费者在了解了详细的生产过程和绿色产品的信息之后，就会抱有一种尝试的心态，逐渐形成绿色产品的购买意向，从而进行绿色消费。

5.3.2 消费主体的购买能力

本节以消费者作为主体分析。消费主体的购买能力主要可以通过消费者的收入反映。消费者的绝对收入、相对收入、现期收入、预期收入都会对消费心理与消费

---

① 姚山季、张立、王永贵：《消费者行为学》，天津：南开大学出版社，2009 年版。

行为产生影响。

消费者的绝对收入变化是指消费者所获得的货币收入及其他物质形式收入的总量升降变化。对大多数以工资收入为主要形式的消费者来说，影响其心理变化的主要因素是货币收入绝对数额的上升与下降。一般来讲，消费者货币收入增加时，其对绿色产品的心理需求欲望也随之增强。反之，消费者货币收入减少时，其对绿色产品的心理需求欲望也随之减弱。

消费者的相对收入变化是指消费者的绝对收入相对于其他消费者的绝对收入发生变化，其变动幅度大于或小于其他消费者绝对收入的变动幅度。当相对收入提高时，消费者可能提高自己的消费层次，从而尝试或增加对绿色产品的购买；反之，消费者将减少绿色消费或改变绿色消费结构。消费者的现期收入是指在当时条件下消费者的收入水平。它不反映社会其他因素对消费者收入的影响，而只反映当时消费者的收入总量。①

消费者的预期收入是指消费者以现期收入为基础，以当时的社会环境为条件，对今后收入的一种预计和估算。预期收入对消费者行为的影响主要是调节消费者在现期消费与未来消费之间选择。如果消费者的预期收入相对高于现期收入，那么出于对社会前景和个人能力的信心，他将会增加现期消费支出，甚至借钱消费。相反，如果消费者预期未来收入下降，那么他将会增加储蓄减少现期消费，使自己的消费维持在一定水平，以保证生活品质不会下降。由于绿色产品的价格比一般产品价格更高，所以消费者的预期收入变化使其在绿色产品的购买上更加谨慎。

5.3.3 消费主体对绿色产品的判别能力

这种判别能力指的是对绿色商品识别、辨认的能力。判别能力的高低取决于消费主体对绿色产品的知识掌握和认知程度，如果消费主体对绿色产品的知识渊博、认知度高，其判别能力就强；相反，如果消费主体对绿色产品的知识掌握不够、采用的方法不科学，难免会影响到对绿色产品的辨别，从而影响到对绿色产品的购买。

鉴别绿色产品真伪的最好办法就是看其绿色标志。目前我国的绿色产品标志分为两种。一种是绿色食品标志，是中国绿色食品发展中心在国家工商局注册的质量

---

① 温孝卿、史有春：《消费心理学》，天津：天津大学出版社，2004 年版。

证明商标。在绿色食品的包装上，既印有“绿色食品”标志和“经中国绿色食品发展中心许可使用绿色食品标志”字样，又贴有防伪标签，该标签上的编号与产品标签上的编号一致。消费者在购买绿色食品时，可向商家索要绿色食品标志使用证书，以此来保护自身的权益。另一种是中国环境标志，是由环保部门、经济综合部门、科研院校、质量监督部门和社会团体等方面专家组成的中国环境标志产品认证委员会认证。该类产品上面标有“中国环境标志”字样。但是，调查结果显示，目前消费者判别绿色产品的依据并不科学，消费者在购买绿色产品时，依据的标准不同，有的是“根据产品包装上的绿色标志做出判断”，有的是“根据自己的认识进行判断”，有的是“根据营销人员的介绍或广告宣传进行判断”，甚至有些根本就无法进行判断，盲目性较大。也就是说，大多数消费者无法对绿色产品作出科学判断。

可见，消费主体对绿色产品的判别能力在很大程度上影响着消费主体的绿色消费行为。

总之，影响绿色消费行为的因素有社会因素、市场因素、消费主体自身的因素，对这些因素进行综合分析，并根据这些影响因素，适时进行调整，可以引导我们更好地进行绿色消费。

第 6 章

绿色消费引导

绿色消费的实现受多种因素的影响，而要实现绿色消费，除了要采取措施使影响绿色消费行为的不利因素减弱之外，还需要从绿色消费观念、绿色消费政策上进行引导，并对生产者、消费者进行绿色消费教育。

6.1 绿色消费观念引导

绿色消费观念的形成需要全社会的共同努力，从生产和消费两个层面分别对生产者和消费者进行引导。

6.1.1 对生产者的引导

绿色消费将引起生产领域的大变革。绿色消费需要的全球化，使世界各生产企业管理者管理观念得以更新：生产者不能将环境因素置之不顾，要迎合绿色消费需要，他们不得不研发出新的绿色产品；而要创造这样的产品，则必须淘汰落后的生产模式，进行清洁生产；生产出来之后，还需实行绿色营销，为企业打造绿色环保形象。因而，绿色产业将不断扩大，绿色产品将在全球盛行，正如美国权威经济学家们预言：绿色经济将成为 21 世纪世界经济发展战略的重点。在这种趋势下，我国的企业必须转变生产经营观念，来适应世界潮流。

6.1.1.1 加强对员工的环境教育

环境教育以人类和环境的关系为核心，包括培养对环境问题的意识、提高对人类活动与环境相互作用的理解力、培养解决环境问题的技能和帮助形成正确积极的环境价值观和态度。环境教育从对象上来看，是全民教育，具有全民的特点。对于企业来讲，员工是企业的主体，因而加强对员工的环境教育非常必要。

首先，企业的领导要认真学习可持续发展观，树立环境道德观念和环境责任感，形成绿色经营理念，制定绿色管理战略。其次，工程技术人员要有专业的环境知识，具备环境监测和控制的相关技术，在设计到制造过程中把污染控制到最小化，转向绿色生产，使生产效率得到提高。最后，员工要有“绿色消费”“绿色产品”和珍爱人类生存环境的意识，从而使“绿色、生态、环保”的理念深入人心。从发达国家的经验来看，企业高层领导虽制定了绿色管理战略，但也需要员工的积极配合，才能使战略贯彻落实。

6.1.1.2 提高企业家素质，转变企业家观念

目前对企业的认同还停留在其对经济效益的取得上。一般认为，企业提供的产品越多、经济效益越好，越会被认为是“素质高”“生命力强”的企业。在这种社会氛围下，企业片面追求经济效益，而对生态效益重视不够。因此，要形成绿色消费观念，必须要从转变企业家观念着手。企业家的思想和观念决定着企业的发展方向，企业家应树立从建立传统企业到建立绿色企业的理念，从战略上把握企业的绿色走向，将绿色理念贯彻到产品的设计、研发、销售、管理各个环节，综合考虑产品对人、自然、环境的影响，从全局上控制和把握绿色产品的管理。

6.1.1.3 以清洁生产代替传统的粗放式生产

我国的资源总量在世界上排名较为靠前，但是人均资源占有量很贫乏，即我国的资源环境承载能力较弱。而我国的传统生产方式为高投入、高消耗，很容易导致资源的浪费，加速资源枯竭和能源危机，恶化环境，影响人类的生存。清洁生产则有效避免了这种外延式生产的弊端，将综合预防的环境保护策略持续应用于生产过程和产品中，能够减少或者消除它们对人类及环境的危害，又能满足人类的需要，真正实现经济效益和社会效益的共赢。企业实行清洁生产，提供绿色产品，可以体现企业的环保意识和社会责任，树立企业的绿色形象，有利于企业在众多生产者中脱颖而出，在市场竞争中获得有利地位。

6.1.1.4 加大绿色产品的开发力度，提升企业的国际竞争力

在国际上，绿色消费观念已经深入人心，绿色产品非常畅销，绿色市场也较为成熟。很多国家都制定了绿色产品的生产标准和认证制度，尤其在进口方面，建立了严格的环境技术标准和产品包装要求，规定了繁琐的检验认证和审批制度，保护本国的产品和市场。这种绿色贸易壁垒在一定程度上使我们面临着国外产品进得来、但我国产品出不去的困境。要想打破这种困境，就需要企业积极主动地迎合这种国际竞争的大趋势，以国际上的绿色消费需要为导向，加大绿色产品的开发力度，并努力使产品达到国际绿色标志，获得相关的环境标志认证，提高绿色产品的出口创汇能力，在国际市场上赢得一席之地。

6.1.1.5 全面拓展绿色消费领域，提高总体的绿色消费水平

绿色消费主要包括以下 5 个领域：环境标志产品、有机食品、节能产品等绿色产品；绿色服务业；生态建筑和绿色社区创建；公众意识和绿色消费意识的增强；政府绿色采购。在我国，绿色食品占有较大比重，而在其他方面消费者的选择余地有限。要提高绿色消费水平，就必须在上述 5 个方面都有所提高，才能为消费者提供一个良好的绿色消费环境，创造绿色消费动力。对于企业来说，提供绿色产品和服务面临着成本和技术等挑战，但这更是一个千载难逢的机遇，需要牢牢加以把握。

6.1.2 对消费者的引导

6.1.2.1 引导消费者养成适度消费的理念，摒弃西方消费主义价值观

改革开放以来，西方的各种思想和行为习惯逐渐被我国居民接受。在消费方面，呈现出以下几方面的特点：①重视物质消费，忽略精神消费。认为物质财富越丰富，消费的产品越多，生活质量就越高，生活也更幸福。②在精神消费方面，注重享受性和娱乐性消费，忽略发展性消费。有许多人宁愿把钱花在电影院和其他一些娱乐场所，而不愿花钱购买书籍、杂志等学习型的产品。③消费注重时尚性和奢侈性。现在产品更新换代的周期越来越短，这也给消费者提供了更多的选择空间。对于一些讲时髦的年轻人或者是经济能力较强的人群来说，这些消费品具有很大的诱惑力，因而会持续购买最新的产品和一些名贵商品，来体现自己的财力、身份和地位，进而获得社会优越感。

从环境方面来看，这种消费主义价值观会导致资源危机和生态危机。一方面，消费主义使仍具有使用价值的商品提前进入报废环节，并没有充分发挥其价值，这是一种浪费。而且要继续满足消费者对该类产品的欲望，生产者又要使用大量的自然资源来生产，形成对自然资源的无限索取，资源消耗总量不断攀升，逐渐超过资源的再生速度，这就带来了资源危机。另一方面，大量的浪费造成了大量的垃圾，这也将超越生态系统的自我修复和转化限度，造成环境污染和生态破坏。

因而这就需要我们认清国情，培养适度消费的观念。西方发达国家的经济水平较高，消费主义价值观有其存在的客观基础。虽然我国的政治、经济、文化和社会等方面发展较快，但是从总体上来说贫富差距很大，各地区的经济发展水平不平衡，仍然需要进行适度消费，在产品的选择上要有所取舍，尽量选择环境友好型产品。并且要更加注重精神消费中的发展型消费，把提高文化素质的学习型消费和强身健体、陶冶情操的文体型消费作为重点，从而提升生活质量和幸福感。

6.1.2.2 引导消费者节约资源，减少一次性、便利性消费，扩大绿色消费

据有关部门统计，目前全国每年快餐盒用量在 120 亿只左右，仅一次性塑胶泡沫快餐具全年消耗量就达 4 亿～7 亿只。这些用聚苯乙烯、聚丙烯、聚氯乙烯等高分子化合物制成的各类生活塑料制品难以分解处理，遇热水还会释放出有害物质，造成城市环境严重污染。[①]这些一次性用品对人体造成直接损害并对环境造成二次污染。一次性物品在制作过程中会使用有害人体的化学物质，这些物质在使用时遇热会释放有毒气体，这些气体被人体吸入后就会在体内慢慢沉积，最终使人患上一些呼吸道或者肠胃类的疾病，甚至导致中毒身亡，这对于人类的繁衍是极为不利的。一次性物品遭废弃后，一些高分子材料降解周期极长，在普通环境下可存在 200 年左右。有的材料会与空气中的气体发生化学反应，产生的物质会使臭氧层变得更加稀薄。而且这些有毒物质会通过大气循环、水循环等自然循环进入各种生态系统，对我们赖以生存的环境造成严重的污染。

为了使当代人和后代人能有美好的生态环境，我们必须尽量使用可持续性产品，做到物尽其用，减少浪费。一次性物品虽然价格便宜、使用便捷，但是总的来说弊大于利。我们应该避免使用一次性筷子、一次性餐盒、一次性塑料袋、一次性纸杯和塑料杯，多采用可循环使用的物品，真正践行绿色消费观念，履行我们每个

---

① 《少用一次性用品 减少资源消耗》，载《新疆农垦科技》2012 年第 2 期，第 60 页。

人对环境的义不容辞的责任。

6.2 进行绿色消费教育

绿色消费的实现不仅要在观念上进行引导，还要进行消费教育。

6.2.1 形成绿色消费氛围

良好的绿色消费氛围可以影响到周围人的消费态度和期望。也就是说，消费具有“示范效应”和“攀比效应”，一个人的消费会对周围人的消费产生效应，如果能够在全社会营造一种绿色、健康、文明的消费氛围，那么消费者就会受到人们绿色消费的态度和期望的影响，在一定程度上使自己的购物习惯趋同。

要形成绿色消费氛围，可以从以下几方面进行努力：①通过多种媒介进行广泛的宣传，逐渐转变消费者的消费理念。比如，利用电视、广播、报纸、杂志、网络等媒体提高公民的绿色消费意识；通过举办绿色社区、绿色学校、绿色家庭、绿色公交、绿色单位等评比活动，让社会上的每一个主体都参与进来，传播绿色消费知识；结合环境日、地球日、湿地日等与环保有关的节日，进一步说明节能降耗、建立可持续社会的重要意义。②将环境教育纳入国民教育体系中，形成小学、中学、高中、大学、职业教育的环境教育培训体系，把绿色消费教育纳入社会公德之中，提升公民的道德意识和社会责任感。③成立民间社会环保组织，并借助这些组织进行环保宣传。民间环保组织要充分发挥绿色消费的载体作用，定期组织相关的环保讲座，并招募一些社会影响力较大、热衷于公益事业、关注环境问题的社会名人和相关学者担任志愿者，宣传绿色消费知识，引导消费者进行理性消费，并联络消费者权益保护组织，解决消费者在绿色消费中遇到的权益侵害问题，增强消费者对绿色消费的好感和信心。

6.2.2 增强绿色消费意识

只有消费者具备较高的生态环保意识和强烈的社会责任感才能使绿色消费最终普及。近年来，越来越多的消费者意识到食品安全和环境保护的重要性，消费更倾向于健康化、理性化和绿色化，从日渐成熟的绿色市场就可看出这一点。但是总的来说，现阶段的绿色意识和环保意识距离绿色消费的要求还相距甚远，人们的“反绿色消费”行为还大行其道：大量生产和消费一次性用品；不关水龙头、不拔电源，用水用电存在很大的浪费；为满足新鲜感，乐于品尝各种珍稀动植物；为凸显雍容华贵，追求野生动物皮毛制品；过年过节时为了所谓的“面子”购买和赠送过度包装的精美礼品；只打印一面的纸张用完就扔；随手丢弃塑料袋、塑料瓶等。这些行为体现了一种扭曲的价值观，为树立绿色价值观产生了阻碍作用，不利于我们绿色消费意识的培养和形成。因而我们可以从下面两个方面来提高公众的绿色消费意识。

6.2.2.1 提高人们的生态文明意识

人类中心主义认为，人类的利益是价值原点和道德评价的依据，人类的一切活动都是为了满足自己的生存和发展的需要，自然是为人类服务的。我们现在很多人都持有这种观点，因而出现了上文所谈到的消费主义和享乐主义。但是正如恩格斯所说“我们不要过分陶醉于我们对自然界的胜利。对于每次这样的胜利，自然界都报复了我们。”[①]随着环境污染和生态破坏的加剧，大自然对我们的惩罚越来越频繁，这样一种观念再也不能适应现实的需要。我们需要树立的是“天人合一”的思想观念，使人与自然、人与人达到和谐统一。我们的任何活动和行为都要把环境考虑在内，要随时意识到自然资源并非是取之不尽、用之不竭的，如果自然资源枯竭，那么人类的生存就面临着严重的威胁。

绿色消费的核心是可持续性消费，也就是要保持消费的适度。这里的“适度”体现在以下方面：一方面，物质消费要适度。绿色消费要求人们不要把物质享受放在第一位，并不是说消费越多越幸福，而是要不断提高高层次的精神文化消费的比重，必须要反对物欲，反对享乐主义、消费主义。[②]要促进人的全面健康发展。绿色消费尤其不赞成超出自身能力界限去进行奢侈性消费和超前消费；另一方面，消费还需要考虑代际公平。代际公平是指当代人与后代人共享地球资源与生态环境，不能为了满足当代人的需求而过度使用后代人的环境资源，不能对后代人的生存和发展构成威胁。当代人与后代人相比，在资源的占有和使用上享有主动权，后代人不得不被动接受留下来的资源环境，所以更需要当代人合理利用资源，形成理性消

① 马克思、恩格斯：《马克思恩格斯全集》第 20 卷，北京：人民出版社，2008 年版，第 519 页。

② 尹世杰：《消费经济学》，北京：高等教育出版社，2003 年版。

费。由于个人消费观念往往是社交作用的产物，尤其易受高收入、高阶层、社会名流群体示范效应的影响。因此，政策制定者应从引导高收入、高阶层、社会名流群体的消费观念入手，最终引导和变革整个社会的环境意识和消费观念。

6.2.2.2 加强对循环经济的认知

循环经济是一种以资源的高效利用和循环利用为核心，以“减量化、再利用、资源化”为原则，以低消耗、低排放、高效率为基本特征，符合可持续发展理念的经济增长模式，是对“大量生产、大量消费、大量废弃”的传统增长方式的根本变革。循环经济并不是以牺牲经济、社会的发展为代价，而是达到环境效益、社会效益和经济效益的协同，获得“一加一大于二”的效果。

而现阶段我国居民对循环经济的认识存在不足。作为国内第一个循环经济生态建设试点城市，贵阳市仅有 33.43%的人初步了解“循环经济”“生态城市”的概念。[①]青岛统计局对 100 名市民的随机抽样调查显示，对于“循环经济”这一概念，52%的市民有一般程度的了解，26%比较了解，19%不太了解，2%完全不了解，仅有 1%很了解。[②]还有学者把对循环经济的认知分为“思想认知”和“行为认知”两个维度，并采用调查问卷方式计算出上海市闵行区公众对循环经济的“思想认知率”的平均值为 57.24%，“行为认知率”为 72.27%。[③]此外，企业对循环经济也存在误解，认为循环经济就是以环境保护为重心，不了解经济和环境之间的关系。

要使居民和企业对循环经济有正确深入的了解，就需要媒体充分发挥传播媒介的作用，对循环经济加以大力宣传和推广，让广大人民和企业都参与到环境保护的行动中来，做节约资源和保护生态环境的先锋。然后积极发挥民众的监督作用，对严重污染的企业鼓励群众积极举报。一些重大的环境事务实行社会公示和听证会制度，充分体现民意。企业要彻底转变生产经营观念，更加注重节约、注重效益和注重内涵式发展，打造企业的绿色品牌，诚信经营、以质取胜，来赢得消费者的信任和依赖。

---

① 《贵阳公众对循环经济认知不足》，2004 年 11 月 29 日中国新浪网，www.sina.com.cn。

② 《提高市民认知度推进循环经济快速发展——循环经济市民认知度专项调查报告》，青岛统计信息网，http：//www.stats-qd.gov.cn。

③ 燕华、林逢春、韩晓非等：《公众循环经济认知率调查：思想与行为认知差异》，载《生态经济：学术版》2010 年第 2 期，第 456～459 页。

6.2.3 提高对消费教育的认识

6.2.3.1 消费教育的相关内容

消费教育可分为狭义和广义两种。狭义的消费教育主要针对消费者，也可称消费者教育，是指对消费者所进行的一种有目的、有计划、有组织地传授有关消费知识和技能，培养科学的消费观念，提高消费者自身素质的社会活动。广义上来说，消费教育就是对消费者和生产经营者传授有关消费知识和技能，培养正确的消费和生产经营观念，提高消费者和生产经营者自身素质的活动。消费教育从形式上有 3 种，即灌输性教育、规劝性教育和惩戒性教育，在这些形式中应以灌输性教育和规劝性教育为主。[①]

消费对于国家、社会和个人都具有非常重要的影响，因而进行消费教育是我们必须长期重视的一项工作。具体来说，消费教育有以下几方面的作用：①消费教育有利于消费者转变观念，扩大内需。我国消费发展经历了几个时期，从重积累、轻消费，到追求时尚，甚至追求品牌、奢侈性消费，这些消费观念都太走极端，要么轻视消费，要么过量消费，都不利于人民生活质量的提高。因此，有必要开展消费教育，培养居民健康、科学的消费观，形成合理的消费环境，增加有效需求。②开展消费教育有助于帮助消费者辨别产品真假，维护消费者权益。由于一些不良商家利用消费者贪图便宜的心理而生产大量的假冒伪劣产品，相关部门对这些违规厂家执法不严，以及消费者严重缺乏基本的商品知识和辨别能力，假冒伪劣产品充斥市场。开展消费教育，能够帮助消费者掌握识别商品真假的方法和技巧，唤醒消费者的维权意识，从而使制假售假的企业失去市场份额。③消费教育有利于建立文明消费方式，实现绿色消费。我国现在还处于工业化时期，高污染、高消耗、低效益是其显著的特点。要从根本上转变经济发展方式和消费方式，达到科学、健康、文明、合理，就必须对生产者消费者进行消费教育，在整个社会形成适当节约消费、绿色消费的氛围，促进经济社会的和谐持续发展。

6.2.3.2 加强消费教育的措施

消费教育是一项复杂的工程，其复杂性是由消费教育对象的广泛性、消费知识

---

① 苏志平、徐淳厚：《消费经济学》，北京：中国财政经济出版社，1997 年版。

的多样性决定的。世界上的商品种类繁多，每一种商品都有自己的性能、作用和使用方法，而且同一种商品也有不同品类，要让每一种商品的功能、性质都能让消费者了解、接受，是一项复杂系统的工程。同时，人生的每一个阶段对消费品的需求不同，需要不断地补充有关商品的新知识和新技能，而且这是一个不断延续的过程，随着经济社会的发展，消费品会不断更新，人们对新商品又会有新的需求。因此，消费教育应该是一个长期的过程，对于一个人来说，可以说是终身教育，对人类来说是一个长期的过程，需要从以下方面进行长期的跟踪教育：

（1）加强家庭消费教育。父母是子女的第一老师，父母的言传身教对子女的行为习惯至关重要。要使子女具有良好的消费心理和行为，父母应该率先垂范、身体力行，从小就对子女进行健康消费教育，及时纠正子女的不良消费倾向，同时灌输正确的金钱观和理财观，让子女学会管理好自己的财务。引导家庭成员理性消费和绿色消费，从生活中的每一件小事做起，节约每一滴水、每一度电、每一份粮食，并且长期坚持。

（2）构建正规的学校消费教育体系。正规的学校消费教育是从幼儿园入托或上小学开始的。正规的学校消费教育包括：幼儿园消费教育、小学消费教育、中学消费教育、大学消费教育。要根据不同阶段学生的心理特点和消费特点进行不同的课程设置，而且该体系中需要包含以下 3 个方面的内容。

关于消费者权益的教育。消费者权益教育内容包括：①让学生意识到维护自己的消费权益所具有的重要性。如果不维护自己的权益，那么更多的消费者将会继续购买假冒伪劣产品，更多人会受到损害，甚至有生命危险。②介绍维护消费权益的法律和组织。向学生传授《消费者权益保护法》的相关规定，知道自己享有哪些权利，必要时要善于利用法律武器来解决消费问题。然后介绍消费者协会等组织的作用等。③让学生知道通过哪些途径可以维护自己的合法权益。当遇到不良商家时，可以找经营者协商解决，向消费者委员会投诉、向有关行政部门申诉、向仲裁委员会申请仲裁、向人民法院提起诉讼、请求新闻媒体曝光等。④在消费时怎样维护自身的权利，比如要索取凭证等。

关于生态消费的教育。目前我国的生态环境已经遭到严重的破坏，以至于威胁到人类的生存环境。实行消费教育，必须把生态消费教育摆在显要的位置。首先，要向学生讲述生态环境的功能和对人类的生产消费、全面发展具有重要意义。例如，一次性筷子的生产使森林面积减少，生态遭到破坏，废弃之后又会造成环境污染，这就浪费了大量的人力、物力和财力，减弱了环境的自净能力。其次，引导学生多购买或者多劝说家长购买绿色产品，如绿色食品、绿色冰箱和绿色空调等。最后，要传授相关的技能，如购买绿色产品时一定要查看是否具有绿色产品认证标志、是否标注生产日期等。

关于商品知识、消费技能的教育。学校可以利用实物来向学生说明产品的性能、用途和使用方法，培养学生的购买技能与技巧，以提高学生辨别真假、选择优劣的能力，然后怎样对商品进行保管和维修，才能既买到称心如意的商品，又使该商品经久耐用。学校可以组织消费知识和技能竞赛，充分调动学生的积极性和主动性。

（3）构建消费教育的网络体系。构建消费教育的网络体系，实质就是运用各种社会力量来传播消费技能和知识。具体来说，可从以下 5 个方面来进行：①调动全国各级消费者协会组成全国性消费教育网络，接受消费者的日常消费咨询。建立企业诚信评价等级制度和企业黑名单制度，向消费者提供消费信息，维护其消费权益；②与行业组织、生产和经营企业合作，建立消费教育基地，定期开展消费知识讲座，通过商品的比较试验使消费者有切身体验，提高消费者素质；③大众传媒是进行消费教育最持久、最经常也是最有效的形式，利用各种传媒如电视台、电台、书籍、报刊及各种文艺形式经常性地开展消费教育，以形成科学合理的消费文化；④建立计算机和热线电话咨询系统，让消费者更方便与相关组织的沟通，使消费更具理性；⑤与各大电信运营商合作，共同打造公益性消费短信发布平台，使消费信息更有效地传播到消费者手中。

此外，各种媒体也要鼓励企业诚信经营，对考虑社会效益和承担社会责任的企业要予以嘉奖，而对于非法经营、坑蒙拐骗消费者的商家要加以曝光使其丧失企业信誉，促使其纠正生产经营理念，营造良好的市场秩序。

6.3 绿色消费政策引导

绿色消费政策是国家根据一定的经济形势的需要使绿色消费顺利实现的各项方针、制度、具体措施的总和。运用绿色消费政策的目的在于引导生产者和消费者提高绿色消费的主动性，合理有效地利用资源和保护环境，促进经济可持续发展。

6.3.1 支持绿色消费的政策

6.3.1.1 增加城乡居民收入，完善收入分配政策

在增加城乡居民收入上，要根据各自的不同特点有区别地采取政策。对于城镇居民来说，增加就业机会是第一位的。通过增加就业机会，使城镇居民尽可能实现充分就业，从而增加收入。对于农村居民，增加收入的办法在于提高农业的产出，增加其附加价值，积极发展高产、优质、高效、生态、安全的现代农业，推进农业产业化经营，适当提高农产品价格，保证农民增产增收。同时，发展农业以外的服务业，如利用农业景观发展观光、休闲、旅游等绿色服务业，多渠道提高农民收入。

在收入分配上，也要努力缩小行业之间、城乡之间、地区之间的收入差距，使收入分配政策更为完善和合理。在国民收入分配上，要充分利用初次分配和再分配的功能，在初次分配中要提高劳动收入份额；在二次分配中，要提高转移性收入的比重。同时，要在全社会提倡慈善性活动，利用社会机制来援助低收入阶层，使全体人民的收入水平在一定程度上都能得到提高，进而提高消费绿色产品的能力。

6.3.1.2 运用劝说型政策工具

劝说型政策工具是指政府通过示范、劝诫、提供相关信息、进行行为指导、提供参与机会等方式来引导公众自愿支持与协助政策目标实现的措施的统称。[①]劝说型政策工具以参照群体对消费者的影响为依据。参照群体可能形成团体压力，影响消费者的态度和意见，从而决定了消费者对产品的选择和从众行为的发生。[②]要使消费者形成绿色消费意识，需要政府利用劝说型政策工具宣传绿色消费方面的知识和技能，转变消费者保守的消费观念。政府可以从以下几方面为绿色消费做出努力。

（1）利用社会传媒支持绿色消费。在信息时代，社会传媒的监督、引导作用是巨大的，政府可以通过制作绿色消费电视栏目、权威报纸上的环保专栏、绿色消费方面的图书、建立节能降耗的专门网站和网民互动、加大媒体对不进行绿色生产的责任企业的曝光和跟踪报道等形式引起人们对绿色消费的关注度，从而让消费者主动采取环保消费行为，起到支持绿色消费的作用。同时，要充分利用每年的“3·15”

---

① 万松钱：《推进绿色消费的政策工具选择》，载《辽宁经济》2012 年第 5 期，第 94～96 页。

② 吴臻：《参考群体对消费者行为的影响》，载《消费经济》1988 年第 5 期，第 8～13 页。

活动日，向消费者宣传绿色产品知识、曝光不合格的、假冒伪劣的绿色产品，维护消费者的合法权益。2014 年，中央电视台“3 • 15”晚会的主题是“让消费更有尊严”，就是从更高的层面上赋予消费维权的价值和意义，平等、友好对待消费者，让每个消费者愿意消费、能够消费、健康消费，为消费者进行绿色消费提供支持。

（2）发挥社会组织的影响效应。社会组织在推行绿色消费过程中发挥了重要作用。如由中国消费者协会提出并实施的“中国绿色消费年”（2001 年）活动，在全社会引起了巨大的反响，推动了绿色消费运动在我国的开展。从目前情况看，我国现在的环保民间组织还不是很成熟，这就需要政府的大力支持，同时以政府为纽带联合各级消费者协会、环保民间组织、高校绿色社团等多方组织，通过各种形式来调动各方面的积极性，全面推进绿色消费观念的普及。

（3）要激发企业进行绿色消费宣传的主动性。绿色企业要把绿色消费观带到学校、超市、社区，提高消费者对绿色产品和绿色企业的认知度。政府在这方面也可以给予相关的政策倾斜。让消费者接受并实行绿色消费的观念从而产生绿色消费行为，是一个渐进的过程，因此政府要在实践中不断摸索出行之有效的劝说型政策工具并一直坚持宣传下去。

6.3.1.3 建立绿色消费核算体系

目前绿色 GDP 核算还在初步阶段，绿色生产核算也有很多问题尚未解决，与绿色生产相对应的绿色消费也还没有独立的核算体系。为了测算消费过程对资源的消耗及对环境的损害程度，有必要建立绿色消费核算体系。绿色消费核算是对直接产生资源耗减与环境降级的行业所进行的消费活动进行的数量分析，它必须遵循一定的原则。

（1）绿色消费核算的原则。参照绿色生产核算的原则，绿色消费核算的原则主要有 3 个：平衡原则，即绿色最终消费等于最终消费与消费活动产生的资源耗减与环境降级之差，这与绿色生产核算的计算范围和口径上都是一致的；权责发生制原则，即哪个行业直接导致了资源耗减与环境降级就算到哪个行业，哪个活动或项目直接造成的就算到这个活动或项目，而不考虑间接造成的影响和后果；市场原则，企业或其他主体造成的环境影响不易直接测出，因而只能参照市场定价，比如排出的废水、废气和废渣由产生单位缴纳相应的排放费，对于达标排放的少收费，对于未达标排放的征收较高费用。

（2）建立绿色消费核算体系的措施。绿色消费的换算可以依据现有的消费核算，并结合基于绿色 GDP 的投入产出核算进行。绿色消费从消费额中扣除的资源耗减与环境降级的内容与服务业计算绿色增加值时所作的扣除类似。从理论上讲，生活消费污染是消费活动产生的，服务业产生的污染是生产活动产生的。但是，这两者又难以区别，因为服务业的活动是生产活动与消费活动同时完成的，比如在餐馆和食堂吃饭产生的污染计算在餐饮服务业，在家自己做饭产生的污染计算在消费活动；同样，衣服在洗衣店洗产生的污染计算在服务业，在家洗则计算在消费活动，但产生污染的原因并没有本质区别。此外，值得说明的是在绿色 GDP 投入产出表中计算分行业绿色增加值时只能采用生产法和收入法，这两种计算方法都不包括消费活动，因此，只能把消费活动产生的污染放在服务业中的环境管理业，便于从增加值中作相应的扣除。

再来讨论绿色消费核算的具体方法，绿色消费核算是从消费额中扣除消费活动产生的资源耗减与环境降级，在具体核算时，先要确定哪些属于消费活动产生的扣减内容。依据绿色消费和绿色生产的关系，可以比照计算绿色 GDP 时所要扣除的内容逐项予以确定。①从资源耗减角度确定，前述的资源耗减是指矿物的耗减，森林中开采木材，水土流失对农业用地生产能力的影响，酸雨对农业、林业的影响等，而这些扣减项与消费活动的直接联系不大，因为消费活动消耗的资源型产品主要是工业性产品。但淡水资源除外，虽说淡水资源是循环的，但是作为严重缺水地区，有必要从消费活动中扣除水资源费。②从环境降级角度确定，前述的环境降级是指对鱼的过度捕杀，原始森林中开采燃材和木材，猎取野生动物，残余物排放对水、空气、鱼类和野生森林的质量的影响，这其中直接与消费活动有关的扣减项是残余物排放，包括废水排放、废气排放和产生的垃圾，在城市中还要考虑产生的噪声。由资源耗减与环境降级内容可知，绿色消费从消费额中需要扣除水资源费和未达标排放的残余物处理所需的虚拟费用。①

6.3.1.4 制定绿色产业政策

目前对“绿色产业”还没有一致的定义。从国外介绍的情况来看，绿色产业有狭义和广义之分，狭义的绿色产业主要是指直接与环境保护相关的一些产业，一是提供各种环境保护装备产品的企业集合，二是对消费或生产所遗留的废弃物品进行处理的企业集合。广义的绿色产业是指对环境和谐友好的各种企业集合。所谓对环

① 廖明球：《绿色消费的核算与分析——以北京市为例》，载《首都经济贸易大学学报》2011 年第 1 期，第 94 页。

境和谐友好，是指在产品的生产过程中不产生污染，产品进行消费过程后对环境也不造成污染或破坏。[①]我国的绿色环保产业虽然已经初具规模，但还远未形成规模化生产，研发能力非常薄弱，产品的科技含量不高，而且假冒伪劣产品混杂在绿色市场之中。因而政府要加大对绿色产业在资金和技术方面的支持，设立专门的绿色产业发展基金，以专门的融资渠道解决绿色产业发展的资金问题。并利用税收减免等形式来支持使用再生资源、生产绿色产品的厂家和废旧物资回收与综合利用的企业，同时，要利用优惠条件引进国外尖端技术人才，攻克绿色产业面临的技术难题，通过绿色产业政策的实施，促进绿色消费的发展。

6.3.2 刺激绿色消费的政策

6.3.2.1 创新消费金融机制

消费金融是面向社会各阶层消费者提供消费贷款的现代金融服务方式。[②]我国目前已经出现了专业的消费金融公司，但是现在处于试点阶段，只能为个人耐用消费品和一般用途个人消费提供信贷，对于绿色消费方面的金融创新更是缺乏。因而消费金融公司需要适应绿色消费的大趋势，不断推出绿色消费金融业务品种，建立客户绿色档案，对浅绿色消费者、中绿色消费者和深绿色消费者的信用额度、利率、还款期限和还款方式等方面实行不同的优惠信贷服务，提高消费者绿色消费的能力，促进绿色产品的生产和销售。

6.3.2.2 构建绿色融资机制

绿色产业发展困难的原因之一就是资金短缺。因而，多渠道募集资金、增强融资能力是绿色产业发展的迫切需求。除了前面所说的政府进行税收减免之外，政府还可以引导资金雄厚的绿色产品生产企业发行公司债券、企业债券、短期融资券、中期票据等，并支持符合条件的大中型环保企业上市进行融资。鼓励风险投资机构将资金投向环保领域。银行等金融机构可以推出绿色期权、碳排放权抵押等新兴金融产品，为低碳环保企业筹集资金。同时，政府也可以发行绿色彩票以吸收社会闲散资金，该彩票可以按照体彩、福彩的发行惯例，将彩票募集到的资金的 50%以奖

---

① 江德森、肖艳、任淑霞等：《绿色食品及其产业化》，长春：吉林人民出版社，2004 年版。

② 杨煦、彭新宇、刘丹侠：《以绿色金融政策促进绿色消费发展》，载《长沙理工大学学报：社会科学版》2011 年第 5 期，第 86～89 页。

励的形式返还给彩民，20%用做发行费用，30%用做生态保护、环境治理，由专门成立的基金会管理使用，从而支持绿色环保产业的发展。

6.3.2.3 完善绿色信贷制度

绿色信贷可以帮助和促使企业降低能耗、节约资源，将生态环境要素纳入金融业的核算和决策之中，扭转企业污染环境、浪费资源的粗放经营模式，避免陷入先污染后治理、再污染再治理的恶性循环。实施绿色信贷，也体现了金融业的环保责任，促成金融与生态的良性循环。①银行等金融机构要根据贷款投向企业或项目对环境影响程度及其面临的环境风险大小而对企业进行绿色评级。②不同的绿色程度具有不同的评级，不同的评级实行不同的贷款利率。对于限制和淘汰类新建项目，不得提供信贷支持；对于淘汰类项目，应停止贷款和收回已发放的贷款；对于环保型企业则提供低息甚至无息贷款。③要缩短银行绿色信贷的审批时间，为企业快速取得绿色贷款提供便利。

6.3.2.4 建立绿色保险体系

绿色保险是指与绿色经济有关的保险制度，其内涵不应限于环境污染责任保险。要建立绿色保险体系，推进绿色消费模式的形成。①面向废弃物经营企业、垃圾回收企业等环保企业，深入开展环境污染责任保险试点，尤其是对危险废物经营单位要强制实施，并将其作为发放环保专项资金和绿色信贷的优先考虑因素；②发展科技保险，尤其是针对企业开展高效节能技术和环境保护技术开发的保险，为消费品生产企业开展技术创新提供风险保障；③大力发展农业保险，分散农户发展有机农业的自然风险。鼓励商业性保险公司开发保障适度、保费低廉、保单通俗的农业保险产品，构建政策性保险对商业性保险公司的再保险体系，建立农业保险与财政补助相结合的农业风险防范与救助机制；④发展新能源汽车、节能环保住房等绿色消费信贷保证保险。

6.3.2.5 构筑社会信用支持体系

市场经济本质上是信用经济，信用是市场经济的命脉，构建社会信用支持体系是绿色金融的基础。一方面，要把安全生产、环境行为和违法行为等行政执法的相关信息纳入人民银行企业信用信息基础数据库，为银行进行绿色信贷提供参考。另一方面，要把消费者个人的绿色信用信息纳入人民银行全国统一的个人信用信息基础数据库，从银行、工商、税务等部门的联合征信做起，逐步建立健全个人信用档案、个人基本账户制、个人信用调查与报告制，以及个人信用评估体系，尽可能地降低消费金融风险。与此同时，要设立绿色信用评级标准，建立和完善信用数据库，实现各金融部门之间以及与工商、银行、财政、电信等有关部门的信用信息共享制度，从多个方面共同推进绿色信用体系建设。

6.3.2.6 建立绿色消费税制

第一，将“三废”污染和噪声污染企业纳入征税范围，完善税目结构。比如煤炭、天然气、一次性物品生产企业等涉及资源能源的使用和污染的企业都需要交纳税收，从而达到节约资源和减少污染的目的。第二，将消费税计税价格价内税改为价外税。[①]这样可以使消费者清楚地知道自己负担的具体税额，从而调整应税商品的需求量，有利于强化消费税的绿色功能。第三，提高非环保产品的消费税税率。按照应税对象对环境的损害程度和生产耗能程度设置税率，这两者中的任何一个或者两者的程度都很高，那么税率也相应地更高。第四，利用税收优惠使消费者进行绿色消费。对于节能型产品少交或不交税，使这些产品具有价格上的优势，从而引导公众选择这些产品。

6.3.3 利用价格杠杆调节绿色消费

要发挥价格杠杆对调节绿色消费的作用，就需要有效地运用市场机制，让价格来调节供求关系。但是市场也存在着自发性、盲目性和滞后性等缺陷，就需要政府利用价格杠杆弥补市场失灵，对一些重要产品和服务的价格进行适当干预。对于绿色消费来讲，更需要政府利用价格杠杆进行管理。

6.3.3.1 对不同的行业实行不同的价格政策

对于高能耗、高污染的行业实行高价能源政策，而对于资源节约型、新能源和再生能源行业实行低价政策，从而达到资源的优化配置。①进行水价改革，以促成节约用水的氛围。深化自来水差别化价格制度，提高排污标准，对于用水量大、污水排放量大的企业实行高水价政策，发挥价格杠杆在调节水资源方面的作用。②实行差别电价政策。电力供应直接影响国民经济和社会发展。要构建资源节约型、环境友好型社会，需要利用价格杠杆对限制或淘汰行业实行高电价政策，以逐步淘汰这些产业，促进产业优化升级。③对于节能型、环保型产业进行价格补贴。现阶段

① 吴力佳、许珍君：《低碳经济环境下绿色消费税制的完善》，载《商业会计》2011 年第 8Z 期，第 35～36 页。

的绿色产品生产企业成本高、研发难度大、风险较大，在价格方面政府给予优惠可以在一定程度上减轻这些企业的负担，使该产业的规模逐渐扩大，使绿色产品更具有竞争力。

6.3.3.2 在同一行业内实行阶梯式累进价格机制

不仅要对不同的行业实行不同的价格政策，还需要在同一行业实行阶梯价格机制，这样能对资源的使用量化，使节约行为更具有测量性和比较性。要不断完善和推广在水、电、气、热和垃圾处理等方面的计量收费和阶梯收费，对于资源和能源使用量少的家庭和企事业单位予以嘉奖和鼓励，对于超过一定限额的家庭和单位要提高单位价格，使社会形成节俭之风。在垃圾的回收处理上，要建立生活垃圾、餐厨垃圾排放登记制度，对垃圾进行称重，不同重量阶段实行不同的价格，实行垃圾分类收集管理，鼓励废旧商品回收利用。

6.3.3.3 制定有利于绿色消费发展的价格体系和配套制度

一是要构建绿色产品价格补偿机制。通过绿色产品价格补偿机制，有效地促进绿色产品开发、促进人与自然和谐发展。在具体做法上，可以对绿色产品生产中技术性开发成本进行补偿，以弥补企业的绿色成本，将绿色产品经济效益的外部性转为内部化。并且要建立绿色产品服务付费的政策和制度框架，使整个体系更为完善。在绿色产品消费方面，对于低收入群体要给予适当的补贴，使他们也能消费一定量的绿色产品，提升其生活质量。二是运用市场手段和行政手段，平衡协调绿色生产者和消费者之间的利益关系，找到协作点、平衡点；运用价格手段鼓励资源生产率高、能源利用率高、具有绿色发展潜力的企业的发展。①三是要制定价格方面的法律法规并严格执行，对于诚信经营、定价合理、信誉好的企业颁发相关的荣誉证书，而对于虚报价格、价格严重偏离价值的企业要依法处理，保证绿色市场的正常运营。四是要培育良好的监督环境。本着公平、公正、公开的原则，建立政府定价成本监审制度和价格调整听证会制度，完善政府监管和社会监管。只有这样才能营造良好的绿色消费政策环境，才能提升居民的幸福感。②

---

① 吴承健、胡军：《绿色采购管理》，北京：中国物资出版社，2010 年版。

② 张远：《运用价格机制促进绿色消费的政策研究——基于对北京市实践的思考》，载《价格理论与实践》2010 年第 6 期，第 14～15 页。

第3篇

实现绿色消费的保障体系

绿色消费的实现需要有制度的保障。通过构建绿色消费环境、推广绿色消费技术、构建绿色消费制度、实施绿色消费战略来保障绿色消费的实现。

第 7 章

绿色消费环境构建

任何消费者的消费活动都是在一定的环境中进行的，消费环境是指消费者面临的、对消费者消费活动有一定影响的、外在的、客观的因素，这些因素对人的消费影响很大。绿色消费的实现不仅靠对绿色消费进行引导，构建绿色消费环境也是必不可少的。构建良好的消费环境，有利于充分发挥消费对经济增长的拉动作用。《“十二五”规划纲要》就建立扩大消费需求的长效机制中提出要营造良好的消费环境。良好的绿色生态环境、市场环境、社会文化环境将会提升人们进行绿色消费的积极性并获得身心愉悦。

7.1 消费环境分类

根据不同的标准，消费环境可以进行不同的分类。一般来说，根据人与自然、人与人的关系，将消费环境分为消费的生态环境、市场环境和社会文化环境。

7.1.1 生态环境

生态环境不单纯指自然环境，它是一个复合生态系统，涉及水资源、土地资源、生物资源、气候资源等，它们之间是由一定的生态关系联结的。重视生态环境的保护关系到人类的生存和发展，关系到社会经济发展的可持续性，是科学发展观的内在要求。随着经济社会的发展，环境保护能力及意识得到加强，我国对生态环境的营造和保护日益重视。特别是改革开放以后，“三北”防护林、长江中上游防护林、沿海防护林等一系列林业生产工程得以实施，黄河、长江等七大流域水土流失得到综合治理，推广旱作节水农业技术治理荒漠化，草原和生态农业建设得以提高。显然这样的生态环境建设活动对人类生存发展、国民经济和社会可持续发展作出了意义深远的巨大贡献。然而，与此同时，恶化环境的活动仍屡见不鲜，环境恶化的现象也常常让人触目惊心。有些地方官员追求政绩，盲目搞大开发，不惜以牺牲环境为代价换取经济增长，“以经济建设为中心”，被扭曲为“以 GDP 为中心”。从我国目前情况看，生态环境形势不容乐观，面临的问题主要反映在：

（1）自然环境资源可利用率不高。我国国土面积在世界排名第三，但是山地、高原、丘陵面积就占国土面积的 69.27%，沙漠、戈壁、冰川、永久冻土及石山、裸地等面积就占国土面积的 28%。这种类型的土地利用率不高，而且容易引发山崩、滑坡、泥石流等危害严重的地质灾害。同时，由于人口多，我国人均土地实际占有面积不高，只有 0.8 hm^2，是世界平均水平的 1/3。

（2）清洁水资源日益紧缺。水资源问题是我国“十二五”时期重点要考虑的问题，随着经济的发展，人们对清洁饮用水的需求日益增大，但我国水资源长期的浪费和污染现象使我国面临着不容乐观的水环境。根据国家发展和改革委员会的一项报告显示，我国 1/4 的居民无清洁饮用水。①

（3）森林覆盖率仍然低下。我国生态环境恶劣、自然灾害频繁的主要原因是森林覆盖率低，且分布不均。因此，国家正在加紧这方面的工作，我国“十一五”时期继续强化生态保护和农村环境保护，全国综合治理水土流失面积 23 万 km^2，完成造林 2 529 万 hm^2，森林覆盖率达到 20.36%，②有一定程度上升。

（4）多个生物物种趋向减少甚至灭绝：据估计，我国野生植物濒危比例达 15%～20%，其中，裸子植物、兰科植物等高达 40%以上。野生动物濒危程度不断加剧，有 233 种脊椎动物面临灭绝，约 44%的野生动物呈数量下降趋势，非国家重点保护野生动物种群下降趋势明显。一些农作物野生近缘种的生存环境遭受破坏，栖息地丧失，野生稻原有分布点中的 60%～70%已经消失或萎缩。部分珍贵和特有的农作

① 《我国水资源问题严重　低收入群基数大》，http：//info.yidaba.com/201103/091539421002100100021294103.shtml。

② 《我国森林覆盖率已达 20.36%》，http：//www.cityphotos.cn/picture/albumpic.aspx？aid=87363。

物、林木、花卉、畜、禽、鱼等种质资源流失严重。一些地方传统和稀有品种资源丧失。①

7.1.2 市场环境

消费的市场环境是指消费者面临的对其有影响的有关法律、经济、技术、竞争等方面的因素。

在我国，消费的市场环境不佳，已经暴露出很多问题。以不正当手段非法逐利、欺骗消费者的现象屡禁不止，质量低劣、以假乱真、以次充好、虚假承诺等屡见不鲜，以致消费者缺乏放心消费的物质和心理基础。

（1）产品和服务质量堪忧。有些生产经营者公然违反国家有关产品质量的规定标准，以偷工减料等方式降低产品成本，致使产品质量大大下降。比如，“苏丹红事件”、“甲醛啤酒事件”、中国出口欧盟产品质量风波、震惊中外的“三聚氰胺事件”、地沟油、瘦肉精、陕西榆林学生奶中毒、广东中山“墨汁粉条”以及“速成肉鸡嗑药”等质量事件。根据国家质检总局 2012 年最新公布的产品质量公告显示，产品质量不合格的现象或多或少存在着。比如，对 8 个省、自治区、直辖市 50 家企业生产的 50 种植物蛋白饮料产品，包括杏仁露、核桃乳、椰子汁、花生露、豆奶饮料等品种的抽查发现有 4 种产品不符合标准的规定，不合格率达 8%。②

（2）假冒伪劣商品仍不时被发现，我国市场管理制度仍不够完善。2012 年 12 月 26 日，宁夏打非办在石嘴山市大武口区一举捣毁两个非法储存假冒伪劣烟花爆竹的窝点，两间库房内约有烟花爆竹 5 700 件，总价值近 60 万元。③

（3）商业欺诈现象仍非常严重。2011 年，国家发改委曝光百盛、国美等商家价格欺诈：优惠折扣价、返券促销价高于原价；降价促销时虚构原价；预存金额促销时不如实标示附加条件等。2012 年，一些电商为了赚取点击率，同时吸引顾客购买商品，频频打出虚假广告，如 11 月 11 日特惠、12 月 12 日全场 5 折等。结果

---

①《关于印发〈中国生物多样性保护战略与行动计划〉（2011—2030 年）的通知》，http：//www.zhb.gov.cn/gkml/hbb/bwj/201009/t20100921_194841.htm。

②《关于公布 2012 年 30 类产品质量国家监督抽查结果的公告》，质检总局 2012 年第 120 号公告。

③《宁夏：销毁非法储存假冒伪劣的烟花爆竹 5700 件》，http：//news.cqnews.net/html/2012-12/28/content_22971475.htm。

都以缺货为由欺骗消费者而告终。这损害了消费者权益，所以消费者投诉不断增加。据统计，2010 年和 2011 年，广州市工商局 12315 指挥中心接到消费者对通信服务业的投诉共 26 525 宗，占投诉总量的 19.67%，主要涉及多收费、乱收费、强迫消费者接受“霸王条款”等。①

总之，我国消费的市场环境不佳，影响了消费者满足自身需求，损害了消费者利益，抑制了绿色消费。在我国，消费的市场环境主要通过以下方面来反映。

7.1.2.1 法律环境

法律环境是指中央或地方政府颁布的各项法律、法令、法规、条例等。国家的方针、政策压抑或鼓励消费。政治与法律制度应该也能够成为提供安全、规范和有序的消费环境的保障。我国正积极改革原来抑制消费的政策，变为鼓励消费政策。国家还对绿色消费提供了相应的配套政策，促进消费的发展。如“三绿工程”②配套政策等。我国已陆续出台了一些资源保护、环境保护、推进绿色消费方面的法律法规，在新修订的《刑法》中，增加了破坏环境资源保护罪的规定，为强化环境监督执法、制裁环境犯罪行为，推进绿色消费提供了强有力的法律依据。2014 年 3 月 15 日正式实施的新《消费者权益保护法》明确提出了消费者协会应当向消费者提供消费信息和咨询服务，提高消费者维护自身合法权益的能力，引导文明、健康、节约资源和保护环境的消费方式，从法律上保障了绿色消费的施行。

7.1.2.2 经济环境

经济环境是指一个国家的经济资源、经济条件、经济运行状况、经济发展趋势和经济政策倾向等。它是决定民众就业、生存与发展的因素，直接或间接地影响消费者的收入、财产等状况，进而影响消费者的购买能力和支出模式。而可支配收入的提高是提高居民生活水平、拓展消费领域的内在动力与保证。

经济环境对消费有促进或制约作用。不同体制下的政策对消费所起的作用不同，计划经济体制片面强调积累，抑制了消费；社会主义市场经济体制则逐步走向鼓励并促进消费的方向发展。

---

①《广州 12315 投诉统计：电信服务业消费投诉常居榜首》，http://www.ce.cn/macro/more/201212/27/t20121227_23980982.shtml。

② “三绿工程”是由商务部、中宣部、科技部、财政部、铁道部、交通部、卫生部、工商总局、环保总局、食品药品监管局、国家认监委、国家标准委 12 个部门联合实施的，以建立健全流通领域和畜禽屠宰加工行业食品安全保障体系为目的，以严格市场准入制度为核心，以“提倡绿色消费、培育绿色市场、开辟绿色通道”为主要内容的系统工程。

从我国消费的经济环境看，总体上有所改善，主要表现为人均可支配收入持续增长，2013 年全年城镇居民人均总收入 29 547 元。其中，城镇居民人均可支配收入 26 955 元，比上年名义增长 9.7%，扣除价格因素实际增长 7.0%。全年农村居民人均纯收入 8 896 元，比上年名义增长 12.4%，扣除价格因素实际增长 9.3%。①为进行绿色消费提供了物质基础。

另外，消费者信心指数②反弹。中国经济景气监测中心的研究报告指出，消费者信心指数自 2011 年 6 月到 2012 年 10 月大致呈波浪形起伏，先从 108.1 跌至 97.0，而后缓慢上升至 104.2，然后又跌至 98.2，直至 2012 年 10 月升至 106.1。③尼尔森大中华区总裁严旋表示，2012 年第三季度消费者信心指数稳定，是低通胀率、城乡居民可支配收入的两位数增长以及政府出台的刺激消费措施共同作用的结果。④消费指数的提升，一方面表明消费者对经济状况的满意度提升，另一方面可能预示着消费者对消费品的购买热情上涨。这为进行绿色消费提供了空间。

与此同时，我国消费的经济环境还存在一些问题，主要表现在我国收入差距过大。据报道，改革开放以来，我国反映居民收入分配差距的基尼系数由 1978 年的 0.3 增加到 1995 年的 0.445，2010 年更飙升至 0.61。⑤这一数据不仅超过了国家统计局规定的上限 0.35，而且超过了国际警戒线 0.4，还超过了引起社会不稳定线的警戒线 0.43，财富越来越集中在少数人手中。2013 年，全国居民收入基尼系数虽然有所回落，但仍超过了 0.4 这一国际警戒线，达到了 0.473。收入差距过大，必然使部分民众心理失衡，老百姓的经济负担和心理压力加重，直接影响绿色消费的范围和程度。

7.1.2.3 技术环境

技术环境是指消费者面临的技术发展水平和应用水平等影响消费的因素。科学技术的发展使大部分商品的市场生命周期迅速缩短，更新换代更为快捷。以电子技

---

①《统计局：2013 年城镇居民人均可支配收入 26955 元》，http://finance.chinanews.com/cj/2014/01-20/5754948.shtml。

② 消费者信心指数（Consumer Confidence Index，CCI）是反映消费者信心强弱的指标，是综合反映并量化消费者对当前经济形势评价和对经济前景、收入水平、收入预期以及消费心理状态的主观感受，是预测经济走势和消费趋向的一个先行指标，是监测经济周期变化不可缺少的依据。

③《消费者信心指数（2012 年 10 月）》，http://www.stats.gov.cn/tjsj/jdsj/t20121119_402852249.htm。

④《中国基尼系数 0.61》，http://news.163.com/12/1211/06/8IE432H200014AED.html。

⑤《中国消费者信心指数反弹》，http://money.163.com/12/1107/02/8FM2KENR00253B0H.html。

术、信息技术、新材料技术和生物技术为主要特征的新技术革命，不断改造着传统产业，使产品的数量、质量、品种和规格有了新的飞跃，同时也使一批新兴产业建立和发展起来，即技术进步在抑制一部分落后商品消费的同时更多促进了新兴商品消费的扩大。不过，要注意到新兴科技的发展和新兴产业的出现，给消费者带来新的体验和消费方式的同时，也可能带来使用新产品的风险。安全无害、标准规范的技术才能真正促进消费的扩大。

7.1.2.4 竞争环境

消费者在消费过程中面临的竞争环境是各生产者相互竞争产生的结果。生产者之间竞争的内容、范围和激烈程度，对消费者面临的市场环境有非常大的影响。竞争会改变消费环境，既可能促进消费环境的改善，又可能恶化消费环境，从而影响消费者绿色消费的实现。比如，生产者之间的价格竞争。良性的价格竞争使消费者受惠，消费者能以更低的价格买到更多的商品。而恶性的价格战却在导致价格下降的情况下可能伴随产品质量的下降，有些生产者甚至为了降低成本不惜在产品中加入对消费者的身体构成危害的成分。

7.1.3 社会、文化环境

消费的社会环境是指消费者在消费时，面临的各种社会因素。任何人的消费，都无法脱离社会。马克思在《1844 年经济学哲学手稿》中曾经指出："活动和享受，无论就其内容或就其存在方式来说，都是社会的，是社会的活动和社会的享受。自然界的人的本质只有对社会的人说来才是存在的"。消费者生存和发展离不开各种社会关系，这些社会关系构成了消费者的各种集体。每一个消费者在消费时，其实都处于不同的集体或团体之中。消费的社会环境是消费主客体之外各种社会因素相互统一、互为补充、相互作用的系统，是消费环境中的一个子系统。它具有外在性、系统性、确定性和互补性。

消费的文化环境是指消费者在消费时，面临的约定俗成的传统、价值观、各种心理和行为规范等意识形态方面的影响和约束。什么是可以消费的，什么是不可以消费的，什么是恰当的消费，什么是不恰当的消费，总是遵循了某种社会合法性的逻辑。费瑟斯通在《消费文化与后现代主义》一书中提出："使用'消费文化'这个词是为了强调商品世界及其结构化原则对理解当代社会来说具有核心地位。这里有双层含义：首先，就经济的文化维度而言，符号化过程与物质产品的使用，体现的不仅是实用价值，而且还扮演着'沟通者'的角色；其次，在文化产品的经济方面，文化产品与商品的供给、需求、资本积累、竞争及垄断市场等原则一起，运作于生活方式领域之中。"消费文化，就是伴随消费活动而来的、表达某种意义或价值系统的符号系统。这种消费符号不同于一般意义上的功能性行为。通俗来讲，它表现为在消费活动中呈现出来的价值观——消费什么，通过何种途径消费，为什么消费此产品而不消费彼产品，以及消费者的消费习惯和心理等。这些都构成了消费文化。①

在我国，绿色消费的社会、文化环境状况总体堪忧，不良消费习俗、"消费流行"等情况仍然存在。消费习俗和"消费流行"均是影响消费心理和消费者行为的重要因素。消费习俗是指长年累月积累形成的约定俗成的消费惯例；"消费流行"是指社会上或一个群体中在一定时期内迅速传播或风行的消费心理和行为。当前，我国绝大部分地区仍然存在着炫耀性消费、奢侈消费、攀比消费、迷信消费、无意识从众消费、人情消费、面子消费和趣味消费等消费现象，消费庸俗化的问题严重，不仅浪费了大量钱财，而且助长了不良习气，污染了社会环境。

7.2 营造绿色消费环境

营造绿色消费环境，具有极其重要的作用。首先，促进人的身心健康和全面发展；其次，促进绿色消费的扩大；最后，促进经济、社会协调发展，构建"和谐社会"。总之，优化消费环境，有利于构建扩大消费的长效机制，有利于经济发展方式的转变，有利于解决资源短缺和生态破坏，有利于科学发展，有利于中国社会经济走上良性、可持续发展的轨道。

和谐的绿色消费环境要求消费生态环境、消费市场环境、消费社会环境和消费文化环境之间的和谐以及这些子系统各自内部的和谐。

① 史伟：《互联网环境下的消费文化探析》，载《应用研究》2011 年第 6 期，第 124～125 页。

7.2.1 营造绿色生态环境

人类的消费显然一刻也离不开有利的生态环境，生态环境作为必不可少的物质基础，为人类消费水平和消费质量的不断提高提供了必要的条件。然而，没有节制和不可持续的人类活动（特别是生产和消费）日益导致生态环境恶化。生态环境恶化又反过来造成资源供给数量减少、质量下降，影响人类的消费水平和消费质量，使人类的生存和发展面临极大的挑战。因此，营造良好的生态环境，促进生态平衡，提高消费环境的质量，应作为提高消费水平和消费质量、改善人类生存和发展水平的一项重要任务去完成。营造绿色生态环境是党的十八大提出的推进生态文明建设，推进绿色发展、循环发展、低碳发展的重要方面。

营造绿色生态环境，本质上就是要处理好人与自然、人类活动与自然环境的关系。首先，要明确营造绿色生态环境的重要意义；其次，树立可持续发展的科学发展观；最后，明确营造绿色生态环境的真正主体，坚持从我做起，从小处做起。总之，既要从思想上真正认识破坏消费环境的危害，又要以实际行动来营造绿色生态环境，改善并保护当代人及其子孙后代的长远利益。

营造绿色生态环境，必须符合“人与自然和谐相处”的要求，使消费者赖以生存的自然环境实现“生态良好”的目标。这是因为人们的消费需要，不仅包括物质需要和精神文化需要，也包括生态需要。生态需要对人的生存和发展，对满足人的消费需要，具有极端重要性。

绿色消费就是从满足生态需要出发，以有益健康和保护生态环境为基本内涵。反之，生态平衡遭破坏，生态环境遭污染，必然影响人的生存和发展。

营造绿色生态环境，具体要做到以下几点：

（1）增强环保意识和观念。充分认识环保的重要作用和破坏环境的巨大危害，并付之以实际的环保行为。加强宣传和教育，让环保观念和行为成为人们习以为常的生活习惯。

（2）制定和落实环境保护政策。要有“预防为主”的思想，采取“污染者负费”原则，强化环境管理，并贯彻落实《中国环境保护行动计划》《跨世纪绿色工程规划》等，使行动计划变为千百万人的具体行动。

（3）发展生态产业。保护生态环境，是推进经济社会又好又快发展的必然选择。

要营造良好的生态环境，就需要形成生态的产业，大力发展生态农业、生态工业和其他生态产业，形成生态化产业体系。企业要实行“清洁生产”，掌握绿色产品的技术、安全、卫生、环境标准及生产经营管理方面的规定及变化，将环境与资源费用计入成本，使环境和资源成本内在化，这样才能提高绿色产品的数量和质量，保护和培育优美的自然环境。

（4）节约利用自然生态资源。党的十八大报告指出，要大力推进生态文明建设。要全面促进资源节约，节约、集约利用资源，推动资源利用方式根本转变，加强全过程节约管理，大幅降低能源、水、土地消耗强度，提高利用效率和效益。因此，要做到以下几点：①转变“唯 GDP”观念，淡化 GDP 考核指标，在考核中增加生态的权重。②对生态环境资源的资本属性要加以承认和重视，并把它纳入经济成本核算中，提取生态资源税，并分得相应的利益，为保护、修复、改善生态环境提供经济基础。③发挥市场在促进资源节约和生态环境保护方面的决定作用，建立资源有偿使用和生态补偿制度，积极开展节能量、碳排放量、排污权、水权交易试点。

7.2.2 营造绿色市场环境

成功营造绿色市场环境，依赖于绿色法律环境、绿色经济环境、绿色技术环境和绿色竞争环境的营造。

7.2.2.1 营造绿色法律环境

为实现全面建设小康社会的奋斗目标、调动广大消费者的持续消费热情，整顿和规范市场经济秩序，推动我国产业的长期、持续、健康发展，提高广大消费者对消费的热情，必须以诚信为本，全面打造消费的良好法治与伦理环境。所谓“放心消费环境”，是指消费者的各项法定和约定权利能够得到最大限度的保障，真正实现消费者购买商品和接受服务的“零风险”，商家的售后服务诚信、负责，侵权和违约行为能够得到及时、公正、有效的处理，消费者不会因惧怕商家的欺诈行为而降低消费意愿，消费者的弱势地位得以逐步得到改善，从而在法律上和事实上都成为与商家真正平等的市场主体。

具体来说，营造消费者放心消费的绿色法律环境依赖于消费者、商家、政府、社会团体和中介机构各方的共同努力。

（1）消费者加强自我保护意识和维权意识。中国消费者自我保护和维权意识的提高，不仅有利于保护消费者个人的合法权利，更有利于对市场经济秩序的监督和对市场消费环境的整顿。

☞ 消费者应加强自我防范意识，交易前适当了解销售者及其产品，主动自觉寻求绿色环保产品，实施绿色购买行为；消费过程中应检查所购商品的各种绿色环保标志，谨慎购买。交易后保存购买发票或其他书面证明材料以防索赔。

☞ 消费者应充分了解自己的权利，通过合同扩张商家的法律义务，扩大自身的权利。在市场经济社会，商家与消费者之间发生的一切消费关系都是法律关系。消费者的权利很容易受到来自商家或者第三人（包括行业协会和政府部门）的伤害。成熟的消费者应当学会依法维权。消费者既享受法律规定的权利，特别是《消费者权益保护法》规定的九大权利；也享受消费者与商家约定的权利，即合同权利。消费者应关注和了解《合同法》有关或者服务买卖合同的一系列条款和规定，这有利于维护自身合法权益。例如，《合同法》规定了商家对消费者所负的先合同义务、缔约过错责任、合同附随义务、后合同义务、格式合同条款、商家违约行为与侵权行为竞合时消费者的选择权、合同解释规则（包括文义解释、整体解释、目的解释、诚信解释与习惯解释）、违约责任的追究等，即属此类。

☞ 消费者要学会利用法律途径维护自己权益。当消费者遇到消费纠纷时，要学会运用法律武器为争取权利而斗争，运用协商、调解、仲裁和诉讼等多种方式解决争议。

☞ 消费者应加强群体保护意识，消费者群体的普遍利益与单个消费者的具体利益是相互依赖、相辅相成的。消费者提起的公益诉讼，更是其中的典范，应予鼓励。

（2）商家实施措施，让消费者放心消费。

☞ 商家应具有绿色环保意识，根据政府“绿色”补贴政策引导、生产节能环保的绿色产品。

☞ 在商品上贴上绿色标签，以便于消费者选购绿色产品。营造绿色市场环境需要建设绿色企业，借助绿色标志。环境保护部环境认证中心官网上显示，根据 ISO 对不同环境标志的分类，环境标志应分为环境标志（Ⅰ型，简称

"十环Ⅰ型标志")、自我环境声明(Ⅱ型)、环境产品声明(Ⅲ型)。Ⅰ型环境标志由认证中心认证，是目前中国境内最权威的绿色环保标志。它的特点是有第三方的参与，是一种官方的产品证明性商标，获准使用该标志的产品不仅质量合格，而且在生产、使用和处理过程中均符合特定的环境保护要求，与同类产品相比，具有低毒少害、节约资源等环境优势。Ⅱ型环境标志的主体是企业，原则上只要求企业对其产品作自我环境声明，并不要求任何第三方组织对声明进行认证。Ⅲ型环境标志是基于全生命周期评价基础上的环境声明，声明的是产品对于全球环境产生的影响。由于我国目前并无全面开展Ⅲ型环境标志的基础条件，所以目前市场所见到的绿色标识只有两类，一种是由第三方颁发的，一种是由企业自己声明的。通过环境标志认证，消费者在进行绿色消费时有了依据，会更好地引导消费者去购买绿色产品。

☞ 商家应增强社会责任感，避免不安全、不健康、不环保和低质量的商品流向市场，从自身做起，严格控制商品质量，切实遵守国家法律法规和质量标准。

(3) 政府积极干预消费。

☞ 为了营造绿色的放心消费环境，政府职能部门要大胆地通过"尊重型干预""保护型干预""宏观调控型干预""促成型干预"与"给付型干预"，努力为消费者营造消费的良好环境。其中"尊重型干预"实质是不干预、少干预，尽量发挥市场这只"无形的手"在引导消费行为、调节消费供需关系方面的基础作用。"保护型干预"是指为保护相对生产者处于商品信息劣势的消费者的正当利益，政府应当及时运用法定的行政登记权限、行政监督权限、行政调查权限、行政处罚权限、行政调解权限，整顿和规范好市场秩序，确认有利于消费的商事行为的效力，坚决制止和打击损害消费者权益(尤其是安全权、知情权、选择权、公平交易权)的不法、不正当行为，为消费者和商家创造良好的公正交易与公平竞争秩序，努力培育和维持一个涵盖各类和服务的、成熟、开放、诚实、公平、统一的消费大市场。"宏观调控型干预"主要是指对国民经济进行宏观调控，包括政策引导、杠杆引导、信息引导、市场准入、行政指导、法律监督等。"促成型干预"是指政府间接地促成和帮助消费者与商家享受法定权利和利益，取得最佳的消费效果。“给付型干预”是指政府围绕消费政策，为了推动整体社会经济利益而直接进行的补贴、奖励和采购等。

☞ 政府运用税收手段引导生产者和消费者行为。发达国家在运用税收手段保护环境方面积累了宝贵的经验，它们基本上都形成了由多种环保税构成的环保税制，包括对排放污染物、高耗能耗材、城市环境和居住环境的污染、农村和农业的污染、自然资源的开采、核污染、奢侈消费等所征收的一系列税种。这种制度将消费的负外部性内部化，通过提高个体的消费成本来减少消费对社会的负外部效应，我们可以借鉴。我国要尽快健全环保税收体制，并加大环保税收的征管力度，引导生产者和消费者摒弃传统消费方式，形成科学消费方式。结合我国实际情况，通过运用税收手段来对现行消费税制进行调节，建立和完善促进低碳经济发展的绿色消费税制。

扩大征税范围，增加税目。为促进环保节能，应在广泛征求民意的基础上，尽早将煤炭和天然气等能源产品纳入消费税的征税范围。根据国家有关产业政策的指导，可以考虑将一次性纸制品、电子产品、汞镉电池、部分家电、不可降解的塑料制品、含磷洗衣粉、化学农药、化学肥料、机动车船等产品有选择地纳入征税范围。此外，应考虑将倾倒垃圾、在生产经营活动中排放的废弃物、制造噪声等不利于环保的行为纳入征税范围，强化税收对节能环保的调节功能。

将消费税计税价格模式由价内税改为价外税。所谓价外税，指的就是计税依据是不含增值税和消费税的销售额。这一模式使增值税与消费税的税基和计算方式完全一致，而且可将增值税专用发票制度延伸到消费税征税领域，形成增值税与消费税专用发票制度。价外税使消费者完全掌握自己所负担的具体税额，税收归宿更加透明，使纳税人了解消费产品所负担的税负，培养消费者纳税意识，可以促使消费者自动减少对应税商品或服务的需求量，从而起到促进节能环保和绿色消费的作用。此外，可以考虑将现行消费税征税环节扩至或移至消费环节。谁消费谁缴税的模式既有利于堵塞税收流失漏洞以增加税收收入，又有利于营造社会节能环保氛围，强化消费税的绿色功能。

提高不利于节能环保产品的消费税税率。可以根据对环境的损害程度和生产耗能程度设置税率。比如，可将护肤护发品尽早纳入征税范围，并提高其他化妆品的征收税率；可以提高木制一次性筷子、实木地板的消费税税率；可以大幅提高超大排气量汽车、高能耗小轿车、越野车的消费税税率；同时，对于一些节能环保型产品，可以采取适度的税收优惠政策。[①]

总之，面对低碳经济这一全球必然趋势，参照国际经验，我国可采取开征二氧化碳税，免除小排量乘用车的消费税，适度调整燃油消费税，对已有税种进行修订，使用税收政策引导居民消费倾向等措施。需要注意的是，在确定征收范围和设计税率时，要考虑现有相关的成品油消费税、行业垄断情况以及不发达行业的实际情况和国际竞争力，以及主体利益、相关行业的产业特征及居民承受力等因素，以可持续发展为导向，致力于提高能源使用效率、革新能源技术、减排环保，从而实现低碳经济。

☞ 通过政府采购倒逼企业进行绿色生产。政府绿色采购量大、面广，可以培养、扶植一大批绿色产业。中国在政府绿色采购上已经迈出了实际的步伐。2012年1月19日，财政部和环保部公布了第9期《环境标志产品政府采购清单》，要求严格执行环境标志产品政府优先采购制度。这个采购清单在财政部网站、中国政府采购网、环保部网站、中国绿色采购网上同时发布，涉及24类产品，包括汽车、彩电、太阳能集热器、卫生陶瓷、复印纸等。2月24日，工信部公布了《2012年度党政机关公务用车选用车型目录》，进入名单的412款公务车全部为国产自主品牌车型。5月22日，财政部又下发《关于加强中央预算单位政府采购管理有关事项的通知》。要求中央单位要带头采购本国产品，今后原则上国内产业已经成熟的产品，不得再进口。[②]这些措施的实行，对企业进行绿色生产起了一个导向作用。

（4）发挥社会团体的作用：社会团体包括行业协会、消费者协会和中介机构等。行业协会要通过制定和实施自律规章，规范本行业的竞争秩序，预防和制止不正当竞争行为，制裁损害消费者权利的行为。消费者协会作为《消费者权益保护法》第31条明确规定的法定社团法人，具有两大职能：一是监督或者服务；二是维护消费者权利。全面营造放心消费环境，是全社会的共同责任。

---

① 吴力佳、徐珍君：《低碳经济环境下绿色消费税制的完善》，载《商业会议》2011年第8Z期，第35～36页。

②《政府消费者企业均可用购买权倒逼商家变绿》，http://news.sina.com.cn/green/2012-06-29/142924683014.shtml。

7.2.2.2 营造绿色经济环境

在消费的经济环境方面，必须符合“生产发展、生活富裕”的要求，国民经济保持一定的增长速度，社会商品和服务较为丰富，能够满足人们的消费需求，这是和谐消费环境的基础。没有一定的经济增长作基础，营造和谐的消费环境就是没有物质基础的空中楼阁。构建和谐社会的基础是发展，发展首先是经济发展。贫困是产生社会不和谐的重要原因，只有不断发展经济，创造更丰富的社会物质财富，使人民群众的生活水平不断提高，社会生活才会更加和谐。

（1）从宏观层面上优化结构。营造绿色经济环境，促进绿色消费，探索环保新道路，必须从国家战略层面切入解决环境问题。通过优化经济结构、产业结构、工业结构以及国土空间结构，坚持走新型工业化道路。

☞ 将环境纳入经济决策中去，通过环境优化经济增长，包括强化环境与发展综合决策的机制与体制安排、加强部门间的协调机制、通过体制与制度安排解决跨区域环境保护问题、调整中央与地方环境保护方面的事权，使责权利相匹配等。

☞ 从再生产全过程制定环境经济政策。重点推广太阳能、风能、核能、地热能和生物质能等新能源的开发与应用，取代煤、石油等化石能源以减少二氧化碳排放来发展绿色经济和低碳经济；支持节能减排，充分利用高新科技改造传统产业，提高传统产业的能效，把排放量减少到最低程度，以此促进循环经济发展。

☞ 扶持环保产业的发展，走循环经济之路。一方面要采取措施减少对自然资源的消耗和污染物的排放，另一方面要搞好废弃物的回收、再生、再利用，实现资源的高效利用和循环利用。这些要通过发展环保产业来实现。由于环保产业和产品主要是具有社会效益，而且投入多、成本高、价格高，会影响生产者和消费者生产和使用的积极性，需要政府运用财政、税收、信贷、价格等经济手段给予适当的扶持。

☞ 优化产业结构，大力发展第三产业。当前我国居民消费结构正在逐步优化，由以满足生存需要为特征过渡到在满足生存需要的基础上以满足享受和发展需要为特征，这就要优化产业结构，就要大力发展第三产业、特别是高质量的文化教育产业和服务产业。第三产业具有投资少、物资消耗少、周期短、见效快的特点，具有资源节约、环境友好的效应，又最能适应消费者需求，适应消费结构升级的要求，应该大力发展。第三产业发展滞后，不仅不利于资源节约和环境友好，而且不利于劳动力就业。因为第三产业特别是服务业，是劳动密集型产业，能吸纳大量劳动力，有利于缓解我国当前大量劳动力需要就业的问题。因此，应该把发展第三产业，特别是服务业，作为推进产业结构优化升级的重要渠道。《“十二五”规划纲要》明确指出，把推动服务业大发展作为产业结构优化升级的战略重点，营造有利于服务业发展的政策和体制环境，拓展新领域，发展新业态，培育新热点，推进服务业规模化、品牌化、网络化经营，不断提高服务业比重和水平。

（2）建立合理的自然资源价格体系。价格变动能够反映资源的稀缺程度，调节市场供求关系。我国自然资源浪费严重的一个重要原因是资源的价格没有真实地反映其价值，而价格失灵又往往来自于政府为了社会稳定所采取的价格管制。因此，要适当减少价格管制，建立能够基本反映自然资源稀缺性的价格体系，运用价格杠杆来引导人们节约资源和保护环境。推动资源性产品的价格改革，促进环境污染“外部成本内部化”；完善促进环境保护的财政政策和税收政策，研究开征环境税；加强环保领域金融服务，鼓励和引导金融机构加大对环境保护的信贷支持，研究建立环境污染责任保险制度等。发展绿色经济要着眼于绿色产业的发展与调整。要倡导绿色工业，通过废物交换、循环利用和清洁生产手段，最终实现“产业垃圾低排放或零排放”。摒弃“生产—污染—治理—再污染”的模式，推进资源整合和企业重组，利用市场机制的调节作用把资源向绿色产业配置，构建现代绿色经济产业体系，让绿色发展理念始终贯穿于保增长全过程。

（3）树立正确的政绩观。把环境保护和环境质量作为领导干部政绩考核的内容之一。与此同时，还要实施绿色国民核算制度，将发展过程中的资源消耗、环境损失和环境效益纳入经济发展评价体系，搞绿色 GDP，更为真实地衡量经济发展的成果。

7.2.2.3 营造绿色技术环境

绿色技术是发展绿色消费的重要支撑。绿色低碳经济涉及电力、交通、建筑、冶金、化工、石化等部门以及在可再生能源及新能源、煤的清洁高效利用、油气资源和煤层气的勘探开发、二氧化碳捕获与封存等领域开发的有效控制温室气体排放的新技术。英、美等西方国家在碳捕获、清洁煤、智能电网、低碳汽车等绿色技术上保持领先优势。只有加强绿色技术的研发，才能使绿色经济的发展有稳固的基础，也能发挥绿色经济在经济发展中的推动作用。加强环境无害化技术的研究开发和产业化进程，特别是要开发各种绿色生产技术和废弃物资源化技术，为发展绿色消费提供坚实的技术支撑。这需要由政府给予资金和政策方面的扶持，借助适当的产业技术政策，使企业明确技术革新的方向，并通过对开拓新市场为新技术提供需求，从而促进新兴产业的发展。

据国外经验，我国对产业技术的扶持政策可基本遵循如下路径：①提出明确的国家目标，给产业或企业的发展指出明确的技术革新方向；②制定相关的法律法规，作为对产业或企业进行技术创新和市场开拓的法律保障；③在法律的框架内，订立相关的中长期计划，明确发展方向和目标；④在上述三者的基础上制定具体的实施措施，扶持产业或企业的技术革新，并使之发展壮大。上述四者相互关联，共同促进产业的持续发展和技术创新。

7.2.2.4 营造绿色竞争环境

树立环保理念，营造绿色竞争环境，改善消费者面临的消费环境。在倡导绿色消费的大环境下，营造绿色竞争环境一方面需要依赖法律规章制度的支持和约束，另一方面需要依赖各个微观主体的自觉遵守。只要整个社会一起努力，营造绿色竞争环境并非难事。

7.2.3 营造绿色社会、文化环境

在今天的消费社会中，消费行为已经成为我们进行自我识别和归属，以及对他人进行识别和归属的重要方式。[①]弗里德曼总结说：“在世界体系的边界内的消费总是一种认同消费，是被对自我的界定与资本主义市场提供的可能组合之间的协商引导的。古语说‘你是你吃的东西’，这曾经是关于人的粗俗的生态观的刻画，当它被理解成彻底的社会行动时，确实是非常精确的。因为吃和所有的消费一样，是自我识别的行动。”[②]

---

① 伍庆：《消费社会与消费认同》，北京：社会科学文献出版社，2009 年版。

② Friedman J：《文化认同与全球性过程》（郭健如译），北京：商务印书馆，2003 年版。

消费社会是个抹平了一切差异的社会，它不仅造成了物在商品世界中地位与功能的变化，更重要的是，它带来了人的心理上的变化。[①]消费已经远远不是满足基本物质需要，更是满足一种心理需要。

目前我们国家存在的种种消费现象，从凡勃伦的“炫耀性消费”到布迪厄的“趣味消费”，无一不是显示社会地位的消费模式。现代消费的发展早已从侧重使用价值走向对符号和象征意义的追逐。这所有的一切都打上了大众文化的烙印。大众文化背景下今日消费的受操控特征越来越明显。消费生活中的文化性支配力量巨大。因此营造绿色社会、文化环境对绿色消费的正确引导具有不容忽视的作用。

要营造绿色社会、文化环境，需要政府和媒体加强责任感和使命感，真正对公众的消费进行正确引导，从根本上使公众树立良好、健康、正确的价值观。

7.2.3.1 加强法制建设

市场具有比较强烈的自发性，人们也容易出现一些非理性行为。消费世界化，国外的消费品和消费文化产品不断涌入，西方的消费倾向、消费风气也不断引进，在泥沙俱下、良莠混杂的情况下，人们容易出现一些非理性行为，更容易出现一些非理性消费，有的甚至走入误区。这就要加强法制建设，净化市场，包括精神文化市场。市场经济是法制经济。要建立良好的社会环境，必须加强法制建设。要建立健全有关的法律、法规和制度，依法加强对社会生活各个方面的管理，制裁和打击危害社会的不法行为，改善社会环境，提高社会的文明程度和人们消费的文明程度。

7.2.3.2 加强社会文化公共设施建设

要加强公共基础设施建设，特别是农村的基础设施建设，充分发挥电视、网络等信息媒体的功能，提高它们的文化含量和文化品位。在城市建设中，要配套搞好公共文化设施。大中城市应重点建设好图书馆、博物馆，有条件的还应建设科技馆。县、乡应主要建设综合性的文化馆、文化站。对中西部欠发达地区和少数民族地区的文化事业，要采取有效措施增加投入。“加强农村基础设施建设，改善社会主义新农村建设的物质条件”，“要着力加强农民最急需的生活基础设施建设”，“加强村庄规划和人居环境治理”。城乡基础设施建设加强了，就为生产和生活创造了良好的条件。

---

① 朱晓慧：《新马克思主义消费文化批判理论》，上海：学林出版社，2008 年版。

在消费的文化环境方面，必须符合“诚信友爱”的要求，有一个诚信的市场环境和社会氛围，社会各方面都关心、重视、支持做好消费者权益保护工作，排除市场上各种消极因素，使消费者的消费做到放心和无顾虑、无风险。与此同时，与市场经济相适应的先进的消费观念和“以人为本”的维权文化得到褒扬，实现科学、合理、健康、文明消费成为人们的追求和时尚。

7.2.3.3 加强媒体引导

显然，消费的社会环境和文化环境的形成离不开媒体的作用。大众媒体自诞生之日起，就承担着传播消费文化的责任，并在很大程度上影响人们的消费观念、方式、行为。在大众传媒的渲染下，消费品不断地被符号化，人们不仅仅是进行功能性的消费，更多的是进行文化、心理、意义的消费。大众文化、传媒和广告对消费者，尤其是普通消费者的无意识世界的影响可以解释商品对大众的蛊惑以及消费的乐趣。①

大众传媒影响消费文化，具体表现在：①媒体本身就是一种被消费着的文化。大众媒体所提供的形形色色的内容包括各种广告信息、新闻资讯等都是可用来消费的。无论是平面媒体、电视媒体、网络媒体，自身都可以作为被消费的文本形式。②媒体推动了消费文化的发展。大众传媒如今已成为消费文化的传播载体。消费文化的制造与传播主要靠报纸、电视、网络等大众传媒来完成。③大众传媒成为消费文化的制造者。在大众传媒的包装和宣传下，社会价值体系通过商品符号来体现，人们从中寻找符合自身价值和社会地位的符号。“信息消费之信息，即对世界进行剪辑、戏剧化和曲解的信息以及把消费信息当成商品一样进行赋值的信息、对作为符号的内容进行颂扬的信息。简而言之，就是一种包装和曲解的功能。”②

要营造良好的绿色社会、文化环境，最重要的是应加强环境宣传教育力度，切实提高全民环保意识。只有广大公众的环保意识提高了，才会积极主动地执行环保政策，自觉监督破坏环境的违法行为，自觉保护环境。提高全民环保意识，不单是教育老百姓的问题，更重要的是各级领导干部要带头。要充分发挥传媒的作用，通过各种形式进行广泛的宣传，使公众和企业认识到经济发展不能以牺牲环境为代价。要在全社会树立环保观念，把建立环境保护的认识和环境保护的生产和消费行

① 尼古拉·埃尔潘：《消费社会学》，北京：社会科学文献出版社，2005 年版。

② 杨魁、董雅丽：《消费文化——从现代到后现代》，北京：中国社会科学出版社，2003 年版。

为作为共同遵守的社会公共道德准则，树立保护环境、人人有责的观念。要在学校教育中增加有关环保的内容，增强环保意识从娃娃做起。要倡导和鼓励绿色消费，关注并采取措施解决老百姓关心的食品安全、饮用水安全和垃圾污染等问题。支持和引导环保社团和环保志愿者开展的各种宣传教育活动，充分发挥他们的作用。

7.2.3.4　树立正确的价值观

要用高水平的文化意识端正人们的价值导向，培养优良的社会机体，树立良好的社会风尚。为了从文化的表层深入到深层文化的建设中去，从根本上解决价值观和价值导向的问题。要弘扬中国古代优秀的和谐文化，取其精华，做到古为今用。要在生产发展的基础上，合理消费，科学消费，适度消费，节约资源，杜绝浪费，反对铺张浪费和奢侈消费，在培育良好的生态环境和社会环境的基础上，提高消费水平和消费质量，促进人的身心健康和全面发展，促进经济、社会的协调发展。

7.2.3.5　提高消费层次

要引导人们充分认识文化消费的重大作用，自觉地优化消费结构，提高高层次的精神文化消费的比重，不断提高消费中的文化含量。当代科学技术、文化、艺术迅猛发展，并大量地渗透于消费领域，将使人们的消费发生巨大的变化，不断提高消费层次和质量。消费中科技含量、文化含量的提高，有利于促进社会文明、社会进步，促进社会主义市场经济健康发展。

7.3　结语

要营造良好的绿色消费环境，首先必须加强科学消费和绿色消费的宣传教育，提高全民资源与生态环境意识，在全社会树立科学消费和绿色消费观念，使发展循环经济成为公众的共识，为我国发展绿色经济提供良好的氛围。要从根本上提高人的素质，提高消费力。通过对我国绿色消费公众参与度现状及其相关调查报告和文献的分析研究，结果表明：我国绿色消费公众参与度低有其内、外两方面因素，公众环境伦理素质普遍不高是内在关键因素。因此，全社会必须携起手来，协调合作，共同推动我国公众环境伦理教育向广度和深度发展，提升我国绿色消费的公众参与度，并由此带动绿色产业，促进低碳经济发展，促使我国绿色文化和生态文明走向成熟和进步。[①]

消费力或消费能力，是指消费者为了满足自己的物质文化需要而消费生活资料（包括劳务）的能力。亚当·斯密在谈到人的收入时说："这个金额，可以支持他的购买力……构成他的收入的，是这种购买力或消费力"。[②]他把消费力仅仅看作个人的购买力。而消费力不完全等同于购买力，还应包括消费者的知识、才能在内。消费者的消费能力，在很大程度上取决于消费者的素质高低，特别是科学文化水平，消费者必须不断提高自己的素质，提高科学文化水平，增长消费知识，才能充分享受现代科学文化给消费生活带来的一些成果，才能提高自己的消费能力。只有从根本上提高人的素质，提高人的科学文化水平，提高消费力，提高消费生活资料（包括劳务）的能力，才能自觉地、主动地保护、治理并培育优美的消费环境。

而实现上述要求和目标，需要社会各方面共同做出努力：对于经营者来说，要求经营者严格履行法律规定的义务，加强自律，向消费者提供符合"放心消费"要求的商品和服务，不得做有损消费者利益的事，以确保消费者享有的权利得到落实。对于职能部门来说，要切实履行保护消费者合法权益的职责，加强对经营者的行政监管和规范，在为消费者营造和谐消费环境中发挥主体的作用；而消费者则是要积极发挥主人翁作用，充分行使自己的权利，加强对经营者经营行为的群众监督，主动向消费者协会和有关部门反映商品和服务存在的问题，以促进问题的解决和市场环境的净化。通过多方面的协作努力，绿色消费的环境将会得到优化，绿色消费将会得到不断扩大。

---

① 史威、焦锋、李世杰：《论我国绿色消费公众参与的环境伦理素质提升》，载《环境科学与技术》2010 年第 S2 期，第 566～569 页。

② 亚当·斯密：《国民财富的性质和原因的研究》，北京：商务印书馆，1972 年版。

第 8 章

绿色消费推进技术

要加速实现绿色消费，不仅要从观念上、政策上进行引导，营造良好的绿色生态环境、社会文化环境，还需要有推动绿色消费的技术，从技术上保证绿色产品的生产和绿色消费行为的推广应用，因此，绿色产品生产技术、节能减排技术、生态资源保护技术是必不可少的。

8.1 绿色产品生产技术

绿色产品涉及范围很广，本节主要从绿色食品、绿色工业品、绿色建筑三方面来对其进行研究。

8.1.1 绿色食品生产技术

随着经济的发展和社会的进步，生活的质量越来越受到人们的重视，尤其是对自己整天都要食用的食品，人们的要求也越来越高，绿色食品便作为新生饮食产品应运而生，并被越来越多的人所熟知。

但是，大多数人们对绿色食品的了解还处于十分肤浅的状态，对于绿色食品的概念还并不清晰。绿色食品分狭义和广义，狭义上讲是指符合国家相关机构的检测标准，无毒无污染、高质量的安全食品，而广义上就是对无污染、安全、优质食品的一种称谓。[①]目前国际上对绿色食品的叫法不尽相同，有的国家称之为“生态食品”（Ecological Food），有的国家则叫做“有机食品”（Organic Food），还有些诸如“健康食品”（Healthy Food）或者是“自然食品”（Natural Food）的称呼等。虽然称谓不同，但是不同国家对该种食品的评定标准都差不多。

在我国，绿色食品被定义为以可持续发展为原则，按照特定的生产方式生产，经专门机构的认定，许可使用绿色食品标志商标的无污染的安全、优质、营养类食品。[②]其实绿色食品中的绿色不仅仅体现在生产方式方面，应该贯穿于食品从生产、加工、包装、贮藏、运输到销售的全过程中，即在食品从土地到餐桌整个流程中，都要以可持续发展为原则，制定出有严格的标准。[③]目前在我国绿色食品分为两个等级标准：A 级和 AA 级。A 级绿色食品在生产过程中允许使用规定的化学合成物，而 AA 级绿色食品则要求食品在生产过程中不能使用任何的有害化学合成物，所以 AA 级的标准要求更高。

8.1.1.1 我国绿色食品生产的发展现状

我国在 1983 年就提出了绿色食品这个概念，1990 年由农业部宣布正式发展绿色食品，在这 20 多年间，我国绿色食品保持较快的发展势头，从无到有、从小到大、从农业扩展到食品加工业、从单一品种到多品种相互配套，已经形成多个绿色食品生产、加工基地，使得我国绿色食品产业有了一定的发展基础。截至 2010 年，全国累计有效使用绿色食品标志的企业总数为 6 391 家，产品总数为 16 748 个，分别比 2009 年同期增长 5.1%和 4.4%。绿色食品产品抽检合格率为 99.2%，产品质量保持稳定可靠。[④]同时食品结构也不断优化，农林及加工产品占 65%，畜禽产品占 8.9%，水产品占 4.7%，饮料产品占 12.8%，其他类产品占 8.6%。另外，2010 年绿色食品产品国内年销售额 2 823.8 亿元，出口额 23.1 亿美元。绿色食品产地环境监测面积达到 2.4 亿亩。与此同时，全国已经有将近 500 个绿色食品原料标准化生产基地，总产量达 6 547 万 t，直接带动基地将近 1 700 万个农户，为农户每年增收 8.4 亿元以上。实践证明，绿色食品的发展不仅可以提高食品安全水平，同时也能

---

① 王利前：《我国绿色食品生产状况及其发展对策》，载《安庆科技》2009 年第 3 期，第 32～34 页。

② 孙强、张三元：《中国绿色食品的特色及其开发战略》，载《现代农业科技》2011 年第 3 期，第 360～362 页。

③ 田俊峰：《发展绿色食品的有效途径探讨》，载《中国保健营养》2012 年第 5 期，第 1041～1042 页。

④ 2010 年全国绿色食品发展概况。

有力带动当地经济发展和农民增收，更可以推动农业的可持续发展。

8.1.1.2 绿色食品生产技术的发展

绿色食品的开发离不开技术创新的支持。发展绿色食品生产技术可从以下方面着手：

（1）对原料基地的标准进行规范化建设。要想得到消费者的认可，让更多的消费者去购买绿色食品，食品的质量是核心。只有优质的食品，才能够博得大众的喜爱。而要生产出符合要求的绿色食品，那就必须从食品生产的源头抓起，加强对绿色食品原料生产中投入品的监控和生产的标准化建设，从根本上保证食品原料的质量。首先，对绿色食品生产基地的生态环境标准化，农业部制定的《绿色食品产地环境质量现状调查技术规范（试行）》为绿色食品产地的环境制定了标准，主要体现在气象条件、水文状况、土壤类型、产地客土情况等方面，还对产区周围的工矿企业污染源分布情况、化肥农药使用情况、水源情况等也做出了要求。[①]其次，统一规定种植农户使用的化肥农药等物品的渠道，保证无毒无公害。最后，在绿色食品生产基地实施标准化流水线生产，如山东省采用了“年初计划部署、过程检查观摩、收获前组织专家验收”的方法，对绿色食品生产基地的生产进行规范化、标准化，从根本上保证了食品的质量，同时又实现了农民增收，而且也给附近非生产基地的农户起到了很好的带动作用，达到了社会、生态和经济共同发展的目标。

（2）提升绿色产品的高技术含量。绿色食品和传统食品相比，承载着更多的技术因素，这也正是消费者支付较高的价格去消费绿色食品的原因。绿色食品的高技术含量，包含在整个生产及销售过程，不仅包括科学合理的栽培和饲养技术，通过高科技手段来治理和防治有害自然环境的出现，以及通过生物工程等技术将优良品种繁殖下去的生产过程，还包括在销售过程中对其统一标签。积极研发绿色食品新技术，不仅能够提高绿色食品的质量，推动绿色食品产业化发展，还能创造更多的社会财富，减少资源的浪费。例如，苹果制作成果汁，以前的做法是把残余的皮渣给丢掉，而现在把剩余的皮渣通过固态发酵生产乙醇，而把其他的余渣通过微生物发酵生产柠檬酸，再从剩下的发酵余渣中提取出纤维素，这些纤维素可以生产一些粉状的苹果纤维食品，这些苹果纤维食品不仅口感不错，而且营养价值也很高，最后剩下的残物可以经细菌分解生产沼气，这样不仅生产的产品都是绿色产品，而且

---

① 《绿色食品产地环境质量现状调查技术规范（试行）》，http://www.greenfood.moa.gov.cn/zl/zdgf/cprzzd/201112/t20111204_2422132.htm，2011-12-04。

还提高了资源利用率。在奶制品方面，高技术的注入，从奶源抓起，再加上近些年来低端奶制品问题不断，倒是这些高端绿色奶制品得到了热销，如伊利金典牛奶、蒙牛特仑苏等。还有在销售绿色食品的时候，在每个绿色食品上面都贴上标签，标签里面包含了该食品的生产信息，这不仅是一种解决食品市场信息不对称的有效手段，而且也更加规范了绿色食品市场，能够帮助消费者在购买前对该食品的各方面信息有一个判断。

目前，绿色食品的技术研究，主要包括以下几点：一是对已经研究成功的绿色食品生产栽培技术大力推广，并加大对新品种研究的力度；二是对绿色食品生产施肥技术进行规范；三是加强对病虫害虫的防治能力，如农业防治、生物防治以及物理防治等方法；四是配套和完善绿色食品生产技术，使得这些技术具有可操作性，以便更好地推广。①

（3）借用金融手段推动绿色食品生产技术发展。绿色食品生产技术的发展，离不开充足的资金支持，尤其是现在正处于成长期阶段，金融产品的创新对于推动绿色产品生产技术的发展，有着关键的作用。成立于 1995 年的南京瑞康有机食品有限公司是我国绿色食品的龙头，2003 年，由于资金问题导致技术革新较慢，由花旗集团基金会和世界资源所倡导发起的“新风险投资”项目为其提供了机会，在 2003 年得到了该项目的资助，截至目前主要产品包括有机蜂王浆、洋槐蜜、有机茶叶和有机甘草，并具有多项专利。②事实上，我国一直以来都致力于发展绿色食品，如在 2001 年，由国家环保总局有机食品发展中心和德国琥珀基金会联合推出的“中国西部干旱地区有机农业发展”项目，成功地建成了符合国际认证的绿色食品基地 3 000 亩，培养了多个绿色食品龙头企业。③

然而，我们同样也要看到，绿色食品产业当下依旧还是以加工企业和农户投入为主，资金匮乏仍是产业发展的重要障碍，融资渠道依旧比较单一。相关部门还要加大对绿色食品产业的扶持，可以通过建立绿色产业发展专项基金，专款专用，直接对绿色食品产业相关环节进行资金支持，也可以通过建立龙头企业融资支持体系，发挥这些龙头企业的带动作用。

---

① 刘学锋：《山东省绿色食品产业研究》，泰安：山东农业大学，2007 年。

② 张勇：《论生态农业建设与发展绿色食品生产》，载《农业经济》2001 年第 4 期，第 14～16 页。

③ 苏布德：《巴彦淖尔市磴口县农业科技园区》，http://news.nmgnews.com.cn/bynem/article/20040524/26896_1.html。

8.1.2 绿色工业品生产技术

改革开放以来，我国经济得到了飞速发展，人们的物质生活得到了极大的改善。而随着一系列工业品被曝对人们身体有害之后，消费者不再把价格作为唯一的选择标准，越来越多的消费者对工业品的安全性和环保性日渐关注。而同时国际间贸易的绿色壁垒以及同行业的激烈竞争也迫使企业更多地去开发绿色产品以替代传统产品，因为绿色产品不仅利润要比同类其他产品高，而且更受消费者的青睐。当前随着世界各国对气候环境的重视，绿色产业也成为各个国家积极发展的产业。正是迫于内外的压力，绿色工业品的研发由此产生。

工业品覆盖范围比较广，和普通消费者相关的工业品主要包括服装、家电和家具。以下将分别讨论绿色工业品及相关技术。

8.1.2.1 绿色服装

随着近些年来，媒体对“毒衣服”的曝光，人们才发现，原来衣服里藏着诸如甲醛、偶氮等致癌物质，服装市场的服装合格率也只有六成左右，这也就是说我们有将近一半的人每天穿着甲醛、pH、偶氮等超标而被认定为不合格的服饰。

随着人们对这一问题的了解和重视，绿色服装呈现在我们的视野里。绿色服装是 20 世纪 90 年代欧美国家提出的一种设计理念，又被称为环保服装、生态服装。而目前对于绿色服装还没有一个明确的定义，笼统地说，是从人类身体健康的角度出发，设计创造出无毒、安全、有利于人体健康、穿着舒适的绿色服装。[①]绿色服装主要包括 3 个方面的内容，首先是从生产者的角度出发，在生产过程中尽可能让能源和资源充分利用；其次，从消费者的角度出发，服装在穿着过程中，不仅要保证衣服穿起来合身、舒适，更要保证消费者的人身健康安全；最后，从社会角度出发，服装完成其生命周期而被废弃的时候，不会对生态环境产生破坏。只有同时具备这 3 个条件，这种服装才被认定为绿色服装。

绿色服装设计必须充分考虑到服装纤维原料和面料选择、服装结构工艺设计、生产加工、包装设计等各个环节，而这就需要技术。通过绿色技术的运用，至少可以做到在服装的最初环节——面料选择上做到绿色化，这样就有利于实现服装的绿

---

① 陈建伟、王珏、徐晓春：《服装绿色型概念的建立及服装绿色浪潮对策的研究》，载《现代服装纺织高科技发展研讨会论文集》2005 年，第 663～667 页。

色消费。绿色服装除了可以选取安全、透气的天然纤维面料之外，也可以选择运用现代科技制作出的新型环保面料，如具有强抗水功能的菠萝叶纤维面料、质量轻但防寒效果极好的人造中空霉菌丝纤维面料，具有减肥功效的多孔霉菌丝纤维面料等。这些高科技的运用，拓宽了服装行业可供选择的面料种类，而且更具有针对性，能够促进有特殊需要的群体消费。

8.1.2.2　绿色家电

在家电市场，绿色同样也成了影响消费者选购的要素，绿色已经成为家电市场的风向标。虽然目前对绿色家电没有统一的定义，但通常可以这样认为，在质量合格的前提下，高效节能且在使用过程中不对人体和周围环境造成伤害，在报废后还可以回收利用的家电产品都可以看作是绿色家电产品。

近年来我国对绿色家电产业在技术、资金、政策等方面给予了大力支持，在促进了绿色家电产品的发展的同时，也推动了绿色家电的消费。

（1）在绿色家电的技术方面，国内的一些科研机构和高校在国家有关部门的支持下，展开了广泛的探索，如合肥工业大学在 1994 年和美菱、海尔等知名家电企业合作，对冰箱、空调等日用家电的设计方法、可拆性设计以及评价方法等方面进行深入探究，并取得了一定成果。[①]清华大学建立了关于绿色设计技术研究的实验室，通过全生命周期建模对机电产品绿色设计进行了系统的研究等。[②]科技为绿色家电产业的发展提供了强大的推动力，正是这些高科技的加入，才使得绿色家电和传统家电相比，具有更多的卖点，不断推动绿色家电大众化。

（2）国家和企业也不断地通过资金支持促进绿色家电的消费。比如，2012 年 5 月 16 日，国务院会议通过了新一轮节能补贴政策，范围涉及节能家电、LED 灯、低排量汽车和高效电机四大类，其中，将安排 265 亿元的财政补贴推广绿色节能的空调、平板电视、电冰箱、洗衣机等家电。[③]还有一些家电卖场和银行合作，促进绿色家电消费信贷，比如大中家电就和多家银行合作，持这些银行的信用卡，购买绿色家电就可以享受“零首付、零利率、零手续费”的优惠，同时根据消费金额的

---

① 陈琦：《欧盟 EUP 指令与我国绿色制造技术发展的趋势》，载《轻工机械》2007 年第 2 期，第 1～4 页。

② 苏庆华：《面向机电产品设计的产品绿色度评价系统的研究与实现》，杭州：浙江大学，2003 年。

③《新家电扶持政策将出　绿色家电消费有望迎高潮》，http：//news.xinhuanet.com/fortune/2012-02/09/c_122676979.htm，2012-02-09。

不同可以享受不一样的折扣，对推广绿色消费理念起到了推动作用。①

（3）国家对废弃家电的回收制定相关措施以促进绿色家电的消费。比如设立了废弃家电回收基金，推动了企业的“绿色升级”。国家推出的家电“以旧换新”，也有力地实现了绿色家电的升级换代。还有在 2009 年，国务院审议通过了《废弃电器电子产品回收处理管理条例》，对废弃电器电子产品明确指出应该如何回收、处理等制度，并对生产者、销售者和回收者及处理企业的相关职责做出了规定，在制度上加强了对废弃家电的管理。

8.1.2.3 绿色家具

家具是一种与人类日常生活息息相关的耐用消费品，家具产品的环境性能直接影响了人们的身体健康。通常人们将绿色家具认定为从生产到使用再到回收的整个过程中，对生态环境没有危害或者是危害极小，同时在使用过程中不仅可以满足消费者的需求，而且不会对人体造成危害的家居。②

绿色家具包括绿色设计、绿色材料、绿色生产、绿色包装、绿色营销等方面。绿色设计就是在家具设计上，不仅注重产品的使用寿命，更要符合人体的构造，让消费者在使用的时候更加的舒适。通过绿色技术的运用，生产绿色家具，可以为消费者供给更多的绿色家具。这些技术可以从以下方面考虑：

（1）选料是绿色家具的重点，绿色家具的选料由原来的木料向多元化转变，比如玻璃、竹藤、金属等，甚至纸都成为了绿色家具的原材料，原材料的拓展丰富了绿色家具产品的多元化，不同材料生产出来的家具有着不一样的特征，满足了人们不同的消费需求。③

（2）在生产和运输过程中，更注重资源的利用，减少浪费和污染。如在生产过程中，注意资料的合理利用，在不影响产品质量前提下，尽量少用材料，并且在生产过程中不能造成环境的污染。同时，采用绿色包装，不仅起到保护产品、促进销售和方便运输的作用，还具有资源再生和保护环境的功效。

（3）关于绿色营销，主要包括 3 个方面，首先，在销售物流阶段，注重运输过程中对环境的保护，降低非绿化因素；其次，改变现有的销售模式，走绿色销售之

---

①《大中电器倡导绿色家电启动消费信贷促进月》，http：//epaper.jinghua.cn/html/2012-03/31/content_775816.htm，2012-03-31。

② 尤媛媛：《现代绿色家具的技术体系研究》，南京：南京林业大学，2004 年。

③ 林立平、李克忠：《纸——一种新的绿色家具材料》，载《家具与室内装饰》2008 年第 1 期，第 82～83 页。

路，提高销售过程中人力、财力、物力的利用效率，节约资源；最后，完善绿色营销渠道，建立完整的家具回收以及废弃产品再造体系，重复利用资源。[①]

只有开发出了这些绿色工业品，进行绿色消费才会有物质基础。我国绿色工业虽然取得了一定的成绩，但是还处于刚刚起步的阶段，面临的问题也很多。首先就是绿色工业品开发力度不够；其次是绿色工业品市场占有率较低；再次绿色工业品没有统一的标准；最后就是绿色工业品资金支持不足。因此，尽管绿色消费成为主流消费是必然趋势，但是目前消费者的绿色消费观念还没有完全建立起来，任重道远。

8.1.3 绿色建筑技术

根据《绿色建筑评价标准》，绿色建筑被定义为“在建筑的全寿命周期内，最大限度地节约资源、保护环境和减少污染，为人们提供健康、舒适和高效的使用空间，与自然和谐共生的建筑”。同时该标准从节能、节材、节地、节水、室内环境质量和运营管理这六大块对绿色建筑及其设备进行了规范，并参考建筑评价标准条文的达标程度分为 3 个等级，其中三级为最高级。[②]

和传统建筑相比，绿色建筑有以下几大特点：①将能源消耗降至最低限度，充分利用天然能源以及节能技术，耗能度和传统建筑相比，可以降低 70%。②全寿命周期概念，即绿色建筑在建筑整个周期中，包括建筑材料的开采、运输及生产过程，项目选址、设计及施工过程，以及往后建筑拆迁后的资源回收再利用及垃圾的自然降解等各个环节，采用先进工艺，减少能耗，尽量做到对环境的无污染或者少污染。③绿色建筑布局结构更为合理，要有良好的采光系统和通风条件、宜人的生活环境，能够对气候变化自动调节，做到人及建筑与环境的和谐共处、永续发展。④绿色建筑在采用先进技术的同时能够降低造价，节约运行管理费用。

绿色建筑与传统建筑相比，之所以有以上几大特点，正是通过技术来实现的。

（1）绿色建材和节能材料的使用。绿色建材是指“健康型、环保型、安全型”的建筑材料。绿色建材一般要求在生产和使用过程中资源消耗少、环境污染小，并

① 梁惠娴：《家具企业绿色，营销策划研究》，长沙：中南林业科技大学，2009 年。

② 中国建筑科学研究院：《绿色建筑在中国的实践——评价、示例、技术》，北京：中国建筑工业出版社，2007 年版。

且材料可以回收利用，能够改善生活环境，不会对人体造成危害等，核心是采用清洁生产技术，同时也要提高材料性能。既可节省资源，降低建设成本，又能减轻环境负荷。例如，高性能混凝土的使用，不仅减少用料，还能提高混凝土强度；采用热轧钢筋 HRB400，可以比 HRB335 节约钢材 10%～14%，同时抗震性能更优。[①]而对于节能材料的利用主要是保温隔热材料。绝热材料具有轻质、导热系数小、多孔、疏松和表现密度小的特点。目前广泛运用的隔热保温材料有岩棉、铝箔波形纸保温隔热板、泡沫石棉等。对于墙体材料，绿色建筑一般采用空心砖、蒸汽加压混凝土砌块等材料，不仅隔热保温，而且用料较省。通过这些高技术含量材料的使用，不仅提高了原料利用效率，也保护了自然环境。

（2）绿色建筑中可再生资源的利用。主要包括对太阳能、地热能和污水的利用。在绿色建筑中，太阳能资源被用来供应热水、采暖和发电。太阳能热水和发电技术已经得到了极为广泛的应用。对于太阳能供暖，可在绿色建筑中建立一套供暖系统，根据建筑的朝向和周围环境的合理布置，以及选取合适的建筑材料和结构构造，通过这种内部空间和外部形体的结合，使得建筑物能够吸收和储存太阳辐射热，达到取暖效果。[②]地热资源丰富的地区，通过在建筑地下安装地温收集器，来吸收土壤中的能量，并通过地源热泵空调系统来实现。[③]同时，污水热能也已成为了热门新能源，通过在污水取水点与利用对象之间建立管道和设备，组成污水热利用系统，可以实现方便、清洁和节能的运用。还有可以对一些建筑废渣进行制作加工，将其转变成新型建筑材料，达到废弃物回收再利用的效果。绿色建筑的可循环利用不仅是房子的重大卖点，更是走可持续发展的需要。

（3）和传统建筑相比，绿色建筑在设计方面就比传统建筑复杂得多。在进行绿色建筑设计之前，要做好准备工作，全面地了解当地的地质资料、气候条件、地形地貌以及当地建筑材料的状况，甚至还要对当地人的生活习惯有所了解。充分利用建筑物所在地区的自然条件，选取相应的对策，低成本建造绿色建筑。要对当地太阳辐射强度、降水量、最高和最低气温、空气湿度、不同季节的方向频率等自然状况做出统计，同时也应对建筑物所在地区周围的植被情况、人口密度以及建筑群高

① 王荣光、沈天行：《可再生能源利用与建筑节能》，北京：机械工业出版社，2004 年版。

② 庄迎春，谢康和：《绿色建筑与地源热泵系统》，载《工业建筑》2004 年第 6 期，第 21～23 页。

③ 苏瑾：《绿色照明设计的若干思考》，载《福建工程学院学报》2005 年第 6 期，第 655～657 页。

度等因素进行调查。[①]而在设计的时候，要从选址、布局、建筑体型和建筑环境着手。比如，建筑选址和布局，就要利用当地地貌条件达到建筑穿堂风的效果，同时还要考虑错位布局，使得建筑物都能够有充裕的日照，可以减少用电，节约资源。还有对建筑物周围环境的绿化设计，提高建筑物周围的绿化率，可以有力改善建筑物附近的微环境、调节气温、节约建筑能耗，还能够改善室内热环境，减少噪声。

（4）高科技的运用。在绿色建筑中，高科技产品随处可见。诸如变风量空调技术、自然通风技术等，值得一提的就是绿色照明工程。绿色照明充分利用自然光，选取合适的照明方式，同时实行系统自动化控制，系统对建筑物环境进行监控并及时调整，利用高效优质照明材料，并且防止光污染，提高照明的质量。这些高科技产品的加入，不仅更加方便了人们的生活，更为生活增添了不少乐趣。

本节从绿色产品的技术为出发点，从绿色食品、绿色工业品和绿色建筑 3 个方面详细描述了当前技术在绿色产品中的运用，正是这些高新技术的运用，才不断地吸引更多的消费者选择绿色产品，推动绿色产品产业的发展。

8.2　节能减排技术

绿色消费的目的是要做到节约资源、保护环境，而要做到这一点，就要大力提倡节能减排技术。

8.2.1　节能减排型工业品生产技术

本节将从汽车行业、造纸行业、电力行业和日化洗涤行业这 4 个行业来探讨节能减排型工业品的生产技术。

8.2.1.1　汽车行业

随着现代工业的发展，汽车产业在工业和制造业中的地位不断提升，现在已经成长为核心产业。自新中国成立以来就十分注重汽车产业的发展，尤其是进入 21 世纪之后，我国汽车产业更是加速前进，在 2009 年我国汽车产量 13 790 994

① 付祥钊：《夏热冬冷地区建筑节能技（第二版）》，北京：中国建筑工业出版社，2004 年版。

辆，[①]超过日本，成为世界汽车产量第一的国家，这标志着我国经济实力的增强和人们生活水平的提高，但是作为全球最大的汽车市场，大量的汽车保有量给我们带来了一系列环境、能源和交通问题，因此汽车产业绿色化、促进环保型绿色汽车消费势在必行。

2011 年，我国汽车产业呈现出平稳增长态势，汽车产销量双双突破 1 840 万辆，其中当年累计生产汽车 1 841.89 万辆，同比增长了 0.8%，销售汽车 1 850.51 万辆，同比增长 2.5%，再次刷新全球历史纪录。[②]尽管同比增长创近 13 年最低值，但这预示着我国汽车行业正在准备从原来单纯注重产量的方式向更加注重科技含量、注重环保的方式转变。2011 年，在国家节能汽车推广政策的作用下（节能汽车推广政策从 2010 年 6 月开始实施），1.6 L 以下排量的汽车市场得到了快速推进，全年累计销售 983.93 万辆，同比增长了 4.0%，节能汽车车型也由推广前的 101 个增加到 427 个，汽车销售市场占有率达到 53.2%。与此同时，也深入推进新能源汽车试点示范，截至 2011 年年底，共有 75 家汽车生产企业的 361 个车型列入《节能与新能源汽车示范推广应用工程推荐车型目录》。2011 年，列入推荐目录的车型共生产 12 784 辆，同比增长 74.3%。同时电动汽车充电接口和通信协议、纯电动乘用车技术条件等重要标准也已经审查通过，对电动汽车的发展及充电基础设施建设具有重要推动作用。

我国在促进汽车产业节能减排技术、推动绿色汽车消费方面，主要有以下几个方面的举措：

（1）改进汽车发动机，降低油耗。发动机是汽车产业的核心技术，是汽车的心脏。近年来，我国积极地研制绿色、节能环保型发动机。例如，可变排量发动机，依据汽车运行的情况不同而改变发动机排量，该机器采用了多功能微处理器，能够对环境做出迅速反应，所以当发动机在中断或者恢复部分汽缸工作能力的时候也不会出现行驶不平稳的状况，这样既能保证行驶稳定，又可以节约资源。再如，对于装柴油发动机的汽车，通过共轨式燃油喷射技术、新型废气再循环系统及再生技术等的运用，改善发动机性能，提高柴油利用率。通用、大众、奇瑞等汽车制造商都

① 《2009 年世界各国（地区）汽车产量明细》，http：//www.caam.org.cn/quanshijie/20100506/1305038842.html，2010-05-06。

② 《2011 年汽车工业经济运行情况》，http：//www.caam.org.cn/jibenziliao/20120120/1105067451.html，2012-01-20。

在不断地推出自己的绿色发动机，例如大众汽车的第六代高尔夫、朗逸等车型装载了 1.4TSI 发动机，该发动机把涡轮增压和机械增压结合使用，既降低油耗，又提高了动力。[①]这些汽车制造商的绿色发动机革命，给予了那些由于油价节节攀升而放弃买车的消费者极大的动力。

（2）新燃料的运用。随着全球石油资源的紧缺，世界各国都在不断地寻找其他代替燃料，现阶段利用液态天然气、太阳能、电能以及混合动力的汽车车型层出不穷。相对汽油来说，运用天然气作为汽车燃料，可以大大减少汽车尾气的排放，当前使用压缩天然气作为燃料的汽车在我国已经十分普遍，尤其是出租车，但是压缩天然气存在着燃料能量密度低、气瓶储气压力高等缺点，而液化天然气和压缩天然气相比，不仅储存效率高，安全性能好，可以延长汽车行驶里程，而且液化天然气具有大量的冷能，可以被回收利用在汽车制冷方面，是具有发展潜力的新型汽车燃料。[②]电动汽车作为零排放的绿色交通工具，成为当前汽车行业竞相研发的热点。电动汽车以电作为驱动力，不仅零污染，而且可以利用太阳能、风能、潮汐能等可再生资源生产电能，再将电能用在汽车上，电动汽车与传统汽车相比，运行平稳，噪声很小，同时汽车组成的各个部件不用机械连接，大都通过电线连接，维修方便，最主要的是能源利用率高，电动汽车的电能利用率高达 80%，也即蓄电池中 80%的蓄电被用来驱动汽车行驶，而传统内燃机汽车的能源利用率仅为 38%。[③]太阳能汽车和电动汽车工作的原理一样，只是太阳能汽车比电动汽车多一道先将光能转化成电能的程序，并且太阳能汽车是靠控制输入电机电流来控制行驶速度的。[④]但是由于技术问题，纯太阳能汽车还很少，大部分都是将太阳能和其他燃料混合使用的混合动力汽车。由于混合动力汽车结合了两种以上的动力源，因此，使用起来更为方便，所以混合动力汽车已成为目前发展最好的节能型汽车。[⑤]这些新能源的使用，降低了对自然环境的破坏，促进了汽车产业的新发展，为消费者提供了更为环保的

---

① 《发动机绿色革命》，http：//auto.qq.com/a/20090417/000150.htm，2009-04-17。

② 豆文娇、陈叔平：《液化天然气作为汽车燃料的性能分析》，载《石油化工设备》2011 年第 5 期，第 86～88 页。

③ 杨峰、傅俊：《纯电动汽车经济性比较与分析》，载《武汉理工大学学报：信息与管理工程版》2009 年第 2 期，第 286～288 页。

④ 赵云峰等：《太阳能电池在汽车上的应用分析》，载《农业装备与车辆工程》2011 年第 4 期，第 39～42 页。

⑤ 赵强，史文涛，庞立江：《简析我国混合动力电动汽车现状及发展前景》，载《石家庄理工职业学院学术研究》2010 年第 9 期，第 12～14 页。

出行工具。

（3）汽车报废回收再利用。我国汽车保有量的高速增长，必然会带来一个结果，即汽车报废量也逐年增加，每年都要报废几百万辆汽车，如果对报废汽车回收再利用，不仅减少对环境的污染，还可以将一些金属重复利用，这也是很好的节能减排举措。构建汽车回收利用管理体系，将汽车的零件进行分类处理，汽车生产企业和回收拆解企业密切合作，共同开展对车用材料的可回收利用性判定以及资源化再利用技术的研究。[①]不仅减少了污染，而且还能让消费者降低报废成本。

（4）国家政策的支持。首先，我国对研发新能源汽车的企业直接进行补贴，并加大对研发费用的投入，同时政府也积极采购绿色环保型汽车，起到示范带头作用。而且还对私人采购固定车型的节能汽车进行补贴，一次性定额补贴 3 000 元/辆。[②]同时也积极开展汽车以旧换新项目，对以旧换新汽车给予 3 000～6 000 元不等的补贴，2010 年，又将补贴最高标准提高到 18 000 元，[③]该措施有力加速了对高污染、技术落后汽车的淘汰，促进了绿色汽车的消费。

8.2.1.2 造纸行业

纸张作为日常消费品，需求很大，而造纸行业历来都是污染大户，由于造纸需要用到大量的水资源，如果生产过程中的废水不经过处理就排到江河的话，会使河水发臭、发黑，水草不生，严重危害当地生态，如果继续这样下去，会给社会的可持续发展带来极大的威胁，所以在造纸行业实施节能减排技术，不仅可以改善生态环境，还可以增加资源重复利用，降低生产成本，提高销量。

造纸行业的技术改进主要包括化学物品的回收和生产用水的减耗两个方面。

（1）造纸工业的污染大部分来自制浆过程，而主污染源则来自化浆蒸馏废液，废液中包含着大量碱化学物品，这些物质如果直接排到河中，不仅会对河水造成污染，而且也造成了资源的流失。因此，可以通过一定的方法将其回收，可以对废液蒸馏处理将水分蒸发掉，然后通过碱回收炉，对残余固体进行燃烧产生热量，这些热量可以被用来发电和供应热水。把剩下的物质加入水和石灰，就得到了碱，又可

① 董长青、吴蒙、翟琦：《汽车回收利用管理研究》，载《绿色技术》2012 年第 6 期，第 241～243 页。

②《节能产品惠民工程节能汽车推广实施细则通知》，http：//auto.ifeng.com/news/special/xinnengyuanxize/20100630/359377.shtml，2010-06-30。

③《汽车以旧换新实施办法》，http：//auto.ifeng.com/topic/yjhx/news/domesticindustry/20090714/65609.shtml，2009-07-14。

以重新被用到生产过程中来。①

（2）制浆的生产过程也是耗水的过程。采用比较先进的技术，生产 1 t 纸浆也要使用 80 m^3 的水，如果装备水平低的话，耗水量就更大，通过一些技术，能够达到节水效果。首先，在制浆的备料过程中，建立备料洗涤水循环系统，可以将造纸系统多余的白水用于原木湿法剥皮，能够减少水的使用。其次，在制浆过程中，改革现有纸浆工艺，采用机械法，也可以节约不少水资源。在洗涤阶段，加强水量管理，避免跑、冒、漏的现象，筛选系统的封闭循环，提高水的使用效率。最后，改进漂白技术，由原来以氯元素漂白为主向无元素氯漂白、全无氯漂白方向发展，并通过碱性废液可循环回用以减少水的使用量。②

正是这些技术的运用，生产出来的纸张质量不仅更好，生产成本也比以前要低，而且更加注重对环境的保护，促进了造纸业的发展。

8.2.1.3 电力行业

电的出现给我们的生活带来了极大的方便，已经成为我们生活中不可缺少的产品。同时，火力发电是我国发电的主要方式，占据了总发电量的 70%，火力发电所产生的二氧化碳和二氧化硫分别占到了全国总排放量的 45%和 50%，严重破坏大气环境，所以在当下我国对电力需求继续加大的情况下，推进电力工业节能减排十分关键。主要包括以下 3 个方面：

（1）优化火力发电发展。首先关停小火力机组，淘汰落后产能，截至 2010 年年底，累计关停小火电机组超过了 7 000 万 kW。其次大力建设大型煤电基地，推行煤电一体化的开发，达到输煤输电并举。最后加强煤电绿色发展，鼓励发电机组安装脱硫设备来减少二氧化硫的排放水平，广泛采用先进节能技术，提高机组的能源利用水平。

（2）优化电源结构。火力发电在我国发电量中占据主导地位，因此优化我国电源结构、鼓励发展利用可再生资源发电成了主要节能减排的措施。各个地区依据自身资源优势，大力发展水力、核能、太阳能、风能以及生物秸秆等清洁能源进行发电。目前已经取得了较好的成绩，2011 年，我国水力发电量为 6 107.8 亿 kW • h，核能发电量仅为 863.5 亿 kW • h，其他清洁能源发电量也都有了大幅增加。③

---

① 李忠正：《造纸工业循环经济与节能、减排、降耗》，载《江苏造纸》2008 年第 1 期，第 2～7 页。

② 张辉：《制浆造纸装备节能节水结构原理与评析》，载《江苏造纸》2007 年第 1 期，第 11～20 页。

③《2011 年中国电力发电量统计分析》，http：//www.askci.com/news/201202/01/162911_31.shtml，2012-02-01。

（3）发展智能电网，提高能源效率。依靠现代信息控制技术，通过建设特高压交直流工程，构建坚实的主网架，推动电源基地与输电通道直接的连接，节省了能源利用。同时也积极地学习先进管理技术，提高工作效率，达到节能减排的效果。

这些技术的运用不仅提高了单位发电、输电的效率，也实现了电源多元化，满足了人们对电力消费的需求，促进了社会的可持续发展。

8.2.1.4 日化洗涤行业

日化洗涤用品是我们的生活必需品，但同时一些日化洗涤用品对我们身体和环境都不同程度地存在着危害。例如，长期接触洗衣粉的话，会导致皮疹、红斑、湿疹等皮肤问题，而且洗衣粉含有磷等化学物质，磷被冲洗进入地下水或者河流之后，会造成水体富营养化，严重污染地下水源。所以，随着社会意识的提高，人们越来越注意到洗涤用品的节能减排工作的重要性，开始生产无磷洗涤剂，在里面添加了酶制剂，能够自然降解，还更容易分解油渍、汗渍、食物汁液等，这种产品由于对人体无危害，所以受到了广大消费者的青睐。

与此同时，绿色化妆品也悄然上市。近年来，日化行业也是问题不断，从“金丝美容”事件到牙防组认证风波，再到霸王集团二噁烷事件等，日化安全成为消费者关注的话题。所以，绿色化妆品受到了消费者的青睐。这些化妆品更多的是选择纯天然植物或者是无公害、易降解的材质生产的，更注重对人体的无危害和对环境的无污染。例如，日本佳丽宝在 2011 年 6 月召开的“日本化妆品技术者会第 68 回研究讨论会”上公布的将微生物表面活性剂在稳定状态广泛应用于各种化妆品的技术，就是将微生物表面活性剂调制成护肤品，这种技术不仅对人体无危害，而且非常环保，[①]因此人们在保护自身健康选择绿色化妆品的同时，无形之中保护了自然环境。

节能减排技术在工业制成品中的运用，不仅节约了社会资源，减少了环境污染，最为重要的是生产出来的产品更为优质，取得了良好的环境和经济效益。

8.2.2 节能减排型农机品生产技术

我国农业现代化发展迅速，农机品在我国农村现在已经得到了普遍使用，方便

① 赵海霞：《日化产品的绿色、环保与安全》，载《中国洗涤用品工业》2011 年第 5 期，第 82～84 页。

了广大农民种植生产。但一提到农机，人们便会把其与废气“浓烟滚滚”、噪声“震耳欲聋”联系起来，农机是我国农村的耗能大户，农机的节能减排好坏直接决定了整个农村市场节能减排效果。随着近年来石油资源的危机，油料价格不断上涨，这也迫使农民消费者去选择更为节能的农机，寻找更为合理的方法去降低农机工作的生产成本，提高农机的工作效益。

节能减排技术在农机产品中的运用，主要在以下 3 个方面：

8.2.2.1 节能减排型新产品的研发与推广

拖拉机是农民进行种植生产的重要农机，而近些年来关于环保绿色型拖拉机的研制成果显著。例如，常州东风农机集团有限公司，改进了原有拖拉机柴油发动机，推出了东风 25 系列节能环保拖拉机，比传统技术节油 10%，而且噪声低，机身振动小，动力强劲，该款拖拉机一上市，就受到了农民朋友的青睐。①新能源的开发也在拖拉机产品上得到了应用，如纽荷兰公司研制出的氢动力 NH2 拖拉机，将氢气作为燃料，用氢燃料室代替传统的燃料室发动机，通过氢燃烧产生电流驱动电动马达为拖拉机提供动力，而排放物只有水和蒸汽，对环境无污染。②

农机产品目前正朝着自走式、大喂入量，低损失率，收获、还田和播种一条龙作业的方向发展，这也是节能减排的体现，能够减少作业次数，节省动力，实现复合作业。例如，克拉斯 LEXION-600 型联合收割机运用了两套智能辅助工作系统，包括 AUTOCONTOUR Ⅱ 系统和 GPS 激光导航系统，AUTOCONTOUR Ⅱ 系统根据地形不同而调节切割器的高度和角度，GPS 激光导航系统则是通过电子眼传感器确定理想的作业轨道这两套系统可以有效解决在能见度较低的环境下工作，减少重耕和漏耕现象。③这些技术的应用，在减少农民朋友劳动量的同时，还可以提高产量。

农机企业节能减排技术之所以能够发展如此迅速，离不开国家政策的支持，从 2004 年开始国家就实施了农机购置补贴的“惠农”政策，对指定款式的农机如节水精播机、激光平地机、深松作业联合整地机等直接补贴，合理引导农民购买节能环保、技术先进成熟、安全可靠的农业机械，促进了农机装备的结构优化。

---

① 许国明：《东风农机推出节能环保型拖拉机》，载《现代农业装备》2008 年第 8 期，第 76 页。

② 《纽荷兰“氢动力”燃料拖拉机创新技术获得金奖》，http：//www.amic.agri.gov.cn/nxtwebfreamwork/html/0/65234.htm，2009-08-12。

③ 颜杨阳，克拉斯：《LEXION～600 型联合收割机》，载《农机导购》2010 年第 1 期，第 69 页。

8.2.2.2 日常使用和维修中的节能减排技术

在日常生产活动中，农民大多数对自己的农机仅是简单地使用，而对农机的日常维护并不十分关注，这样造成了很多本可以避免的浪费，如发动机长时间使用后，一些精密部件会有所磨损，导致发动机油耗上升，而上升 5%以下，如果不进行功率、耗油测试，是很难被使用者发现的，但是如果全国所有的农机都耗油增加 5%，那么将是一个很大的数字，所以，农机在日常使用以及维修过程中，如果方法合适可以延长其使用寿命。具体方法如下：

（1）对农机尾气的排放进行处理。在柴油机上安装一些特殊设备，对排气进行处理，降低尾气的污染程度。例如，可以在柴油机上安装氧化型催化转化器，减少尾气中 CO 和多环芳烃的含量；加装 NO_x 催化转化器，可以降低 NO_x 达到 20%以上；安装颗粒过滤器，可以减少 60%以上的碳排放量。

（2）由于柴油中含有很多杂质，所以要对购买的柴油进行沉淀，大概要沉淀 48 h 以上再使用，这样可以提高柴油洁净程度，确保柴油机供油体系状态最佳，降低油耗，减少污气排放；同时定期对滤清器进行清洁，保证空气滤清器和柴油滤清器的畅通，防止空气滤清器堵塞导致气量减少，柴油燃烧不充分，以及柴油滤清器阻塞引起发动机功率下降，增加油耗，使农机保持最佳状态。[①]通过这种日常的维护，可以减少柴油能源的消耗。

（3）在农机维修过程中，采用胶粘修补堵漏技术替代传统的铆、焊及螺纹连接技术。该技术广泛运用在金属与非金属零件破裂粘补、配合件磨损渗漏的密封堵漏以及配合件表面磨损的恢复等方面。该技术不仅不需要复杂设备，操作简单，成本较低，而且还可以用于修复强度要求较高的农机破损零件；还有采用电镀和堆焊等技术对曲轴、花键轴、凸轮轴等轴类零件进行修复，避免资源的浪费。

（4）壳体类零件的再制造技术。[②]农机的飞轮室、缸盖等壳体类零件，由于形状复杂、占用金属量大、成本价格高，如果仅由于局部缺陷而报废，会造成很大浪费，而壳体类零件再制造技术利用铸铁冷焊、铝合金氩弧焊和机械强化等机械零件修复技术，对壳体类零件按其要求进行修复，不仅延长了机器使用寿命，节省了大量资金，而且还避免了资源的浪费。

这些技术虽然科技含量不高，但是对农村整体节能减排影响颇大，注重这些产

① 张继忠：《农机节能减排技术分析》，载《农机使用与维修》2010 年第 2 期，第 55 页。

② 张坦青：《农机维修节能减排技术的推广》，载《湖南农机》2011 年第 7 期，第 97～98 页。

品合规使用，减少损耗，能够增加农机消费者对这些产品的信赖，从而促进更多的消费者购买。

8.2.2.3 加速对老旧农机的报废更新

购置农业机械品对于农民来说，属于大件消费，所以农民对农机的使用往往会超出规定使用年限，如国家对小型拖拉机规定的使用时间为 12 年，但是由于对农机监管不严，一般都会超期使用。大量老旧农机的超年限使用，不仅对操作员的人身安全存在严重的威胁，而且耗油大、工作效率低、污染环境，同时维修成本也很高，所以要加速淘汰老旧农机，促进农机的更新换代。

近年来，国家对农机报废更新不断有政策支持。2005 年，《国务院关于做好建设节约型社会近期工作重点的通知》初次对农机节能、更新报废进行关注。2008 年 4 月 1 日开始执行的《节约能源法》明确指出，鼓励更新和裁减高耗能的农业机械。2010 年 7 月出台的《国务院关于促进农业机械化和农机工业又好又快发展的意见》中也再次提出：建立农机报废更新制度，抓紧研究以旧换新办法，加快淘汰老旧及高能耗农机，促进安全、节能、环保型农机的推广应用。而且部分地区更是对农机报废更新给予了政策补贴，鼓励农民购置节能环保的农机。江苏省在 2010 年就率先推出了对大中型农业机械和联合收割机报废更新进行财政补贴的政策，如对更换半喂入联合收割机的农户每台补贴 3 万元，全喂入联合收割机加配套秸秆切碎装置每台补贴 0.54 万元。①这一系列的措施，加速了老旧农机的报废更新，有力地促进农民增加对环保、节能的农机消费需求。

农机品大量采用节能减排技术，不仅减少环境污染，提高农机使用效率，更节约了农民使用农机品的成本，促进了农村市场农机品的消费。

节能减排技术的广泛应用，拓展了绿色产品的生产方式，丰富了绿色产品的种类，为消费者提供了更为广阔的可供选择的空间。

8.3 生态资源保护技术

生态资源是我们赖以生存的基础，绿色消费则是一种能够保护生态资源的消费，而不是建立在破坏生态资源的基础之上。因此绿色消费中，生态资源保护技术

① 涂俊明：《江苏省农机报废更新有补贴新政》，载《农机科技推广》2010 年第 4 期，第 26 页。

的运用非常重要。

8.3.1 生态资源重复使用技术

一次性餐具、牙刷、塑料袋等诸多一次性用品充斥在我们生活的各个角落，这些一次性用品在为我们生活带来便利的同时，也加速了地球资源的耗竭，还带来了严重的环境污染问题，而且很多一次性用品对人体有害，所以，增加生产对人体无害、能够重复使用的消费品，是人们更好的选择。事实上，在我们的日常生活中已经开始朝着这方面发展。

（1）干电池的使用。以前都是使用一次性干电池，用完之后就被丢掉，这不仅造成资源的浪费，而且一次性干电池中包含的重金属对土地造成严重的污染，据环保专家介绍，在废电池中每回收 1 000 g 金属，其中就有 82 g 汞、88 g 镉等重金属，所以现在生产厂商推出了一系列可充电电池，常见的有铅酸电池、镍镉电池、镍铁电池、镍氢电池、锂离子电池等，重复使用，减少污染。目前有一种新型环保可充电电池——磷酸铁锂电池，不包含任何重金属与稀有金属，无毒无污染，而且可以大电流快速放电、使用安全、超长寿命，已经投入生产。①一次性包装材料被广泛应用，经常被大家随手丢弃，这也引起了包装行业的关注，现在包装行业正掀起了一场绿色运动。例如，上海亮立包装箱，自主研制了亮立扣把 6 块完全独立的围板连接在一起，可以依据客户需要独立拆装，任意使用不同强度、厚度的板材。这种包装方式可以方便拆装、重复利用，既经济又环保。②另外施乐公司生产的可重复使用的纸张，有效地减少了资源浪费，③降低了办公成本。

（2）建筑支撑材料的使用。在建筑施工过程中，以前使用方木作为支撑体系的材料，但是方木的材质强度不高容易变形，一般不能重复使用；而传统方式下使用的方木长度又不可能刚刚合适，所以要进行裁断而造成浪费，同时使用木制品还存在重大的火灾隐患。而现在研制出的用轻钢作为材料的新型建筑模板支撑体系，能够完全替代方木，可以重复使用三四百次，节省了投资成本。这种新型支撑体系，

---

① 张嵩、丁广乾：《磷酸铁锂电池性能与应用研究》，载《山东电力技术》2012 年第 3 期，第 65～68 页。

②《可重复利用的绿色包装》，http：//info.printing.hc360.com/2012/01/172321430555.shtml，2012-01-17。

③《施乐推出“自清”式可重复使月纸张》，载《印刷技术》2008 年第 21 期，第 5 页。

不仅节能节材也提高了工程质量。①

（3）围墙板的使用。是一种以工业粉煤灰、矿渣为原材料，加入滑石粉、硅藻土等无机材料制作而成的可重复使用的“矿渣”围墙板。这种围墙板广泛地用于公路、铁路两旁的护栏，不仅可以重复使用，而且成本比传统板材要便宜 3/4，同时安装简单，不用涂抹砂浆，大大降低了施工成本。②

还有其他诸如用竹篮包装物品、可重复使用薄膜等，这些技术的运用，避免了一些消费品对人身体的危害，同时还保护了环境，降低了生产成本，达到了绿色消费的结果。

8.3.2 生态资源循环利用技术

改革开放以来，我国取得了举世瞩目的成就，但是为此也付出了沉重的代价，我国单位 GDP 能耗比发达国家高出很多，单位钢生产能耗高 21%，电力生产的煤耗要高 23%，水泥综合能耗要高出 45%。所以在全球资源危机和环境恶化的压力下，只有依靠科技进步，提高资源循环利用率，降低生产成本，才能促进消费者的消费。

20 世纪 90 年代以来，我国生态资源循环利用工作无论是在广度上还是在深度上都有了很大的提高。首先，生态资源循环利用已初具规模，技术水平也得到提高，并取得了显著的社会和经济效益；其次，生态资源循环利用的模式，贯穿资源开发、生产加工和消费后资源回收各个方面，保障资源循环利用链的紧密衔接；最后，国家对资源循环利用项目的政策支持，并设立归口管理的职能部门，负责对生态资源循环利用进行管理。具体从以下几个方面分别阐述。

8.3.2.1 金属材料的循环利用技术

由于回收的金属资源浓度要比原生资源高很多倍，所以对回收的金属资源重新加工就会比从原生资源中提取的效率高，所以对金属材料循环利用，能够降低金属制成品的成本，促进居民对相关产品的消费。

（1）钢铁材料的循环利用。我国自 1996 年就成为了第一产钢大国，与此同时，

---

① 迁宝明、徐汉奎、陈茂生：《新型组装式模板支撑体系在建筑施工中的应用》，载《青岛理工大学学报》2012 年第 2 期，第 121～125 页。

② 方玉联：《“矿渣”围墙板可重复使用》，载《大众投资指南》2011 年第 3 期，第 35 页。

每年也会有大量的废钢产生。所以建立以废钢铁为材料的钢铁冶金体系，对废钢的循环利用，不仅减少对铁矿石的利用，还可以节约能源，减少污染。对废钢回收循环利用的主要方法是电炉炼钢。[①]在冶炼之前，首先进行严格的预处理，对收集来的废钢材料进行分类之后，才分别进行提炼。目前我国建设用钢量较大，对钢铁的循环利用，在一定程度上缓解了用钢的压力。

（2）铝材料的循环利用。铝资源在使用过程中很难被腐蚀，所以其回收性很强，而且在循环利用的过程中，损耗率也很低，节约资源，污染物排放量也较小，目前循环铝产量大约占到精铝产量的 1/4，而且这个比重还在不断增大。

铝循环利用的生产技术与原生铝完全不同，因此，循环铝原料通常是要单独建厂，但是循环铝的技术设备比较简单，基本就是熔化和合金成分配制过程，最终以铝合金形式产出。循环铝的生产一般采用火法对回收的废铝进行重熔或者精炼，熔炼的设备有电炉、回转炉和反应炉等，通过熔炼，得到循环铝合金。[②]目前，我国的一些大、中型铝矿熔炼企业的生产技术和装备水平已居领先地位。例如，上海新格有色金属有限公司、万泰铝业有限公司、力士达铝业股份有限公司等。尤其是上海新格有色金属有限公司，是我国最大的循环铝企业，生产能力达到 30 万 t/a，而且冶炼和加工设备都配备了完善的环保设施。

（3）铜材料的循环利用。铜废料主要来自于工业、建筑和交通通信等部门报废的机械设备。对铜的旧废料进行循环利用，多采用间接利用法，将废料经火法熔炼成粗铜，然后通过电解精炼，提炼成电解铜。分为 3 种方法：一段法、二段法和三段法。[③]一段法适用于杂质较少、成分简单的废铜料；对于成分复杂、难分类的废杂铜，则采用二段法和三段法。

还有其他金属材料的循环技术。正是这些循环技术的使用，为我国工业生产提供了相对便宜的金属材料，也缓解了开采金属矿产所带来的污染，促进了相关产品的消费，也为绿色消费提供了物质保障。

8.3.2.2 水资源的循环利用技术

水是人类生存的基本条件，同时也是进行生产活动最重要的物质基础，水资源

---

① 左远锋：《含铁废物在西钢烧结循环利用的实践》，载《黑龙江冶金》2009 年第 2 期，第 7～8 页。

② 王刚、孙一苇：《铝循环利用在发展低碳铝工业中的作用》，载《轻合金加工技术》2010 年第 11 期，第 1～3 页。

③ 刘维平：《资源循环利用》，北京：化学工业出版社，2009 年版。

被国民经济各个部门广泛利用，是冷却、供热、蓄热和传递压力的最好介质，同时也可以用来灌溉、发电、养殖，水资源的状况直接制约着工农业生产的布局和发展。相对其他资源来说，水资源的获取比较容易，容易并不是说明我们可以不用珍惜，水资源具有不可代替性，而且目前工农业迅速发展，用水量正在急剧增加，使得水资源大量消耗，而且还不断受到污染，加剧了水资源的供需矛盾，所以提高水资源的有效利用，节约用水，对废、污水进行处理循环利用，成为解决水资源不足的有力举措。

（1）污水处理循环利用。污水循环利用，就是将工业和生活中所排放的各种不同性质与类型的污水，有针对性地采取一系列简单形式或者系统工程等措施，因地制宜，对污水进行控制与净化，并从中提取有用物质。

污水循环利用技术里面包含许多科技因素。例如，①采用以陶粒为填料的生物接触氧化法，既有一定的吸附功能，又可以对污染物进行截留过滤，同时还能够在载体表面生长生物膜，用于分解污水中的残余有机物；②活性炭吸附法，可以有效地去除色度、异味，能够除去某些有毒重金属、消毒副产品及脂类和芳烃化合物，而且活性炭可以再生使用，对水的环境适应能力强；③光氧化法，该方法能将紫外线辐射和臭氧结合起来使用，大大提高了氧化速度，有效处理难氧化的物质；④臭氧氧化法、臭氧生物吸附法等技术，都大大改进了对污水的处理，促进了污水循环的使用。①

（2）工业冷却水循环利用。水是进行冷却的最佳介质，许多工业生产中需要大量的水资源对产品进行冷却，如果将这些冷却水直接排走，不仅会对河道和地下水的环境造成热污染，而且还加剧了河水水质的富营养化程度，因此，将工业冷却水循环利用，既节约了水资源，又减少能源消耗。不同行业根据自己的特点，设计不同的工业冷却水循环利用的方法，如化纤厂将循环水回水引入空调预热新风，有效利用了冷却水中的热能，降低了大量蒸汽消耗。②

在工业生产中，对水资源的循环利用，推动了企业的绿色化生产，增强了企业的竞争力，从而推动绿色消费。

---

① 薛飞、胡志光、常爱玲：《城市污水深度处理及回用》，载《工业安全与环保》2005 年第 5 期，第 36～38 页。

② 殷志兰：《循环冷却水回水的废热利用》，载《合成纤维》2007 年第 1 期，第 36～39 页。

8.3.2.3 工业固体废弃物的循环利用技术

在工业生产过程中会产生很多废渣、粉末、污泥等，这些固体废弃物堆积起来，不仅侵占了土地，还会对土壤、大气以及水资源造成污染，而且由于这些固体废弃物中包含大量的矿产元素，所以也是对资源的一种浪费。因此，通过技术对这些固体废弃物进行循环利用，不仅节省了处理这些废弃物的费用，节约了资源，也是一种绿色生产。

（1）钢铁工业固体废弃物的循环利用。钢铁工业的生产包括两个过程，即采选过程和冶炼及压延加工过程。在这两个过程中都会产生大量的固体废弃物，在采选过程中产生的主要固体废弃物是铁尾矿，其实也就是矿石经过选别出精矿之后剩余的固体废料；在冶炼及压延加工阶段，产生的主要固体废弃物是冶炼废渣，主要包括高炉渣和钢渣。

处理铁尾矿的循环技术可以通过磁选法吸收一定量的铁元素，即在梯度磁场中铁矿物受到磁力作用被吸附，而其他矿物，则继续留在矿浆中，从而实现分离。在铁尾矿中掺入适量的骨料、水泥、减水剂、粉煤灰、硫酸钠激发剂和石膏，能够制备出各项性能以及放射性都满足国家建材有关标准的质量合格的免烧免蒸砖。[①]还可以利用铁尾矿通过烧结法生产微晶玻璃[②]等。

在冶炼过程中得到的高炉渣，其化学成分与硅酸盐水泥相似，因此，高炉渣主要用来生产水泥，同时采用一定技术也可以制作出建筑材料。高炉渣可以通过水淬工艺，添加不同比例的材料制成不同类型的水泥，如矿渣硅酸盐水泥、石膏矿渣水泥等。还可以通过膨胀矿渣珠生产工艺得到轻质混凝土和混凝土骨料等材料。而钢渣可以作为钢铁冶炼的熔剂，不仅回收利用了钢渣中铁、锰、钙等有价元素，还提高了烧结矿的质量，降低燃料消耗；用作路基材料和回填工程材料；把具有活性的钢渣和粉煤灰或炉渣按一定比例配制，制作出不同规格的瓦、砖、板等建材。[③]

（2）化学工业固体废物的循环利用。在化工生产中，不可避免会产生各种废物，

---

① 牛福生、吴海军、吴根：《铁尾矿地砖的制备及其机理分析》，载《再生资源研究》2007年第4期，第41～44页。

② 张锦瑞、倪文、王亚利：《利用铁尾矿制取微晶玻璃的研究》，载《金属矿山》2005年第11期，第72～74页。

③ 魏瑞丽：《钢铁工业主要固体废弃物资源化利用的技术现状分析研究》，西安：西安建筑科技大学，2010年。

包括不合格产品和副产品、废溶剂、失效催化剂等，以及在产品洗涤、精制等过程中的工艺废料。对这些废料运用循环技术，也可以达到节约资源的效果。

例如，磷石膏是生产磷肥、磷酸时排放出的固体废物，主要成分是硫酸钙，可以利用磷石膏制备硫酸铵。还有电石渣，是电石（CaC_2）制作乙炔过程中产生的废渣，成分和消化石灰相似，可以用来制作氯酸钾，还可以用来制作漂白液，以及代替石灰石做水泥原料等。[①]

通过合理利用工业固体废弃物，提高了工业的产出率，降低了工业品的成本，而工业品作为绿色产品生产的原材料，其成本的降低必然推动绿色产品价格的下降，从而推动了消费者更多的选择绿色产品进行消费。

本节通过生态资源重复使用技术和循环使用技术两个方面对生态资源保护技术的运用进行概述，生态资源保护技术的运用有力地保护了生产过程中的环境和资源，既降低了生产成本，又促进了绿色消费。

8.4 结语

本章对当前我国绿色产品生产技术、节能减排技术以及生态循环保护技术 3 个方面进行了详细的阐述，这些绿色技术为我国循环经济的发展提供了强大的技术支持，为生产出更多更好的绿色产品提供了技术保障，有力地推进了我国绿色消费，更有利于社会的可持续发展。

① 刘维平：《资源循环利用》，北京：化学工业出版社，2009 年版。

第9章

绿色消费制度

绿色消费的实现需要有制度的保障。这种制度包括绿色消费规范制度、绿色市场准入制度和绿色采购制度。

9.1 绿色消费规范制度

当今资源环境问题日益突出，各国相继提出了“绿色生产”“绿色产品”“绿色消费”等理念，在全球掀起了绿色消费浪潮。而绿色消费的实现需要有规范的制度，这种规范的制度主要有绿色消费法律和环境税。

9.1.1 绿色消费相关法律

世界各地的人们逐渐认识到，当今生态环境的恶化程度，已经不是仅仅靠个体的自觉行为的培养、提高或行动就可以减弱的，还需要政府部门制定具体的政策和法律法规。

9.1.1.1 我国绿色消费法律制度的现状分析

（1）已有的绿色消费方面的主要法律法规。现有的有关绿色消费的法律法规主要有：《清洁生产促进法》《循环经济促进法》及其他相关法律法规。

《清洁生产促进法》于2002年6月29日第九届全国人民代表大会常务委员会

第二十八次会议通过，其目的在于提高资源利用效率，减少和避免污染物的产生，保护和改善环境，保障人体健康，促进经济与社会可持续发展。

清洁生产是指不断采取改进设计、使用清洁的能源和原料、采用先进的工艺技术与设备、改善管理、综合利用等措施，从源头削减污染，提高资源利用效率，减少或者避免生产、服务和产品使用过程中污染物的产生和排放，以减轻或者消除对人类健康和环境的危害。

清洁生产的实施需要政府各级部门的积极配合，履行各自的职责，同时政府要制定有利于实施清洁生产的财政税收政策。

《循环经济促进法》。为了促进循环经济发展，提高资源利用效率，保护和改善环境，实现可持续发展，于 2008 年 8 月 29 日第十一届全国人民代表大会常务委员会第四次会议通过。该法中的循环经济是在生产、流通和消费等过程中进行的减量化、再利用、资源化活动的总称。所谓“减量化”，是指在生产、流通和消费等过程中减少资源消耗和废物产生。所谓“再利用”，是指将废物直接作为产品或者经修复、翻新、再制造后继续作为产品使用，或者将废物的全部或者部分作为其他产品的部件予以使用。所谓“资源化”，是指将废物直接作为原料进行利用或者对废物进行再生利用。发展循环经济已经成为国家经济社会发展的一项重大战略，应当遵循统筹规划、合理布局，因地制宜、注重实效，政府推动、市场引导，企业实施、公众参与的方针。在发展循环经济时，应当在技术可行、经济合理和有利于节约资源、保护环境的前提下，按照减量化优先的原则实施。在废物再利用和资源化过程中，应当保障生产安全，保证产品质量符合国家规定的标准，并防止产生再次污染。国务院成立了相应的循环经济发展综合管理部门，负责组织协调、监督管理全国循环经济发展工作，并制定了大量激励循环经济发展的措施。例如，鼓励和支持开展循环经济科学技术的研究、开发和推广，鼓励开展循环经济宣传、教育、科学知识普及和国际合作；对促进循环经济发展的产业活动给予税收优惠，并运用税收等措施鼓励进口先进的节能、节水、节材等技术、设备和产品，限制在生产过程中耗能高、污染重的产品的出口；对符合国家产业政策的节能、节水、节地、节材、资源综合利用等项目，金融机构应当给予优先贷款等信贷支持，并积极提供配套金融服务；实行有利于资源节约和合理利用的价格政策，引导单位和个人节约和合理使用水、电、气等资源性产品。实行有利于循环经济发展的政府采购政策；使用财政性资金进行采购的，应当优先采购节能、节水、节材和有利于保护环境的产品及再生产等。

其他与绿色消费相关的法律规范。在其他法律法规的有些条款中，虽然在立法当初并不一定是有意识地为了实施绿色消费而设计的，但这些法律法规的某些条款体现了对绿色消费的调整和保障。具体反映在以下一些法律法规中：

- 在《宪法》中明确提出了适度消费的理念。我国《宪法》第十四条规定："国家厉行节约，反对浪费。国家合理安排积累和消费，兼顾国家、集体和个人的利益，在发展生产的基础上，逐步改善人民的物质生活和文化生活。"
- 在固体废物污染、噪声污染等相关法律中，明确了消费者在公众消费中应尽的义务及相应的责任。《中华人民共和国固体废物污染环境防治法》中就有诸多这样的法律规定。该法第五条规定："国家对固体废物污染环境防治实行污染者依法负责的原则。产品的生产者、销售者、进口者、使用者对其产生的固体废物依法承担污染防治责任。"第七条规定："国家鼓励单位和个人购买、使用再生产品和可重复利用产品。"第十六条规定："产生固体废物的单位和个人，应当采取措施，防止或者减少固体废物对环境的污染。"该法有关消费副产物的规定还作了更为详尽的规定，如第四十条规定："对城市生活垃圾应当按照环境卫生行政主管部门的规定，在指定的地点放置，不得随意倾倒、抛撒或者堆放。"第四十二条要求逐步实行垃圾分类，规定"对城市生活垃圾应当及时清运，逐步做到分类收集和运输，并积极开展合理利用和实施无害化处置。"该法第七十四条还对违反有关城市生活垃圾污染环境防治进行了规定，对个人随意倾倒、抛撒或者堆放生活垃圾的行为所应承担的法律责任做出了明确规定。《中华人民共和国环境噪声污染防治法》对于社会公众消费活动中应承担的义务也进行了相关规定，该法第四十六条规定："使用家用电器、乐器或者进行其他家庭室内娱乐活动时，应控制音量或者采取其他有效措施，避免对周围居民造成环境噪声污染。"第四十七条规定"在已竣工交付使用的住宅楼进行室内装修活动，应当限制作业时间，并采取其他有效措施，以减轻、避免对周围居民造成环境噪声污染。"
- 在有关自然资源法律中，对合理消费、节约利用自然资源作出了明确规定。《中华人民共和国水法》第八条规定："国家厉行节约用水……单位和个人有节约用水的义务。"为了切实实现对水资源的适度消费，该法还设计了有利于水资源适度消费的法律制度，如第四十九条规定："用水应当计量，并按照批准的用水计划用水。用水实行计量收费和超定额累进加价制度。"《中华人民共和国节约能源法》第七条规定："任何单位和个人都应当履行节能义务，有权检举浪费能源的行为。"《中华人民共和国可再生能源法》第十七条规定："国家鼓励单位和个人安装和使用太阳能热水系统、太阳能供热采暖和制冷系统、太阳能光伏发电系统等太阳能利用系统。……房地产开发企业应当根据前款规定的技术规范，在建筑物的设计和施工中，为太阳能利用提供必备条件。对已建成的建筑物，住户可以在不影响其质量与安全的前提下安装符合技术规范和产品标准的太阳能利用系统。"

☞ 在《中华人民共和国消费税暂行条例》中的相关规定体现了对绿色消费的保障。该条例规定对某些不利于绿色消费的消费品进行征税，主要包括：一些过度消费会对人类健康、社会秩序、生态环境等造成危害的特殊消费品，如烟、酒、鞭炮、焰火等，通过对这类消费品征税体现"寓禁于征"的政策。奢侈品和非生活必需品，如贵重首饰和珠宝玉石、化妆品。高能耗及高档消费品，如小汽车、摩托车。通过对这类消费品征税，体现对高消费者的高消费支出的一种调节，以正确体现国家的消费政策，引导消费方向。不可能再生和替代的石油类消费品，如石油、柴油等，通过对汽油、柴油的征税，体现国家对消费这些稀缺资源产品的政策，节制对这些产品的消费，以节约能源。

为了更好地发挥消费税收制度对消费行为的引导和塑造作用，我国决定自2006年4月1日开始实行新的消费税收法律制度。这是我国对消费税进行最大规模的一次调整。此次消费税调整，主要是对现行消费税的税目、税率及相关制度进行了一些调整。例如，新增了高尔夫球及球具、高档手表、游艇等奢侈品税目；为节约木材资源，保护生态环境，对木制一次性筷子、实木地板等开征消费税；为控制能源消耗和调控消费结构，扩大了石油制品的消费税征收范围，除了汽油、柴油，对石脑油、溶剂油、润滑油、燃料油、航空煤油五类油品，均征收消费税。由于浴液、洗发水、花露水等护肤护发品已成为大众生活必需品，这次调整中取消了"护肤护发品"税目，将原属于护肤护发品征税范围的高档护肤类化妆品列入化妆品税目。同时，此次消费税收还对小汽车消费税税率进行了调整，按排量大小分别适用六档税率，提高了大排量汽车的税率，并对混合动力汽车等具有节能、环保特点的汽车实行一定的税收优惠。不难看出，这次消费税收制度的调整突出了两个重点：一是促进环境保护和节约资源，二是合理引导消费并间接调节收入分配。

（2）对我国现有的绿色消费法律法规的评价。倡导绿色消费的目的在于实现国民经济又好又快发展目标，维护居民生活的舒适与安全，控制资源能源消耗量，它涉及生产、消费以及消费后的回收利用等各个环节。对已有的《清洁生产促进法》《循环经济促进法》等法律法规进行初步分析来看，这些法律法规及相关产业政策基本属于生产环节范畴，已构成了我国较为完整的绿色制造业法律法规体系。在消费环节，产品环境标志制度、消费者社会义务法律制度、消费税收法律制度和政府绿色采购法律制度等有机联系、互为补充，基本形成了我国绿色消费法的框架和雏形。但必须指出的是，从总体上看，我国还没有形成完备的绿色消费法律体系，有关消费者社会义务、政府绿色采购方面的法律制度尚存在较大的不足和缺位，而现有的消费税收法律制度尽管得到了一定的改善，仍然存在诸多缺陷，难以起到调节消费行为和规制奢侈消费的作用。对整个消费过程而言，缺乏完备的适合我国国情的绿色消费法律制度和绿色消费法律体系。在消费后的回收利用环节，虽然《循环经济促进法》中的部分内容、《关于限制生产销售使用塑料购物袋的通知》等管理条例有所涉及，但就回收利用过程来说，尚无具有约束力的政策条例予以保障。

9.1.1.2 完善绿色消费规范制度

绿色消费法律制度的完善，绿色消费的实现，不是任何一个单一主体能孤立进行的：政府是营造绿色消费环境的倡导、管理者，是绿色消费的保障者；企业是绿色产品的开发、创造者，是绿色消费的源头；消费者是绿色消费的主角和终端，是绿色消费的主要践行者。因此，倡导绿色消费，推动循环经济发展，需要政府、企业以及消费者个人的通力配合才能实现。绿色消费是一项系统工程，在这个系统工程中，政府，企业，个人都是这个系统工程的主体。也是绿色消费的法律法规体系的主体。政府、企业、个人在绿色消费的法律关系中既享有权利也承担义务和责任，任何一方的权利义务的缺位都会影响绿色消费的法律法规的实行，因此政府、企业、个人都要明确其在绿色消费的法律法规中的权责利。

我国是个人口大国，消费者的个人义务显得尤为重要。而我国恰恰在规范个体消费者环境义务方面是很欠缺的。由于我国人口基数庞大，生老病死的消费都将是个天文数字。如果不加节制地消费，将对环境造成无法估量的影响。因此，我国应当在法律中明确公民有绿色消费的义务。本节所说的绿色消费法是国家基于保护生态环境和节约资源的需要而确认并规范人们在消费活动按照生态规律进行消费的法律规范的总称。当我们对绿色消费法进行界定的时候，不是指某项绿色消费法规，而是指有关促进生态消费行为形成的各种法律规范所形成的体系。从广义上讲，凡是引导和规制消费行为符合生态规律要求的法律法规都可以纳入绿色消费法律制度的范畴。绿色消费法的目的与环境资源法的独特目的协同一致，具有环境资源法的性质。因此，绿色消费法属于环境资源法。绿色消费法具有消费文化的传递功能、激励功能和社会整合功能。通过中外绿色消费现状以及各国绿色消费法律法规的对比研究分析，对完善我国现行绿色消费的法律法规提出以下建议：

（1）培养和加强居民环境意识。和日本、美国相比起来，我国的居民环保意识不强，环境道德还不尽如人意。环境意识的培养、环境道德的提高主要是依赖于环境教育，而我国的环境教育很落后。我国尚无正式的环境教育制度，构建我国的环境教育制度势在必行。环境教育应从娃娃抓起，并将终身学习、环境教育成为学校教育的必修课程。

（2）完善我国的环境税收政策。相比之下，我国的环境税收政策还很不完备。我国应对符合绿色消费的产业制定相应的税收优惠政策，而不能只停留在空头“鼓励”“倡导”上，应有实实在在的法律政策作为保障。

（3）构建绿色消费监测制度。包括政府及环境保护行政机关的行政监测和企业内部企业之间的监测。如新西兰就把一些对环境比较敏感的企业，如酿酒企业设置在江河下游，这些企业会对水质的好坏随时进行监测。

（4）重视绿色产品设计制度。绿色产品设计制度是企业履行绿色消费义务的途径。也是绿色产品产生的先决条件。为了确保消费者能够消费到绿色产品，加强绿色产品设计是企业应尽的义务。

（5）明确公民的绿色消费义务。日本是很重视消费者个人环境义务的国家。正因为这样日本由一个公害大国一跃而成环保先进国，个体消费者的贡献不容忽视。

9.1.2 环境税

环境税是一种为保护环境而采取的税种。环境税作为一种新的税种，经济合作与发展组织（OECD）中已经有很多国家将其作为优先使用的环境政策，并且取得不少的实践经验。从当下的环境税理论研究和实际情况来看，凡是与特定的环境问题有关的税种都纳入环境税之中。[①]20 世纪 70 年代初，OECD 环境委员会第一次提出了“污染者付费”原则，也就是说污染者承担规制、监控排污行为的成本，其成员国征收的专项排污收费也就是环境税的雏形。

9.1.2.1 环境税种类

经过 40 多年的绿色税制改革，目前世界上开征的环境类税种主要有以下几类：

（1）燃油类税。包括燃料消费税、石油产品消费税、矿物油税等。其征税对象为汽油（含铅汽油和无铅汽油）、柴油等燃油类产品。该类税种为第一大类环境税，共计有 42 个国家征收，收入占环境税总收入的 80%以上。

（2）车辆类税。包括车辆登记税、车辆使用税等，其征税对象为各类机动车辆。开征该类税种的国家有 35 个，是第二大类环境税。

（3）能源税。能源税的征收对象为煤、电力、天然气、石油等能源产品。

（4）碳税。碳税的征税范围为矿物燃料及能源产品，根据不同燃料或能源的含碳量确定计税标准。

（5）硫税。硫税是对排放到空气中的二氧化硫污染物征收的一种税，有的国家是对燃料和能源产品中的含硫量征收。

（6）废物税等，其征收对象为一般生活性废物、建筑垃圾、工业废物等。

（7）其他。除以上 6 个大类环境税外，经合组织国家开征的环境税还有包装税、臭氧层破坏物质税、水污染税、氮税、农药税、空气污染税、噪声税、轮胎税等。

9.1.2.2 世界各国环境税的状况

英国、法国、美国的环境税采用较早，通过了解这几个国家环境税的情况，从中可以得到启示。

（1）英国。英国是世界上最早采用消费税的国家。早在 1909 年，Loyd George 法官就将环境税加入汽油价格中，该政策得到了不错的效应。这实质上是消费税为环境税的诞生提供了最好的例证。伴随着 20 世纪 90 年代后可持续发展理念的出现，越来越多的经济激励机制手段被运用到实践中。英国 1993 年实行的国内燃料消费税及 1996 年实施的垃圾税同样反映出一个事实，即作为环境税主要税种的消费税在英国环境保护事业中得到了蓬勃发展。英国作为欧盟主要经济体在 20 世纪 90 年

---

① 环境税是针对日趋恶化的生态环境提出的，虽然在实践中，有与资源利用相关的税种，但在税收理论中时至今日在国际上对于环境说也没有一个统一、被公认的定义。但研究的具体内容是一致的，都是如何通过税收手段来实现对资源与环境的保护，以达到绿色消费目的。

代末期实施环境税改革，其环境政策经历了以政府运用行政手段直接管制为主，到运用税收为重要调控手段的发展过程。近年来，逐步加大了使用税收措施来保护环境的力度。目前，英国的环境税法律制度仍在不断探索中，其重要性也在不断彰显。英国环境税主要包括以下方面：

- 气候变化税。2000 年，英国制定了应对气候变化计划，其核心是征收气候变化税，于次年实施。为促进企业提高能效和保护企业竞争力，英国政府在出台气候变化税的同时，制定了其他一些配套措施，形成了气候变化税一揽子方案。这些措施包括：气候变化协议、提高投资补贴方案、碳信托、鼓励可再生能源等。英国政府在 2006 年的预算报告中提到，气候变化税开征以来，已减少了 2 800 万 t 以上的总碳排放量。到 2010 年，征收该税每年至少节省大约 350 万 t 碳排放。
- 车辆消费税。英国车辆消费税最初是根据排气量征收。自 2001 年 3 月开始，以每公里二氧化碳排放量为计税依据征收。截至 2009 年 4 月车辆消费税税率段的数量提高到了 13%。2010 年 4 月引入了新的首年车辆消费税，旨在购买初始就发出强烈的节能信号。二氧化碳排放量在 130 g/km 以下的汽车，在第一年无须缴纳车辆消费税，排量在 255 g/km 以上的汽车将缴纳 950 英镑的车辆消费税。
- 机场旅客税。该税是对因航空排放造成的环境污染进行补偿征收的税。机场旅客税由航空公司或票务代理公司在向旅客出售机票时代收。机场旅客税税率的高低取决于行程距离以及乘客所选择的仓位。英国从 1994 年 11 月 1 日起开征机场旅客税，之后又多次调高，自 2010 年 11 月 1 日起，这一税费进一步提高。0～2 000 英里[①]的税费增至 12 英镑，6 000 英里以上达到 85 英镑。2009 年 11 月及 2010 年宣布的改革和增加税率可使 2011—2012 年每年二氧化碳气体排放量减少 60 万 t。
- 购房出租环保税。从 2008 年 10 月开始，英国的“购房出租族”须交纳购房出租环保税。政府的新规定要求，全英 85 万个“购房出租族”在出租房屋前，必须聘请能源审计员评定其房屋的能耗级别并交纳 200 英镑的环保税，才能取得有效期为 3 年的房屋出租许可证。英国政府计划通过这项

① 1 英里=1.609 344 km。

税收，到 2016 年，所有新建房屋都要实现二氧化碳“零排放”。

☞ 垃圾（填埋）税和垃圾桶税。为了鼓励人们向对环境友好的可持续废物管理领域进行投资，从而提高废物处理等级，促进垃圾回收、再利用以及从废物中回收能源（如焚化及厌氧消化），减少填埋产生的碳排放和环境污染，1996 年 10 月 1 日开始，英国对居民垃圾征收垃圾（填埋）税。该税是对倾倒在地上或地下（垃圾填埋场）的废物——垃圾所征收的税，最初税率为每吨 7 英镑。此项税收收入专门用于垃圾填埋方面的环保项目。英国政府逐年提高了垃圾（填埋）税税率，于 1999 —2004 年每年每吨提高 1 英镑；2005—2007 年每年每吨提高了 3 英镑；2008—2010 年每年每吨提高了 8 英镑。英国政府在 2009 预算案中决定未来继续上调填埋税率，从 2010 年的每吨 48 英镑的税率，直到 2012 年 4 月 1 日，每吨将持续上调 8 英镑。2009 年 11 月起，英国政府在伦敦启动了按照垃圾的容量征收的垃圾桶税。政府发放给 1/5 居民家庭带轮的、安装了小型电子芯片的垃圾箱，要求各个家庭必须将垃圾进行分类，否则将被处以罚款。这些芯片记载了垃圾桶主人的地址，以便日后用于记录屋主的垃圾重量。对“制造过多垃圾的家庭”额外收费、处罚金，对生活垃圾按类按量征收垃圾桶税。这是英国政府和伦敦地方政府为了提高废物回收利用率、缓解垃圾填埋压力的最新举措。

☞ 石方税（采石总量税）。英国政府自 2000 年 4 月 1 日起推出石方税，对利用英国陆地和水域范围内石方（石头、沙子、砂粒、矿石）进行商业开采活动的开采者征税，税率为每吨 1.6 英镑。到 2010 年 4 月 1 日税率已经提高到每吨 2 英镑。该税以减少石方总量的需求为目的，适用于在英国境内陆地和领海范围内的海底挖出的碎石和沙子、提取砾石和岩石等矿物制品。

☞ 燃油税。从 2009 年 9 月 1 日起税率每公升提高 2 便士，2010—2013 年按实值计算每年提高 1 便士。从 2010 年 10 月 1 日起，燃油税税率提高到每升 58.19 便士。2011 年 1 月起税率增加 0.76 便士；2011 年 4 月起税率在剔除通货膨胀因素后再上涨 1 便士，此后每年（2012—2014 年）如此。自 2010 年 10 月起的燃油税税率与增值税税率的提高将使 2014—2015 年每年二氧化碳排放量减少 230 万 t。

英国环境税最主要的经验就是：税收约束、税收激励与税收优惠并重。在大力发展绿色经济的浪潮中，我国很有必要借鉴英国环境税的实际做法。

（2）法国。欧盟委员会把环境税分为三类，与汽车用油和发电用天然气等有关的是“能源税”；与汽车拥有税和航空旅客税等有关的是“运输税”；与大气污染物质和废弃物排放等有关的是“防止污染、资源税”。按欧盟委员会的分类标准来看，2008 年，法国环境税的总收入达到 410 亿欧元，分别占国内生产总值的 2%和总税收收入的 5%左右（表 9-1），法国是欧盟的重要创始成员国，其环境税政策在欧盟、中央政府和地方政府 3 个层面发挥了作用。其环境税的特点有如下几个方面：

- 法国作为欧盟重要成员国，其环境税政策的制定和实施都受欧盟的影响。欧盟对其成员国在环境政策的相关指标上都有限制，欧盟所采用的标准是下限标准，即各成员国排放标准、收费标准最低不能低于欧盟委员会所提出的指导性标准，比如在能源消费税的协调上，欧盟很早就对成员国的能源消费税实行最低税率标准限制，并不断提高这一标准，使成员国的能源消费税税率水平在世界上处于较高水平。
- 法国环境税的税率和税基会随着排污项目的不同和时代的发展而变化。法国环境税按污染要素和污染程度实行多重收税和差别收税，但同时又注重对其工业竞争力的保护。税率和税基会随着时代的发展而改变，一方面是引导消费，保护环境，如法国政府从 20 世纪 20 年代开始对成品油征收燃油税，从 20 世纪 70 年代起，这一税种实际上发挥了环境税的作用，同时引导着社会消费习惯，称得上是成功范例。另一方面是鼓励创新，积极开发和使用新能源。目前法国环境税的第一大税种还是能源税。

表 9-1　法国三大税种征收情况（2007 年、2008 年）

	2008 年总额/100 万欧元	2007 年总额/100 万欧元	2008 年占 GDP 比重/%	2008 年占税收的比重/%
能源税	27 864	27 862	1.4	3.3
其中包括国内石油产品消费税	23 821	24 264	1.2	2.9
运输税	11 260	11 087	0.6	1.3
其中包括交通税	5 978	5 671	0.3	0.7
污染税和资源税	1 934	2 035	0.1	0.2
总收入	41 058	40 984	2.1	4.8

数据来源：根据欧洲统计局和全国统计及经济研究所数据整理。

从表 9-1 中可以看出在三大税种中能源税依然是最主要的税种，2008 年和 2007 年都占有大于 50%的比重，按照这样的发展趋势在未来的几年能源税仍将是法国环境税的主要税种。并且在总收入中的比重也是逐渐在增加，在 2008 年占 GDP 比重的 3.3%。

☞ 法国环境税由中央和地方政府共同征收，税收收入共同支配，但是都要专款专用。对于全国性的污染项目由中央和地方共同征收，如二氧化碳污染等，有利于整体的全面治理。而对于一些地方性的污染项目则由地方政府征收，有利于地方政府直接将其应用于污染项目的治理，减少资金划拨程序，提高工作效率。税收收入则要专款专用，法国环保税的收入主要用于环保支出，由法国环境保护部来负责掌握，实行专款专用。目前，法国 95%以上的环保税收入都是专款专用的。法国的环保资金先由环境保护部拨给全国 6 个大区的环境保护中心，再由它们来负责安排各项支出。每年的各项环保支出都要编制专门的预算，并由审计院负责监督预算的执行与资金的使用情况。[①]

（3）美国。美国的环境税收也称为“绿色税收”或“生态税收”。它是指美国为实现特定的生态环保目标，筹集生态环保资金，并调节纳税人相应行为而开征的有关税收的总称。其环境税收主要有 10 种：

☞ 氯氟烃税。美国国会于 1990 年 1 月 1 日颁布开征氯氟烃税。该税是一种从量计征的国内消费税，以生产和进口氯氟烃类的数量为税基，税率从 1993 年每镑氟利昂 3.35 美元上升到 1995 年的 5.35 美元，此后每年又以 45 美分的速度递增。氟利昂的税率被认定为基础税率，其他耗臭氧物按其耗臭氧潜能划分等级，税额为基础税率与耗臭氧潜能的乘积。

☞ 形成“超级基金”的税收。化学原料消费税、汽车消费税、公司所得附加税的税收收入形成专项基金——超级基金。该基金是保护环境的专项基金，为处理已经倾倒的废弃物提供清理费用。化学原料消费税的纳税人是化学原料的生产者和进口商，课税对象为 42 种化学原料，税率根据化学品的类别而定。从每吨 24 美分到每吨 10.13 美元不等，但是这些化学品出口免税；汽油消费税的纳税人是原油生产者、进口商及汽油进口商，税

① 杨芬、吕凌燕：《法国环境税对我国的启示》，载《学习与实践》2007 年第 7 期，第 91～95 页。

率为每桶 9.7 美分；公司所得附加税附征于一般公司所得税之上，起征点为 200 万美元，税率为 0.12%。

- 形成漏油责任基金的税收。漏油责任基金由对原油生产者及原油、汽油进口商课征的消费税形成，税率为每桶原油、汽油 5 美分。该项税收只是对漏油事件产生的环境损失的预防和补偿。
- 形成地下储藏罐泄漏基金的税收。地下储藏罐泄漏基金由对汽油、柴油、飞机燃料和其他燃料课征的消费税形成，税率为每加仑 0.1 美分。
- 形成废弃矿井再利用基金的税收。废弃矿井再利用基金是对煤的生产课征的税形成。税率为露天开采的煤每吨 35 美分，地下开采的煤每吨 15 美分。
- 对空气污染课征的税收。美国联邦和两级政府都对汽油、柴油等燃料课征燃料税，联邦汽油税税率为每加仑 18.4 美分、柴油税税率为每加仑 24.4 美分。各项税率变化很大，从每加仑约 8 美分到每加仑约 30 美分不等。
- 开采税。该税是对自然资源（主要是煤炭、石油、天然气）的开采征收的一种消费税。通过影响自然资源的开采速度影响环境。
- 高耗油车税。该税是联邦政府对未达到最低燃烧指标的无效燃料课征的一种消费税，专门用于抑制无效燃料车的购买、使用，对每加仑汽油未行驶 12.5 英里的汽车，征税 7 500 美元。
- 煤炭税。该税是联邦政府对煤炭征收的一种特殊国内货物税。该税为“尘肺病”患者提供社会保险基金。露天开采煤税率是每吨 55 美分，地下开采煤税率是每吨 1.1 美元。
- 环境收费。美国的环境收费主要包括：一是水费和下水道费，此费为水污染的治理筹集资金。自来水和下水道按水表计量收费。二是固体废弃物收费，其按体积收费，以此抑制家庭产生过多的固体废弃物。

9.1.2.3 国外环境税的启示

美、英、法三国的环境税实施得比较完善，我国可以借鉴其有益部分为我所用，实施有效的环境相关法律制度。

（1）税收和其他手段相结合。发达国家的环保工作之所以能取得好的成效，征收环境税只是其中的一个方面，更为重要的是建立了完善的环境经济政策体系。目前，我国环境保护税种不是很完善，用来治理环境污染的费用主要是靠征收排污费等构成，环境保护和治理资金严重不足，因此要完善其他税收的相关政策，充分发挥税收的调节作用。

（2）环境税要与我国国情相结合。英、美、法等国的环境税的制定不是一成不变的，是根据不同时期的情况而进行适时调整的，因而取得了比较好的效果。我国在实施环境税时，也可以采取循序渐进的方式，先在个别地区实施，然后总结经验再逐步推广，以尽可能减少环境税的负面影响和阻力。

（3）中央与地方相结合，实施专款专用。我国人口众多，经济发展不平衡，资源消耗和污染程度也不尽相同。因此，我们可以仿效法国，环境税由中央和地方共同征收，结合污染的不同程度，以合理的税收比例进行征税，这样既可以全面治理，还可以重点治理，实行准款专项，可以因地制宜开展环境治理，提高税收调节环境保护的效率。

（4）公众参与和政府治理相结合。美国和英国广泛地通过宣传教育，旨在增强公民的环境保护和纳税意识，将政府的环境保护工作和公民的参与相结合，在全社会形成绿色消费的理论和行动。

9.2 绿色消费市场准入制度

市场准入从法律角度讲是指国家规制市场主体和交易对象进入市场的有关法律规范的总称。从经济学角度上讲是指主体和交易对象被政府准许进入市场的程度和范围；绿色消费的实现与绿色产品的提供程度密切相关，而绿色产品能否进入市场、进入市场的程度和范围有多大又取决于市场准入制度。绿色消费市场准入制度主要从绿色产品市场准入标准、绿色产品认证制度两方面进行阐述。

9.2.1 绿色产品市场准入标准

市场准入好比经济生活中的一道“门槛”，进入市场的这道“门槛”是万万不能缺少的。市场经济国家设立市场准入标准的初衷，是出于政府作为公共利益的代表来平衡生产和消费的关系，避免由“市场失灵”使企业的有害生产威胁社会和消费者。绿色产品市场准入标准是绿色产品被政府准许进入市场的程度和范围以及相关的法律规范的总称。

9.2.1.1 必要的绿色产品市场准入标准不可或缺

长期以来，我国对进入市场的产品的质量及其来源不加以区分，也没有分类予以指导和区别采取管理措施。这不利于资源的优化配置。绿色产品，其核心意义在于充分利用资源，使自然生态资源能够更好地为人类服务，减轻由于人类客观需求对资源造成的压力。一方面，如果在开放绿色产品市场的同时，而不对其进行科学管理，必然会将非绿色产品市场的通道拓宽，其结果必然会造成生态资源的极度破坏；另一方面，如果政府允许并扶持绿色产品产业的发展，同时对不同来源不同性质的绿色产品予以区分，实施科学管理，不仅会促进我国经济健康快速发展，而且会达到保护生态资源的目的。

9.2.1.2 绿色产品市场准入标准有助于应对信息的不对称

相对于生产者来说，普通消费者对于绿色产品的了解具有明显的信息弱势，这就必然要求政府部门或行业组织为消费者提供绿色产品方面的相关服务，制定绿色产品市场准入标准，并加以宣传，从而消除生产者和消费者之间的信息不对称，对产品或服务的提供者进行相应的制度约束。

9.2.1.3 健全的绿色产品市场准入标准有助于消除自然资源的“外部不经济性”

外部不经济是指某个经济行为主体的活动使他人或社会受损，而责任人却没有为此承担成本。自然资源破坏具有很强的外部不经济性。人们受传统资源价值观的深入影响容易把有些资源看作是没有价值、可以无限供给的资源。产品生产者把获取经济利益作为唯一驱动力，以资源的高投入、生态环境的破坏为代价换取利润。而随着经济社会的进步，人们生活质量和经济实力的不断提高，人们消费需求的不断膨胀又反过来刺激着自然资源获取与生产、投入与产出，而对经济活动中的自然资源要素考虑严重不足，导致资源浪费和生态破坏。这就是自然生态资源的“外部不经济”。

随着经济发展，如果不对相关企业及其产品加以限制，各经济主体在经济利益的驱使下，极有可能加剧对自然资源的破坏程度，从而加剧自然资源的“外部不经济性”。因此，在企业生产所需原材料方面达到绿色产品准入标准是当务之急。

由商务部组织起草的《农副产品绿色批发市场标准》和《农副产品绿色零售市场标准》已正式进入实施阶段，这也是我国全面实施食品市场准入制的开始。《农副产品绿色批发市场标准》和《农副产品绿色零售市场标准》涉及的农副产品包括蔬菜、水果、肉禽蛋、水产品、粮油等产品及其加工品。两个标准的共同原则是在环境、设施设备、商品管理、市场管理和信用管理 5 个方面提出高于一般农副产品市场的要求。比如，在商品管理上，建立了严格的市场准入制度——产品应是经过合法的认证机构认可的产品，或是达到国家标准的产品；对于目前没有国家标准的产品如蔬菜，则要进行进货索证、质量追溯等进货管理和入市检验检测。

9.2.2 绿色产品认证制度

绿色产品认证制度又称合格评定程序，是指对绿色产品间接或者直接相关相求被满足的程序，它是为进行绿色产品而建立的一套程序和管理制度。绿色产品认证制度是施行绿色消费不可缺少的前提条件。如果没有健全的绿色产品认证体系，绿色消费就会成为无源之水，无米之炊。因此，构建绿色产品认证制度是保障绿色消费顺利施行的首要条件。

而完善的认证程序则有利于对绿色产品的确定。对此，广州市早在 1997 年就制订了《广州市绿色产品认证程序实施办法》，绿色产品认证，要求某一产品在符合产品质量标准基础上，经绿色产品认证办公室确认，符合绿色产品技术要求的，颁发认证证书和标志。

9.3 绿色采购制度

绿色采购制度的实行一方面要求人们有绿色采购的意识，另一方面要有一套绿色采购标准，只有两方面协调才能使绿色采购制度得到好的实现。

9.3.1 绿色采购意识

绿色采购注重资源的节约和环境的保护，它有利于推动资源回收、重复和减量使用。

绿色采购的实施有利于绿色消费的实现。但在现实经济生活中，受多方面因素影响，绿色采购意识还不强烈，消除这些因素将有利于增强人们的绿色采购意识，促进绿色消费的全面实现。

9.3.1.1 外部性影响

绿色采购涉及的绿色技术创新具有很强的正外部性，绿色技术能够使产品在生命周期内产生的废弃物降到非常低或者使废弃物的处理成本降低，从而创造更多的社会效益。但从事绿色技术创新的企业所获得的环境效益往往难以货币化而成为企业自身的经济效益，同时绿色技术创新的投资高、风险大，家电企业没有足够的动力去进行绿色技术创新。目前绿色技术创新的矛盾主要在于企业眼前利益和社会利益的冲突。从经济学上看，企业行为的目标是利润最大化，而企业对环境的改善和保护往往无法通过价格机制得到回报，企业实施绿色技术创新会使其私人成本大于社会成本，企业要消化增加的成本，一是企业自己承受，结果会降低企业的利润水平；二是提高产品价格，把成本转移到消费者头上，在我国绿色意识不强的情况下，可能引起市场份额下降。所以如果没有政府调节，完全靠市场机制作用，会由于外部性问题的存在，使未实施绿色技术创新的企业的社会收益增加，但这些企业不会向实施绿色技术创新的企业作任何补偿，资源配置难以达到帕累托最优。从而影响了企业的绿色技术创新，减弱其进行绿色采购的意识。

9.3.1.2 观念与制度障碍

（1）企业的观念障碍。与欧美等发达国家相比，我国不少家电企业环境意识淡薄，把环境管理看作是为应付环保标准而不得不付出的成本。由于绿色技术要兼顾生态、资源、环境和社会后果，技术性强，复杂程度高，风险大，其技术投资和运行费用相当昂贵，因此企业对眼前利益看得过重，对绿色技术创新关注较少，没有从战略高度来看待绿色技术创新扩散和应用，把绿色技术创新作为一项负担，对优化环境缺乏主动性和责任感，没有成为企业的自觉行为。

（2）消费者的观念障碍。随着教育和宣传力度的加大，消费者的环保意识在不断加强，但绿色认知不等于现实购买。目前一些消费者拒绝给绿色产品“埋单”，原因大致分为两类：一类是不清楚绿色产品的内涵。许多消费者只是从媒体或卖场的海报上知道选择绿色消费是健康环保的，但健康在哪儿、环保在哪儿却一无所知，从而影响了消费热情。另一类是不少消费者只从自己的利益来考虑绿色消费，很多绿色产品如环保制冷剂冰箱、无铅电子产品等，其消费只能增加消费者整体和长远利益，主要体现为对大气、土壤及水资源等公共环境的保护，受益对象不具有排他性。同时价格又相对较高，消费者往往会退避三舍。因为公益性绿色消费行为往往对他人和社会产生影响，却未通过市场交易成本和价格反映出来，即绿色产品消费具有正外部性，而非绿色消费具有负外部性。根据“经济人”基本假设，消费者都有尽量减少费用而使自身效用最大化的倾向，在没有适当法律法规制度约束或从制度上给予一定激励的情况下，作为“理性人”的消费者，自然就会缺乏绿色消费的积极性，通过不付费或者少付费而获得正的外部性的“搭便车行为”就会增加，非绿色消费行为就会持续下去。

（3）制度障碍。在高速发展的市场经济时代，经济的发展程度和制度保障程度是不匹配的，制度的不完善影响着绿色产品采购，在我国的相关法律制度中对绿色产品认定的标准不完善，采购主体和个体的权利义务不是很明确，政府的绿色采购清单制度存在很多缺陷。这样消费者很难进行绿色采购。

9.3.2 绿色采购标准

英国 1987 年出版的《绿色消费者指南》一书，率先为绿色消费划定了范围，从绿色消费的角度提示人们应当规避以下非绿色消费商品：①危害到消费者和他人健康的商品；②在生产、使用和丢弃时，造成大量资源消耗的商品；③因过度包装，超过商品本身价值或过短的生命周期而造成不必要消费的商品；④用出自稀有动物或自然资源的商品；⑤含有对动物残酷或不必要的剥夺而生产的商品；⑥对其他国家尤其是发展中国家有不利影响的商品。

我国各个行业绿色采购标准是不同的，至 2002 年以来先后出台了《中华人民共和国政府采购法》《节能产品政府采购实施意见》《环境标志产品政府采购清单》等。

《中华人民共和国政府采购法实施条例》（2015 年 3 月）第六条规定：要通过制定采购需求标准、预留采购份额、价格评审优惠、优先采购等措施，实现节约能源、保护环境、扶持不发达地区和少数民族地区、促进中小企业发展等目标。这一规定体现了政府对绿色采购的要求，使我国的政府绿色采购具备了一定的法律基础。2004 年年底，财政部、国家发改委联合制定了《节能产品政府采购实施意见》，两部门综合考虑政府采购改革进展和节能产品技术及市场成熟等情况，从国家认可的节能产品认证机构认证的节能产品中按类别确定了实行政府采购的范围，明确要求政府采购应当优先采购节能产品。政府绿色采购因其量大面广，一方面，可以培养扶植一大批绿色产品和绿色产业，有效地促进绿色产业和清洁技术的发展，进而形成国民经济的可持续生产体系。另一方面，政府绿色采购对普通消费者有着强烈的示范作用，可以引导人们改变不合理的消费行为和习惯，倡导合理的消费模式和适度的消费规模，减少因不合理消费对环境造成的压力，进而有效地促进绿色消费市场的形成。近年来，随着国家推进循环经济和建设资源节约型社会进程的加快，我国还适时出台了一些有关促进绿色消费模式的政策文件。如在《国务院关于加快发展循环经济的若干意见》（国发〔2005〕22 号）中，关于发展循环经济的重点环节之五就是“消费环节要大力倡导有利于节约资源和保护环境的消费方式，鼓励使用能效标识产品、节能节水认证产品和环境标志产品、绿色标志食品和有机标志食品，减少过度包装和一次性用品的使用。政府机构要实行绿色采购”。该意见还对我国在推进循环经济建设中有关促进绿色消费模式的立法趋势提出了建议，如建议适时出台燃油税，完善消费税制，全面开征城市生活垃圾处理费，研究建立消费者对废物回收、处理和再利用的法律义务等。从中不难看出，倡导绿色消费观、促进和保障绿色消费的行为模式已经在我国现有的法律体系中有所体现。财政部和国家环保总局联合发布的《关于环境标志产品政府采购实施的意见》（财库〔2006〕90 号）及其《环境标志产品政府采购清单》中明确规定：采购人采购的产品属于清单目录中的，在性能、技术、服务等指标同等条件下，应当优先采购清单中的产品。

作为政府采购的重要政策功能之一的绿色采购制度，标志着中国政府已正式将环境准则纳入其采购模式，对于引导绿色生产和消费、树立政府机构环保形象、推进环境友好型社会建设、实现经济社会可持续发展都有着非常积极和重要的意义。在产品绿色标准制定和环境标志产品认证方面紧跟国际同类标准发展趋势，积极完成与国际标准接轨，确保了我国环境标志标准技术逐渐成熟。我国环境标志产品认证制度包括了环境保护国际履约类、可再生回收利用类、改善区域环境质量类、改善居室环境质量类、保护人体健康类和节约能源资源六大类，基本涵盖了政府采购的产品内容，既培育了绿色消费市场，促进了绿色技术和清洁技术发展，又扩大了绿色采购产品的市场规模。迄今为止，我国已批准颁布环境标志标准 56 项，1 000 多家企业，18 000 多种产品获得了环境标志认证，形成了 700 亿元产值的环境标志产品体。

绿色消费制度的不断完善是对环境保护和资源合理利用的保障，发达国家在这方面已经比较成熟，制度也比较完善。我国在这方面还有待进一步完善。

第 10 章

基于转型的绿色消费战略

我国正处于经济转型过程中，经济的转型必然促使消费的转型。党的十八大强调要大力推进生态文明建设，发展循环经济，促进生产、流通、消费过程的减量化、再利用、资源化，实际上已经把实现绿色消费作为一大战略提出。这一战略的提出，可从两方面理解：一是我国消费战略历经了不同阶段、不同发展轨迹，这是与经济转型有密切联系的；二是绿色消费作为一种战略的凝固，还可以从根本上确立绿色消费的保障体系，使绿色消费具有长久性。本章对经济转型中的绿色消费战略进行了阐述。

10.1　绿色消费是我国消费转型的一大战略

消费转型是与市场经济的发展紧密联系在一起的，它伴随着经济的转型而产生。我国经济正处在转型和调整的过程中，稳增长、调结构、转方式是其主要任务。消费同样面临着转型问题。不仅要促进消费稳定增长，而且要求消费的增长不能以大量消耗资源、污染环境为代价；不仅要满足居民基本的消费需要，而且要注重调整、提升消费结构，关注民生消费；在消费方式上要向绿色消费方式转型。那么，有哪些因素推动着消费转型呢？本节主要从经济方面阐述。

10.1.1 消费转型的经济原因

10.1.1.1 经济增长

经济增长为消费转型提供了前提。经济增长推动了消费的增长，使人类的消费内容越来越丰富，除了物质消费外，还包括更高层次的精神文化消费。

而随着知识与科技不断向消费领域渗透，高科技的消费品不断进入家庭，会改变家庭的生活方式，使消费者的范围和层次不断提升，加速消费的转型。

经济增长可以通过提高居民收入水平，提高居民的消费能力。这种能力的提高，可以使消费方式更加丰富多彩、消费层次多样化。

经济增长会产生新的产业部门，产生新的消费品，从而产生新的消费领域，使居民的消费领域得以拓宽。以前没有消费过的消费品，现在可以消费了；以前稀少的消费品种，现在可以增大消费量。不仅生存需要的范围扩大，而且享受需要、发展需要的范围也得到扩大。使居民消费向多样化、提高型转变。

经济增长为消费结构转型提供了物质产品和服务产品基础。由于经济增长，生产技术水平不断提高，生产出来的产品质量不断提高，由低附加值产品转向高附加值产品，高质量、高档次的消费品不断涌现。消费者过去消费质量差、档次低的产品，现在可以消费质量好、档次高的产品；过去只能满足最基本的消费需要，现在可以满足较高层次的需要，这会促使消费完成结构上的转型。

10.1.1.2 产业结构

在经济的转型过程中，人的消费需求也不断发生着变化，从而引起需求结构的变化，而需求结构的变化必然会导致产业结构的变化，从而导致了消费的转型。

一般来说，产业结构的发展都遵循着一定的规律。按照配第-克拉克定律，随着经济的发展，劳动力不断从第一产业向第二产业，进而向第三产业转移。这种规律的变化，会引起消费结构的变化。同时，消费结构也影响着产业结构，消费结构从“温饱型”转向“小康型”，从以吃、穿、用为主，转向住、行、健康、教育、资讯为主，都对产业结构调整和升级提出了迫切要求；而新兴产业的兴起，会创造出新的消费需求，从而使消费结构升级，二者共同作用，带动经济发展，促进消费的转型。

不仅如此，产业结构还会影响消费的支出结构。伴随着高新技术的广泛运用，带来了产品的极大丰富，使消费的层次和品位得到提升，消费结构由低层次不断向高层次发展，消费的品种也不断增加，如闲暇消费、教育消费、网络消费等。

10.1.1.3 流通结构

流通是实现消费的媒介，没有流通，消费品难以到达消费者手中，因此，流通是实现消费的必要前提。流通结构越合理，产品转化为消费的速度也就越快。而消费的实现会产生新的需求，新的需求导致了消费结构的变化，流通结构可分为流通的商品结构和流通的行业结构。

流通的商品结构会影响消费的支出结构。一方面是商品的分类，另一方面是商品的质量好坏，二者会对消费结构的支出构成产生影响。商品的分类越合理，就越能适应消费者的需求，使消费选择的自由度扩大，这会加快商品的销售，加速商品的流通，改变消费的支出结构，影响消费的转型。商品的质量优劣决定了消费者购买欲望的强弱，低劣的商品难以满足消费者的需求，消费者的消费结构也只能是一种低层次的结构；优质的商品会唤起消费者的新需求，并会去追逐更完美的商品，使消费者的消费结构上档次。

流通的行业结构的变化，使消费者对商品的选择更加灵活，增加了服务类商品的需求；如流通的网络结构扩大了消费者的选择范围，提升了消费的档次。网络的发展，以更高的效率和速度传递和分享信息，消费者在网络上可以不受地域限制，在全球范围内挑选自己所需要的商品，在范围上扩大了消费的选择；网络的发展，消费者的购买成本可以节约，而商家通过建立市场快速反应系统，可降低商品售价，消费者可以在更大的范围内选择价廉物美的商品。

10.1.1.4 收入分配

居民收入越高，其购买力越大，相应地，消费需求的层次也会提高。收入越平均，消费的层次性就越不明显；收入之间存在差距，消费就越能呈现出多层次性。

10.1.2 绿色消费已上升为国家战略

近年来，消费成为拉动经济增长的第一驱动力，扩大内需、拉动消费是我国的长期基本国策。在消费中进行转型已上升为国家战略，而绿色消费则成为消费转型中的战略。这种战略的形成可以从国家的政策文件中反映出来。

2011 年 10 月 25 日，商务部、财政部和中国人民银行三部门联合下发《关于

“十二五”时期做好扩大消费工作的意见》，明确了“十二五”时期商务工作的重要任务是扩大消费。并且提出要处理好三大关系：一是扩大消费规模和优化消费结构的关系，实现消费又好又快发展；二是处理好不同收入群体消费之间的关系，实现消费多层次发展；三是处理好扩大消费与资源环境承载能力的关系，形成与国情相适应的文明、节约、绿色、低碳的消费模式，实现消费的可持续发展。可见，国家已经意识到在扩大消费的过程中，应该注意资源的节约、环境的保护，形成绿色理念并把它付诸实践。

党的十八大报告指出，要牢牢把握扩大内需这一战略基点，加快建立扩大消费需求长效机制，扩大国内市场规模。同时，提出着力推进绿色发展、循环发展、低碳发展，形成节约资源和保护环境的空间格局、产业结构、生产方式和生活方式，表明了要推动消费的低碳转型，实现绿色消费。可见，在我国消费转型过程中，绿色消费已经上升为国家的一个战略。

10.2 消费转型的轨迹

消费转型与经济发展程度密切相关，随着经济转型，中国已经出现了消费转型，由谨慎型消费向开放型消费发展、由单一性消费向多样性消费过渡、由传统消费转向绿色消费。在个别群体和个别品种中，甚至也出现了奢侈性消费、炫耀性消费，这值得引起关注。消费转型的轨迹可从我国消费发展的历程中看出，从理论上来说，消费转型有其理论渊源。

10.2.1 消费转型的理论渊源

通常来说，拉动经济增长的有“三驾马车”，即投资、出口和消费。在经济发展的不同阶段发挥着不同的作用，使消费的地位发生变化，消费的方式发生转型。

（1）在经济发展的初期，必须通过减少消费来增加投资带动经济增长。这一时期以古典经济学家的理论为代表。古典经济学家从发展新兴资本主义经济的目的出发，始终强调财富和资本的积累，主张积累财富、节制消费。本节对英国古典经济学家的消费观点加以阐述。

威廉·配第消费经济思想的核心是主张节制不必要消费，以保证财富和资本的积累，其思想明显具有生产决定消费及消费影响生产的观点。他的消费主张主要包括：其一，对必要消费和不必要消费进行区分。他以是否有利于生产发展作为标准，区分了必要消费和不必要消费，认为用于大吃、大喝的消费是最不利于生产的，用于购买衣料的消费也不利于生产，为此他主张通过征税的办法来控制资金的支出及用途，征税对象主要是那些把资金用于不利于生产方面的人或企业，主张要把资金转交给用于改良土地、捕鱼、开矿及办工业之类的发展生产的人。其二，提出了调节消费可以采用税收手段。一方面主张对过剩产品加征赋税，以立法的形式来调节积累与消费、消费与生产的比例关系，把多余的部分由政府来支配，以增加公共福利。另一方面主张通过税收给某些穷人以消费补助。

亚当·斯密对目前消费与未来消费、生产性消费与非生产性消费进行了区分。认为目前消费是一种眼前消费，只满足眼前享受，不能积累资本，进行再生产；而未来消费则是一种长远消费，它不仅鼓励人民勤俭节约，而且还能生产出价值与利润。因此，斯密主张鼓励进行生产性消费，抑制非生产性消费，特别地，他认为非生产性的奢侈消费是不利于国民财富的增加的，尤其是政府的奢侈妄为，会使国家长久贫困。这反映了斯密的节俭消费观，有绿色消费思想的萌芽。

大卫·李嘉图的消费经济理论的核心思想与斯密基本相同，仍旧是强调资本及财富的积累，节制非生产性的消费，但更为深刻。在生产与消费、政府税收与人民消费水平的关系上，更多地强调限制政府的非生产性开支。他同时对必需品和奢侈品进行了区分。认为用来购买必需品的消费支出是维持劳动力再生产的必要费用，而用来购买奢侈品的消费支出则是一种非生产性支出。同样反映了他的节约消费观，是早期向绿色消费转型的思想体现。

（2）随着经济进一步发展，必将通过扩大出口规模带动经济增长。特别在消费需求不足的情况下，更要通过增加出口，以促进消费的增长。随着经济形势的变化，再转到以扩大消费为主上来。

（3）到经济发展的更高阶段，伴随着社会保障制度及居民收入水平的提高，扩大消费成为拉动经济增长的主力，不仅要重视消费，更要懂得如何消费、怎样消费才算是科学的、绿色的、环保的，可以说此时消费问题已构成了生产向集约型、环境友好型发展的“瓶颈”。从我国目前情况看，正处于从温饱向小康、由小康走向富裕阶段，因此消费应摆在首要位置来考虑。消费已成为主导，这种为主导包括两方面内容：一是拉动经济增长的力量由投资、出口向消费转变；二是消费方式转变，在消费中要杜绝消费主义思想，转向科学消费、绿色消费。

根据国家统计局的资料显示，从投资、消费和净出口三大需求结构看，2012年最终消费对经济增长的贡献率为 51.8%，高于资本形成对经济增长的贡献率（50.4%）1.4 个百分点，内需仍然是经济增长的主要动力，消费对经济增长的拉动作用不可低估。

10.2.2 消费转型的不同阶段

根据我国消费发展的历史，消费转型经历了 3 个不同的时期。

（1）1949—1957 年（居民消费提高较快时期）。这一时期有两个特点：一是通过对农业、手工业和资本主义工商业的社会主义改造，将以公有制为基础的社会主义经济在国民经济中的主导地位加以确立；二是通过完成第一个五年计划，奠定了社会主义工业化的初步基础。这一时期，由于基础较薄弱，尽管居民消费提高较快，但仍然处于较低水平。

（2）1958—1978 年（居民消费紧缩和徘徊时期）。这一时期消费的地位开始发生变化，注重的是高积累，实行的是低消费。主要是基于经济发展战略转到重视生产、轻视消费上来，使经济发展片面以产值增长速度为目标，这种失误导致居民消费受到影响。虽然十一届三中全会后，经济有了发展，但由于指导思想上仍未摆脱“左”倾思想的束缚，对过去造成的经济比例失调认识不足，在国家经济和人民消费刚刚恢复时，又急于求成，不但没有降低积累率，反而有所上升。

（3）1978 年以后（居民消费全面提高期）。十一届三中全会以后，已将建设社会主义现代化作为经济工作的重心，加上农村经济体制改革的逐步展开，使消费发生不同程度的转型，引起消费水平、消费结构的巨大变化。这期间经历了 4 个阶段：

- ☞ “还欠账”阶段（1978—1982 年）：这一阶段主要是为了纠正过去在处理积累与消费关系上的失误，补偿历史对消费的“欠账”，调整严重失调的积累、消费比例关系，因此，采取了一系列旨在提高居民收入水平的消费倾斜政策。比如提高农副产品收购价格，进行工资调整等。
- ☞ 单纯刺激消费阶段（1983—1988 年）：所谓单纯刺激消费是指政策导向上只重视如何刺激消费而不根据当时整个市场的形势来作出决策。从 1983 年开始，由于某些农副产品积压，于是舆论界产生了片面强调鼓励消费、刺激消费的错误导向。但从当时情况看，单纯刺激消费是行不通的。因为，当时市场供给小于市场需求，是生产者占主导地位的卖方市场，单纯刺激消费，使得本来已经不足的供给更显得不足，进一步加大了供给与需求的缺口，不但没有促进经济的发展，反而加剧了市场的无序。

☞ 治理总需求膨胀，控制消费阶段（1989—1995 年）：从 1988 年第四季度起，针对经济过热、投资规模过大、消费需求过旺、物价上涨等一系列矛盾，中央提出了治理整顿的方针，采取了一系列措施，诸如紧缩财政、信贷、控制投资、消费、加强工资基金管理等，堵塞乱发奖金、滥发实物的各种渠道，使过快的收入增长出现了减缓趋势，抑制了增长过快的集团购买力，改善了供求关系，经济生活走上了正常轨道。

☞ 消费需求不足阶段（1996 年开始，持续到 2000 年以后）：这一阶段表现出明显的消费需求不足，主要反映在生产能力利用率低、大量生产能力闲置、生产大量过剩、居民消费倾向下降等方面。

通过以上方面的分析可以看到，总体上来说，我国还是一种谨慎型消费，即秉承的是一种“量入为出”、节约的消费观念。这种消费观念在 2008 年由美国引发的国际金融危机中，成了抵御金融危机的一道屏障，我国所受冲击较小，但消费对经济发展的正向作用仍然没有得到最充分的发挥，因此，我国应对金融危机的措施与美国采取的措施有所不同，应转向通过扩大国内消费来保持经济的稳定增长。我国如果仍然采取以牺牲国内消费来保出口换取外汇的方式，在美国经济放缓、消费市场出现大幅度萎缩的情况下，也必将面临挑战。因此，应立足于扩大内需，通过消费模式转型，来有效刺激和推动消费，在现行的谨慎型消费与过度消费模式间寻求一个适度均衡的融会点。

可以说，过度消费模式在一定程度上是引起美国 2008 年金融危机的一个重要原因。这种消费模式的形成在美国有其客观基础。①来源于美国移民的传统习惯。早在 1620 年，从英国移民通过分期付款方式乘轮船到达美洲大陆开始，美国社会就出现了超过自身收入水平的借贷消费现象。随后，消费信贷已成了美国社会的一个普遍现象，在美国发展很快。大到房子，小到日常生活用品，都采用分期付款方式或通过贷款方式进行。这使得政府和居民都养成了扩张性消费的习惯，似乎越支出政府越有钱，越消费居民越富裕①，不管是政府还是居民都在透支未来的收入，而且透支比例越来越大，大大超过了承受能力，为经济危机和金融危机的产生埋下了伏笔。②理论上的引导。主要是弗里德曼“持久收入假定”和摩根的“消费决策影响收入”成为美国日益盛行的过度消费行为的理论支撑。弗里德曼将收入分为持久性收入和暂时性收入两部分，认为应该用未来收入即持久性收入来分析人们现期消费支出的变化。根据其收入划分，将消费也分为持久性消费和暂时性消费。该假定强调了消费者未来收入与消费之间的关系。因此在一定时期内，消费者的现期消费支出可以超过其现期收入，在经济衰退时，尽管一个人的现期收入减少但消费支出不一定会减少，因为可以预支未来的收入，甚至未来若干年的收入。弗里德曼的学说从理论上论证了消费者的消费增量可以大于其收入的增量。摩根认为收入中包含有不确定部分的收入，因而消费的决策也存在影响收入的可能性。即家庭在做出消费决策后，通过某种努力，可以确定收入中这些原来不确定的部分，从而可以使未来收入增加。消费者之所以能够以消费决策影响收入，一方面是因为消费信贷和抵押信贷的发展，使人们可以在没有现期收入或收入不足时以信贷方式来进行消费；另一方面是因为经济的发展，就业机会增多，人们赚取收入的机会增多。摩根的学说为消费支出超过甚至大大超过现期的收入进一步提供了理论依据。③美国政府鼓励过度消费。政府通过倡导居民多消费来增加财政收入。其政策体现之一是制定了商品不含税的标价体系。在美国，售卖的商品标价中不包含税金，税金是另外支付的，这样消费者购买时会有商品价低的感觉，从而增加购买的愿望并产生多购买的事实。消费者每多购买一份商品，不仅多扩大了一份消费量，而且也给政府多增加了一份税金，所以政府从政策上鼓励消费者多消费。同时，政府还通过完善的社会权益保障制度来提升消费者信心，鼓励消费者多消费。美国的社会保障制度涵盖的内容广泛，包括社会保险、社会福利、社会救济 3 个部分。受教育者，可以享受公立学校从小学至高中的免费教育；失业者可以领取失业救济金；低收入家庭可以获得政府补助，如救济金、退休金、免费医疗、房屋津贴、粮食券、电和煤气等能源补助等。这种完善的社会保障体系提升了消费者信心，为美国民众过度消费提供了后续社会保障。

这种消费模式不仅会引起过度的透支消费，还会造成不必要的浪费，它不是我

---

① 车耳：《财富幻象》，北京：人民邮电出版社，2008 年版，第 12 页。

们要追求的目标。我们要推行的是一种适度消费、绿色消费，一方面在消费支出和收入之间寻求均衡，消费支出没有必要低于现实收入水平；考虑未来收入预期，消费支出可以高于现实收入水平，但不能过度超出自身支付能力的范围。另一方面，寻找一种有利于资源节约、环境保护的消费方式。

10.3 绿色消费转型战略的着力点

绿色消费作为我国消费转型的一项战略，已经被提到了国家战略高度，那么，应该从哪些方面去推动这一战略、其着力点在哪些方面呢？

10.3.1 通过扩大内需拉动绿色产品的消费

随着收入水平的提高，消费者对消费品的安全日益重视，在满足自身的需求后，更加重视产品的“质”。也就是要求产品是经过清洁生产环境和加工环境而生产出来的，即消费绿色产品。因此，在消费转型过程中，一方面要扩大居民的消费，另一方面要注重消费的品质，扩大绿色消费。

10.3.2 绿色消费转型的方向

（1）增加服务型消费的比重，由实物型消费向服务型消费转型。在消费结构中尽量减少实物型消费的比重，增加服务型消费的比重，以减少资源的消耗和对环境的不利影响。消费者在满足基本的吃、穿、住、用等物质需要外，应该转向对服务的消费，使旅游、保险、金融、通信、健身、娱乐等都成为消费的主要内容。

（2）由物质消费领域扩大到精神消费领域。精神消费领域可从教育文化、休闲保健消费入手。当消费者的物质需要得到满足后，对精神方面的需求会更加重视，既重视子女的文化教育，愿意在子女身上花钱，增加开支；又亘视自身的素质提高，乐意在培训、休闲等方面增加支出。同时，随着人们生活水平的提高、保健意识的增强，更加注重对自身的保养，会增加对保健药品的需求。

（3）由传统消费转向绿色消费。绿色消费既包括对实体产品的消费，也包括对服务的消费。绿色消费要求消费的产品都是对人不会造成危害的产品，要求所处的消费环境是无污染的，要求产品处于清洁生产环境和加工环境中。通过绿色消费可以提高人们的生活质量。

10.3.3 培育新型绿色消费方式

通过消费方式的转型，培育新型的绿色消费方式。发展多种商业业态，促进购物平台多样化，如发展网络购物、电话购物、手机购物、电视购物、自动售货机等无店铺销售形式规范发展，通过这些形式的发展，可以减少实体店的资源消耗，实现绿色消费。

10.3.4 促进消费结构的提升

通过消费结构的提升，达到实现绿色消费的目的。消费结构提升包括三层意思：

（1）由简单数量增长型向多样性质量提高型转变。从我国消费发展看，改革开放前我国居民的消费生活领域比较狭窄，物质消费和文化服务消费具有雷同性，基本上属于大众趋同化数量增长型；改革开放后，由于经济的发展、收入的增长，居民的消费向多样化提高型转变，消费范围大为拓展，消费结构发生变化，注重消费品的绿色性、环保性。

（2）消费对象的选择从注重范围的扩大向注重产品的深加工、资源化转变。也就是说，消费结构的提升体现在向消费高附加值产品倾斜，不管是在食品、衣着还是日常用品上都是如此。

（3）消费层次的提高应实行由低到中再到高的梯度转移。由于消费者的收入差别，因此居民消费结构的演进不可能是同步和等幅度的，高收入消费者已经满足了低层次消费的需要，需要在消费层次上上一个档次，这就要求产业、产品的发展保持在动态的多层次立体结构上，既有满足低、中收入阶层消费者的消费品，也有能满足高收入阶层消费者的高质量、高档次的消费品。而收入水平的高低影响着消费结构的选择。通过消费结构的提升，来促进消费需求的合理化。

☞ 推动绿色消费支出结构提升：通过增加居民收入，促使居民的生活消费支出如衣着、食品支出的比重下降，教育、娱乐、交通、通信、居住等支出比重上升，形成一种绿色的消费结构。

☞ 推动绿色消费兴趣点的扩大。消费兴趣点是在某一时期消费者对某种商品的热衷消费。消费兴趣点的形成受消费者收入水平、消费心理、物价水平、攀比效应等因素影响。在我国，消费兴趣点曾经几经更换，由 20 世纪 80 年代“三大件”——手表、自行车、录音机，到 90 年代初新的“三大件”——彩电、冰箱、洗衣机，之后消费兴趣点朝着汽车、电脑等方面变化，进入 21 世纪，电子产品的更新催生了平板电脑、高智能手机等。从家电消费看，未来的家电消费注重的是环保、节能、质量、技术等指标，注重在原有基础上的更新和升级，如数字电视、背投电视、平板电视等，看重冰箱的环保、保鲜、节能功能。而从汽车消费看，在居民的消费支出中其比重将会增大，而且要注重其环保性，减少对环境的污染。从信息工具看，电脑、手机、互联网的消费支出将会增加。由于电脑产品的升级更新速度很快，会不断催生对电脑的新需求，使对电脑的消费量不断增加。手机作为另一通信工具，因其功能的增多和款式的不断更新，加上价格的下降，更换手机的频率也在加快，扩大了对手机的消费量。由于互联网的运用，在网上可以享受到更快捷的服务，因而对互联网的使用也更普及了。

10.3.5 通过消费信贷来扩大绿色消费

绿色消费品在价格上要高于普通消费品，为了能使消费者扩大对绿色消费品的消费，可以通过利用消费信贷的方式促进这种消费。当然，在运用消费信贷手段时，要避免过度地使用。

过度消费信贷不利于经济发展，但适度的消费信贷则有利于消费正向作用的发挥。要适度运用、发展消费信贷，应该从居民消费观念、金融机构本身入手。①要转变居民消费信贷观念，倡导适度负债消费的新观念，引导居民利用银行金融产品的意识；②要转变金融机构的信贷观念，增强消费信贷服务意识，积极开拓消费信贷市场；③要尽快建立个人信用制度，包括个人信用登记制度、个人信用评估制度和个人信用风险制度等；④要创新消费信贷品种，拓展消费信贷渠道，贷款空间应从城市扩展到农村，以满足农民的需要；⑤要全力营造一个良好的信用制度环境，尽快制订与消费信贷相关的法律，规范和统一银行的操作，使消费信贷有法可依、有章可循。通过消费信贷的运用，引导鼓励居民增加对绿色产品的消费。

10.3.6 通过完善社会保障制度来扩大绿色消费

在我国居民收入水平不高的情况下，绿色消费在我国发展得还比较缓慢，不是很普遍，有很大部分原因在于保障制度还不到位，使居民在进行绿色消费时有后顾之忧，一方面担心收入水平受限，另一方面担心在进行绿色消费后没有质量保障。因此，要通过完善社会保障制度为消费者消费提升信心。一是要尽快完善社会保障制度，扩大社会保障的覆盖范围，包括失业保险、医疗保险、养老保险等，增强农村社会养老保障的功能，切实保障妇女、未成年人、老年人、残疾人的合法权益；二是要加强社会保护，通过行政监督、行业监督、社会监督、舆论监督，及时制止损害消费者权益的现象发生；三是要加强消费者自我保护，使消费者掌握必要的绿色消费品知识和维护自身权益的知识，学会运用法律武器维护自己的权利。通过消费者社会保障制度的完善和实施，增强消费者消费信心，确保消费者的绿色消费积极性得到全面提高。

10.4 绿色消费战略实现的路径

目前，不适当的消费和生产模式导致的气候变化、臭氧空洞、酸雨扩张、物种减少等，造成了环境恶化，直接损害了消费者的生活质量和社会发展。因此，实行低碳消费模式、倡导绿色消费，有利于经济社会的良性循环，也是推动资源节约、污染物排放减少、环境改善、促进生态文明建设的需要。绿色消费战略的实现可以通过消费者、企业、政府的转型和相关制度来实现。

10.4.1 消费者转型

消费者在日常生活中对衣、食、住、行进行选择时，应不违背大自然规律和追求物质文明、生态文明的原则，用一种既有利于社会成员身心健康发展，又有利于提高生活质量、丰富生活情趣，且消费行为不至于造成对自然资源的浪费、对生态环境的破坏的方式进行消费，转变消费观念，纠正求方便的消费习惯，拒绝“一次性”消费，防止和摒弃攀比的消费心理和行为，养成节约资源、保护环境的良好习惯。通过消费教育、舆论宣传等向消费者传授可持续消费的理念和知识，使他们形成科学合理的消费行为，注重节约、保护资源。

（1）教育消费者在生活消费上崇尚节约、保护资源。在消费时，能够有意识地选择对环境有利的消费品，从生活中的每一个环节入手，具体可从吃、穿、住、用、行方面展开。在食物消费上，倡导健康、生态的饮食方式，避免采用违背自然生态演化规律的方式，摒弃对山珍海味、珍稀动物无所不吃的做法，防止生态平衡遭到破坏。在服饰方面，要倡导更多地选择生态服饰，而不要一味地追求高档、华贵；住房消费上应尽量减少建筑材料的污染辐射作用，在住宅装修、室内布置方面采用绿色建材，淘汰含有化学毒素的人工涂料、人造墙纸等。“行”的方面要更多地选择节能型和无公害的绿色交通工具，提倡利用公共交通、自行车出行，减少二氧化碳的排放，减少对环境的污染。

（2）通过节能宣传，引导消费者节约能源，保护环境。一方面在产品中推行设备能效标准和标识，使消费者了解哪些商品是节能的；另一方面开展能源效率展览等活动，向消费者展示新的节能产品、新的节能技术，让消费者知道可以通过自己的消费行为，改变消费模式，从而引导生产模式。

10.4.2 政府转型

在消费绿色化转型过程中，政府应从“监管”的角色转变到对自身的绿色约束上来，降低行政成本，在办公中体现低碳行为。一是政府部门应率先垂范，采取低碳化、低能耗的消费方式，如在汽车的使用上，应尽量减少公务用车数量，改大排量车为小排量车，甚至选用环保型车。二是号召人们采用可持续发展的消费方式进行消费，倡导人们购买低碳消费品。这一方面可以提高广大消费者的生态消费意识，另一方面也可以给企业施加压力，迫使企业生产更多的低碳产品。目前，世界上许多国家为保护生态环境实现社会可持续发展，采取了很多措施倡导可持续发展的消费方式。例如，英国政府《绿色消费指南》的颁布，使越来越多的消费者乐于选择无污染的绿色产品，起到了保护生态环境的作用。三是采取激励措施，鼓励企业和个人节约能源。

10.4.3 企业转型

在消费绿色化转型过程中，企业作为另一主体也应该积极参与其中，企业应由传统的只追求经济效益，向既追求经济效益，又兼顾生态效益转型，在发展过程中，应高度关注环境问题。在产品的设计和生产上，应尽量提供有益于环境的产品，也就是说，使这种产品的生产和消费能大大减少对环境造成的污染和资源的浪费，有利于资源的有续利用。生产出既能满足当代人的需要，又不损害后代人的利益、支持经济可持续发展的消费品。通过改变产品的生产模式来改变人们的消费模式。

10.4.4 绿色消费战略实现的制度保障

要顺利实现消费绿色化转型，实现绿色消费战略，除了观念上、行为上要转型外，还要有支撑这种转型的相关制度、技术和标准。

（1）完善市场准入制度。一方面是通过完善市场准入制度，加快有利于环境的产品进入市场的速度，减少能源消耗大的产品进入市场，为消费者提供进行绿色消费的物质基础。另一方面，限制高消耗、高污染、高排放企业进入市场，重视低碳生产，扶持低碳行业的发展，在源头上进行控制。通过大力发展低能耗的第三产业，降低整个社会的能耗水平，达到低碳消费的目的。据测算，如果第三产业增加值比重提高 1 个百分点，第二产业中工业增加值比重相应降低 1 个百分点，而冶金、建材、化工等高耗能产业比重相应下降 1 个百分点，万元 GDP 能耗可相应降低 1.3 个百分点。

（2）加快低碳技术的创新和推广。运用可再生能源和新能源等低碳技术，加强对废弃物的循环利用。一方面，通过运用这些技术，减少对化石能源的依赖，多生产出低碳消费品，加大低碳产品的市场供给力度，另一方面，通过新技术的运用，降低低碳产品的成本，降低低碳产品的价格，扩大市场需求，使更多的消费者能够接受，从而使消费者能够消费到更多的绿色产品。

（3）建立环境保护标识制度。通过环境标识的建立，使消费者能够清楚消费产品的能耗状况，为进行低碳消费提供条件。在环境标识的设立方面，各国政府都非常重视。早在 1988 年，加拿大、日本、美国等开始实施绿色标志；1992 年欧盟国家又率先实施环保认证制度，让消费者能识别产品的环保品质，同时鼓励厂商生产低污染的绿色产品。美国、欧盟和日本等发达国家已为多种消费品制定了环保规则，以尽量减少消费品的有害物质和使用后产生的废料，鼓励人们使用低碳消费品。我国从 1993 年开始推行环境标志制度，并对 6 种产品首先实施环境标志制度，1994 年 5 月 17 日我国环境标志产品委员会成立，标志我国绿色工业进入实质性发展阶段。为了保证我国环境标志的正确使用，倡导可持续的生产和消费模式，环境保护部在 2008 年 9 月制定了《中国环境标志使用管理办法》，从而使我国的环境标志使用有了依据。

总之，消费的绿色化转型，实行绿色消费是经济可持续发展的必然要求，通过这种转型，可以带动生产环节的绿色化转型，从而促进经济的可持续发展，实现“美丽中国”的目标。

附录 1

商务部　财政部　中国人民银行 关于“十二五”时期做好扩大消费工作的意见

各省、自治区、直辖市、计划单列市及新疆生产建设兵团商务主管部门、财政厅（局），中国人民银行上海总部、各分行、营业管理部，省会（首府）城市中心支行，计划单列市中心支行：

扩大消费是我国经济发展的长期战略，发展现代商贸流通，提高流通效率，降低流通成本，对引导和扩大城乡居民消费，调整经济结构、转变经济发展方式和改善民生具有重要意义。要将扩大消费作为商务工作的重要任务，抓实抓好。现就进一步做好“十二五”时期扩大消费工作提出如下意见：

一、指导思想、原则和目标

（一）指导思想。

以邓小平理论、“三个代表”重要思想为指导，全面贯彻落实科学发展观，充分把握“十二五”时期加快转变经济发展方式的重大机遇，以改善民生、满足人民群众物质文化需要为目的，以企业为主体，以市场为导向，以发展现代商贸流通为手段，以促进消费结构升级为重点，以政策法规、标准、规划为保障，逐步建立扩大消费的长效机制。

（二）基本原则。

处理好扩大消费规模和优化消费结构的关系，实现消费又好又快发展；处理好不同收入群体消费之间的关系，实现消费多层次发展；处理好扩大消费与资源环境承载能力的关系，形成与国情相适应的文明、节约、绿色、低碳的消费模式，实现消费的可持续发展。

（三）主要目标。

力争到 2015 年，社会消费品零售总额达到 32 万亿元，年均增长 15%；批发零售住宿餐饮业增加值超过 8.6 万亿元，年均增长 15%；网络零售额突破 2 万亿元，年均增长 30%以上；最终消费 35 万亿元左右，年均增长约 13%，最终消费率达到 50%，消费对经济的拉动作用进一步增强。

二、工作任务

商务领域扩大消费主要任务是：贯彻落实“十二五”规划纲要，大力实施国内贸易“十二五”发展规划，着力构建统一开放、竞争有序、高效安全、利产惠民的现代商贸流通体系，促进便利消费、实惠消费、热点消费、循环消费和安全消费。

（四）大力促进便利消费。

完善农村流通网络。加强规划引导，形成以县城为中心，乡镇为主体，村级为基础的农村市场流通体系。鼓励通过兼并重组等多种方式，打破行政区划限制，做大做强“万村千乡市场工程”龙头企业，加强乡村连锁店信息化改造和配送中心建设。探索完善一网多用功能，增加医药、电信、邮政、金融等产品和服务，提升综合服务能力。鼓励有条件的地区发展乡镇商贸服务中心，提升农村集贸市场发展水平。

发展社区便民服务。合理布局社区服务网点，形成多元化的“便民服务商圈”。依托企业组织和社区服务平台发展社区商业中心，配套建设和升级改造家政服务点、便利店、菜店、早餐店、药店、美容美发店、洗染店、维修店、再生资源回收站等生活必备业态。在新兴城镇、大型居民区，规划建设集家政、餐饮、购物、休闲、娱乐等便民设施为一体的社区综合服务中心，满足居民日益增长的服务需求。

培育新型消费模式。促进网络购物、电话购物、手机购物、电视购物、自动售货机等无店铺销售形式规范发展。鼓励传统流通企业建立网上销售平台，构建“线上线下”营销网络。发展折扣店、奥特莱斯等业态，增加国内市场供应。引导商业网点普及刷卡设备，促进刷卡消费。支持零售企业与银行、保险、信用担保机构合作开发新型信用销售门类，促进信用消费发展。大力发展租赁消费，开发建设汽车租赁网系统，推进汽车租赁市场发展。

（五）大力促进实惠消费。

发展现代流通方式。鼓励连锁经营向多行业、多业态延伸，推进特许加盟等连锁方式发展，提高流通规模化、组织化程度，优化供应链管理，降低流通成本。支持企业物流配送中心建设，以大型配送中心为主体，发展第三方物流。加强商贸物流园区建设，完善冷链、配送等基础设施，建设物流交易和信息服务平台，鼓励多式联运，形成高效低耗的现代物流体系。

促进产销直接对接。加强商贸流通与相关产业对接合作，促进产业融合。继续推进“农超对接”“农社对接”“农餐对接”等模式，减少流通环节，促进订单农业发展，形成稳定的产销链条。依托大型龙头企业，加强农产品产区集配中心和销区配送中心建设，打造集收购、分拣、预冷、包装、信息、检测、配送等功能为一体的产销平台。大力推进“工商对接”，引导零售商和供货方建立战略联盟，促进中高档百货店扩大中国知名品牌销售，发展商业自有品牌，提高直供直销比重。

（六）大力促进热点消费。

培育商品消费热点。继续巩固汽车、家电、家居用品、消费电子等热点商品消费，支持向新能源、新材料、高科技方向发展。配合国家保障型住房建设，扩大环保建材、节能家电、节水洁具、清洁能源等资源节约和绿色环保型商品消费。科学引导金银珠宝、高档家具、收藏品等投资保值类商品消费。大力实施品牌战略，鼓励发展地方名特优产品，特别是丝绸、陶瓷等具有民族特色和传统文化的商品消费。

培育服务消费热点。规范促进餐饮住宿、家政服务、美容美发、文化健身、休闲娱乐等服务消费发展，提高行业服务能力和技术水平。加强新型消费服务设施建设，规划建设汽车宿营地、游艇码头、加油、加气、充电站等设施。推动商业与文化、教育、体育、旅游服务业的融合发展，支持文化产业园、艺术街区、国际品牌街、酒吧餐饮街等发展。

（七）大力促进循环消费。

完善循环流通网络。加快完善收旧售新、旧货流通、废旧回收等循环流通网络，在大中型城市推动建立城市社区和乡村回收站点、分拣中心、集散市场“三位一体”的再生资源回收体系。推进旧货市场和二手设备、二手车交易市场升级改造，培育汽车和废旧电子回收拆解骨干企业，引导建立报废汽车破碎示范中心，提升回收利用水平。

推进商业节能减排。在批发、零售、餐饮住宿、沐浴、美容美发等行业，大力推广节电、节水、环保技术的应用。制定和实施内贸节能减排标准，培育一批节能环保商店、绿色市场、绿色饭店、绿色园区示范企业。鼓励开展绿色采购，扩大资源节约和绿色环保型商品销售。继续抑制过度包装、豪华包装等行为，限制塑料购物袋使用，减少资源浪费和环境污染。

倡导绿色消费理念。开展“绿色消费进社区”活动，大力倡导文明、节约、绿色、低碳的科学消费理念，减少一次性消费、过度消费、掠夺式消费等不科学的消费现象。加强市场监测与预测预警分析，科学引导消费发展趋势，做好绿色循环、可持续消费的宣传推广工作。

（八）大力促进安全消费。

完善流通追溯体系。建设追溯管理公共服务平台，形成全国互联互通、协调运作的追溯管理网络。以肉类、蔬菜、酒类等商品为重点，建立来源可追溯、去向可查证、责任可追究的流通追溯体系，加强与种植、养殖环节的信息衔接，逐步建立全过程追溯体系。按照统一标准，支持产销一体化企业打造涵盖生产、流通、消费全过程的全产业链追溯模式，并鼓励一批大型产地、集散地、销地批发市场建立追溯系统，完善追溯网络。

加强商务信用建设。建立和完善商务领域信用信息系统，促进信用信息的征集、整理、共享和应用。加强企业商务信用分类和从业人员信用管理制度，建立和完善职业行为信用档案，形成褒扬守信、惩戒失信的约束机制。制定信用评估、商业保理、履约担保等行业规范，推动信用认证和评价，提高信用水平。加强单用途商业预付卡管理，规范发卡行为。

完善市场监管体系。加强流通领域市场监管公共服务体系建设，继续完善商务举报投诉服务网络平台，建立统一、规范、高效的商务综合行政执法队伍。整顿和规范市场经济秩序，严厉打击制假售假、商业欺诈、侵犯知识产权等行为，加强定点屠宰、酒类流通、特许经营、拍卖、典当、租赁、直销等行业管理，营造公平、有序、规范的市场环境。

三、保障措施

（九）加大财政支持。强化财政资金的引导作用，着眼于推进现代流通发展，完善市场流通体系，扩大城乡居民消费，突出惠及民生的公益性项目、公共服务性项目、绿色环保项目等支持重点，优化支持结构，完善支持方式，推动提升商贸流通服务业的综合发展水平。

（十）改进金融服务。鼓励银行业金融机构在有效控制风险的基础上，推动动产、仓单、存货、保单等质押贷款业务，发展供应链融资、商圈融资等金融产品，加大对商贸流通企业的信贷支持力度。鼓励消费信贷产品和管理模式创新，支持扩大农村消费。积极推动直接融资工具创新，拓宽商业企业多元化融资渠道。加强银商合作，提升电子结算水平，扩大银行卡使用范围，引导经营者采用银行卡结算，方便刷卡消费。

（十一）落实税费政策。严格落实鲜活农产品绿色通道政策；按照《国务院办公厅关于促进物流业健康发展政策措施的意见》（国办发〔2011〕38 号）规定精神，落实支持物流业发展的有关税收政策。

（十二）开展促销活动。充分利用节假日和当地消费特点，合理安排年度促销活动。促进“商文结合”“商旅结合”“商娱结合”“商信结合”，推动“工商联手”“商商联手”“农商联手”“银商联手”，组织流通企业开展丰富多彩、形式多样、喜闻乐见的促销活动，形成一批影响力大、带动力强的促消费活动。商务部每年确定一个月为“消费促进月”，在全国范围内统一开展以“扩消费、促发展、惠民生”为主题的促销活动。

（十三）加强组织领导。各地要加强扩大消费工作的组织领导，在当地人民政府统一领导下，统筹规划，加强与相关部门协作，完善工作机制，制订工作方案，明确工作责任，提出工作目标，确保扩大消费工作扎实推进。

各地要充分认识“十二五”时期扩大消费工作的重要性和长期性，坚持以扩大消费统领本地商贸流通工作，认真分析消费发展的新趋势、新问题，及时总结新经验、新做法，研究提出新思路、新举措，努力构建扩大消费的长效机制。

中华人民共和国商务部

中华人民共和国财政部

中国人民银行

二〇一一年十月二十一日

附录 2

中华人民共和国循环经济促进法

（2008 年 8 月 29 日第十一届全国人民代表大会常务委员会第四次会议通过）

目　录

第一章　总则
第二章　基本管理制度
第三章　减量化
第四章　再利用和资源化
第五章　激励措施
第六章　法律责任
第七章　附则

第一章　总　则

第一条　为了促进循环经济发展，提高资源利用效率，保护和改善环境，实现可持续发展，制定本法。

第二条　本法所称循环经济，是指在生产、流通和消费等过程中进行的减量化、再利用、资源化活动的总称。

本法所称减量化，是指在生产、流通和消费等过程中减少资源消耗和废物产生。

本法所称再利用，是指将废物直接作为产品或者经修复、翻新、再制造后继续作为产品使用，或者将废物的全部或者部分作为其他产品的部件予以使用。

本法所称资源化，是指将废物直接作为原料进行利用或者对废物进行再生利用。

第三条 发展循环经济是国家经济社会发展的一项重大战略，应当遵循统筹规划、合理布局，因地制宜、注重实效，政府推动、市场引导，企业实施、公众参与的方针。

第四条 发展循环经济应当在技术可行、经济合理和有利于节约资源、保护环境的前提下，按照减量化优先的原则实施。

在废物再利用和资源化过程中，应当保障生产安全，保证产品质量符合国家规定的标准，并防止产生再次污染。

第五条 国务院循环经济发展综合管理部门负责组织协调、监督管理全国循环经济发展工作；国务院环境保护等有关主管部门按照各自的职责负责有关循环经济的监督管理工作。

县级以上地方人民政府循环经济发展综合管理部门负责组织协调、监督管理本行政区域的循环经济发展工作；县级以上地方人民政府环境保护等有关主管部门按照各自的职责负责有关循环经济的监督管理工作。

第六条 国家制定产业政策，应当符合发展循环经济的要求。

县级以上人民政府编制国民经济和社会发展规划及年度计划，县级以上人民政府有关部门编制环境保护、科学技术等规划，应当包括发展循环经济的内容。

第七条 国家鼓励和支持开展循环经济科学技术的研究、开发和推广，鼓励开展循环经济宣传、教育、科学知识普及和国际合作。

第八条 县级以上人民政府应当建立发展循环经济的目标责任制，采取规划、财政、投资、政府采购等措施，促进循环经济发展。

第九条 企业事业单位应当建立健全管理制度，采取措施，降低资源消耗，减少废物的产生量和排放量，提高废物的再利用和资源化水平。

第十条 公民应当增强节约资源和保护环境意识，合理消费，节约资源。

国家鼓励和引导公民使用节能、节水、节材和有利于保护环境的产品及再生产品，减少废物的产生量和排放量。

公民有权举报浪费资源、破坏环境的行为，有权了解政府发展循环经济的信息并提出意见和建议。

第十一条 国家鼓励和支持行业协会在循环经济发展中发挥技术指导和服务

作用。县级以上人民政府可以委托有条件的行业协会等社会组织开展促进循环经济发展的公共服务。

国家鼓励和支持中介机构、学会和其他社会组织开展循环经济宣传、技术推广和咨询服务，促进循环经济发展。

第二章　基本管理制度

第十二条　国务院循环经济发展综合管理部门会同国务院环境保护等有关主管部门编制全国循环经济发展规划，报国务院批准后公布施行。设区的市级以上地方人民政府循环经济发展综合管理部门会同本级人民政府环境保护等有关主管部门编制本行政区域循环经济发展规划，报本级人民政府批准后公布施行。

循环经济发展规划应当包括规划目标、适用范围、主要内容、重点任务和保障措施等，并规定资源产出率、废物再利用和资源化率等指标。

第十三条　县级以上地方人民政府应当依据上级人民政府下达的本行政区域主要污染物排放、建设用地和用水总量控制指标，规划和调整本行政区域的产业结构，促进循环经济发展。

新建、改建、扩建建设项目，必须符合本行政区域主要污染物排放、建设用地和用水总量控制指标的要求。

第十四条　国务院循环经济发展综合管理部门会同国务院统计、环境保护等有关主管部门建立和完善循环经济评价指标体系。

上级人民政府根据前款规定的循环经济主要评价指标，对下级人民政府发展循环经济的状况定期进行考核，并将主要评价指标完成情况作为对地方人民政府及其负责人考核评价的内容。

第十五条　生产列入强制回收名录的产品或者包装物的企业，必须对废弃的产品或者包装物负责回收；对其中可以利用的，由各该生产企业负责利用；对因不具备技术经济条件而不适合利用的，由各该生产企业负责无害化处置。

对前款规定的废弃产品或者包装物，生产者委托销售者或者其他组织进行回收的，或者委托废物利用或者处置企业进行利用或者处置的，受托方应当依照有关法律、行政法规的规定和合同的约定负责回收或者利用、处置。

对列入强制回收名录的产品和包装物，消费者应当将废弃的产品或者包装物交给生产者或者其委托回收的销售者或者其他组织。

强制回收的产品和包装物的名录及管理办法，由国务院循环经济发展综合管理部门规定。

第十六条 国家对钢铁、有色金属、煤炭、电力、石油加工、化工、建材、建筑、造纸、印染等行业年综合能源消费量、用水量超过国家规定总量的重点企业，实行能耗、水耗的重点监督管理制度。

重点能源消费单位的节能监督管理，依照《中华人民共和国节约能源法》的规定执行。

重点用水单位的监督管理办法，由国务院循环经济发展综合管理部门会同国务院有关部门规定。

第十七条 国家建立健全循环经济统计制度，加强资源消耗、综合利用和废物产生的统计管理，并将主要统计指标定期向社会公布。

国务院标准化主管部门会同国务院循环经济发展综合管理和环境保护等有关主管部门建立健全循环经济标准体系，制定和完善节能、节水、节材和废物再利用、资源化等标准。

国家建立健全能源效率标识等产品资源消耗标识制度。

第三章 减量化

第十八条 国务院循环经济发展综合管理部门会同国务院环境保护等有关主管部门，定期发布鼓励、限制和淘汰的技术、工艺、设备、材料和产品名录。

禁止生产、进口、销售列入淘汰名录的设备、材料和产品，禁止使用列入淘汰名录的技术、工艺、设备和材料。

第十九条 从事工艺、设备、产品及包装物设计，应当按照减少资源消耗和废物产生的要求，优先选择采用易回收、易拆解、易降解、无毒无害或者低毒低害的材料和设计方案，并应当符合有关国家标准的强制性要求。

对在拆解和处置过程中可能造成环境污染的电器电子等产品，不得设计使用国家禁止使用的有毒有害物质。禁止在电器电子等产品中使用的有毒有害物质名录，由国务院循环经济发展综合管理部门会同国务院环境保护等有关主管部门制定。

设计产品包装物应当执行产品包装标准，防止过度包装造成资源浪费和环境污染。

第二十条 工业企业应当采用先进或者适用的节水技术、工艺和设备，制定并实施节水计划，加强节水管理，对生产用水进行全过程控制。

工业企业应当加强用水计量管理，配备和使用合格的用水计量器具，建立水耗统计和用水状况分析制度。

新建、改建、扩建建设项目，应当配套建设节水设施。节水设施应当与主体工程同时设计、同时施工、同时投产使用。

国家鼓励和支持沿海地区进行海水淡化和海水直接利用，节约淡水资源。

第二十一条 国家鼓励和支持企业使用高效节油产品。

电力、石油加工、化工、钢铁、有色金属和建材等企业，必须在国家规定的范围和期限内，以洁净煤、石油焦、天然气等清洁能源替代燃料油，停止使用不符合国家规定的燃油发电机组和燃油锅炉。

内燃机和机动车制造企业应当按照国家规定的内燃机和机动车燃油经济性标准，采用节油技术，减少石油产品消耗量。

第二十二条 开采矿产资源，应当统筹规划，制定合理的开发利用方案，采用合理的开采顺序、方法和选矿工艺。采矿许可证颁发机关应当对申请人提交的开发利用方案中的开采回采率、采矿贫化率、选矿回收率、矿山水循环利用率和土地复垦率等指标依法进行审查；审查不合格的，不予颁发采矿许可证。采矿许可证颁发机关应当依法加强对开采矿产资源的监督管理。

矿山企业在开采主要矿种的同时，应当对具有工业价值的共生和伴生矿实行综合开采、合理利用；对必须同时采出而暂时不能利用的矿产以及含有有用组分的尾矿，应当采取保护措施，防止资源损失和生态破坏。

第二十三条 建筑设计、建设、施工等单位应当按照国家有关规定和标准，对其设计、建设、施工的建筑物及构筑物采用节能、节水、节地、节材的技术工艺和小型、轻型、再生产品。有条件的地区，应当充分利用太阳能、地热能、风能等可再生能源。

国家鼓励利用无毒无害的固体废物生产建筑材料，鼓励使用散装水泥，推广使用预拌混凝土和预拌砂浆。

禁止损毁耕地烧砖。在国务院或者省、自治区、直辖市人民政府规定的期限和区域内，禁止生产、销售和使用粘土砖。

第二十四条 县级以上人民政府及其农业等主管部门应当推进土地集约利用，鼓励和支持农业生产者采用节水、节肥、节药的先进种植、养殖和灌溉技术，推动农业机械节能，优先发展生态农业。

在缺水地区，应当调整种植结构，优先发展节水型农业，推进雨水集蓄利用，建设和管护节水灌溉设施，提高用水效率，减少水的蒸发和漏失。

第二十五条 国家机关及使用财政性资金的其他组织应当厉行节约、杜绝浪费，带头使用节能、节水、节地、节材和有利于保护环境的产品、设备和设施，节约使用办公用品。国务院和县级以上地方人民政府管理机关事务工作的机构会同本级人民政府有关部门制定本级国家机关等机构的用能、用水定额指标，财政部门根据该定额指标制定支出标准。

城市人民政府和建筑物的所有者或者使用者，应当采取措施，加强建筑物维护管理，延长建筑物使用寿命。对符合城市规划和工程建设标准，在合理使用寿命内的建筑物，除为了公共利益的需要外，城市人民政府不得决定拆除。

第二十六条 餐饮、娱乐、宾馆等服务性企业，应当采用节能、节水、节材和有利于保护环境的产品，减少使用或者不使用浪费资源、污染环境的产品。

本法施行后新建的餐饮、娱乐、宾馆等服务性企业，应当采用节能、节水、节材和有利于保护环境的技术、设备和设施。

第二十七条 国家鼓励和支持使用再生水。在有条件使用再生水的地区，限制或者禁止将自来水作为城市道路清扫、城市绿化和景观用水使用。

第二十八条 国家在保障产品安全和卫生的前提下，限制一次性消费品的生产和销售。具体名录由国务院循环经济发展综合管理部门会同国务院财政、环境保护等有关主管部门制定。

对列入前款规定名录中的一次性消费品的生产和销售，由国务院财政、税务和对外贸易等主管部门制定限制性的税收和出口等措施。

第四章 再利用和资源化

第二十九条 县级以上人民政府应当统筹规划区域经济布局，合理调整产业结构，促进企业在资源综合利用等领域进行合作，实现资源的高效利用和循环使用。

各类产业园区应当组织区内企业进行资源综合利用，促进循环经济发展。

国家鼓励各类产业园区的企业进行废物交换利用、能量梯级利用、土地集约利用、水的分类利用和循环使用，共同使用基础设施和其他有关设施。

新建和改造各类产业园区应当依法进行环境影响评价，并采取生态保护和污染控制措施，确保本区域的环境质量达到规定的标准。

第三十条 企业应当按照国家规定，对生产过程中产生的粉煤灰、煤矸石、尾矿、废石、废料、废气等工业废物进行综合利用。

第三十一条 企业应当发展串联用水系统和循环用水系统，提高水的重复利用率。

企业应当采用先进技术、工艺和设备，对生产过程中产生的废水进行再生利用。

第三十二条 企业应当采用先进或者适用的回收技术、工艺和设备，对生产过程中产生的余热、余压等进行综合利用。

建设利用余热、余压、煤层气以及煤矸石、煤泥、垃圾等低热值燃料的并网发电项目，应当依照法律和国务院的规定取得行政许可或者报送备案。电网企业应当按照国家规定，与综合利用资源发电的企业签订并网协议，提供上网服务，并全额收购并网发电项目的上网电量。

第三十三条 建设单位应当对工程施工中产生的建筑废物进行综合利用；不具备综合利用条件的，应当委托具备条件的生产经营者进行综合利用或者无害化处置。

第三十四条 国家鼓励和支持农业生产者和相关企业采用先进或者适用技术，对农作物秸秆、畜禽粪便、农产品加工业副产品、废农用薄膜等进行综合利用，开发利用沼气等生物质能源。

第三十五条 县级以上人民政府及其林业主管部门应当积极发展生态林业，鼓励和支持林业生产者和相关企业采用木材节约和代用技术，开展林业废弃物和次小薪材、沙生灌木等综合利用，提高木材综合利用率。

第三十六条 国家支持生产经营者建立产业废物交换信息系统，促进企业交流产业废物信息。

企业对生产过程中产生的废物不具备综合利用条件的，应当提供给具备条件的生产经营者进行综合利用。

第三十七条 国家鼓励和推进废物回收体系建设。

地方人民政府应当按照城乡规划，合理布局废物回收网点和交易市场，支持废物回收企业和其他组织开展废物的收集、储存、运输及信息交流。

废物回收交易市场应当符合国家环境保护、安全和消防等规定。

第三十八条 对废电器电子产品、报废机动车船、废轮胎、废铅酸电池等特定产品进行拆解或者再利用，应当符合有关法律、行政法规的规定。

第三十九条 回收的电器电子产品，经过修复后销售的，必须符合再利用产品标准，并在显著位置标识为再利用产品。

回收的电器电子产品，需要拆解和再生利用的，应当交售给具备条件的拆解企业。

第四十条 国家支持企业开展机动车零部件、工程机械、机床等产品的再制造和轮胎翻新。

销售的再制造产品和翻新产品的质量必须符合国家规定的标准，并在显著位置标识为再制造产品或者翻新产品。

第四十一条 县级以上人民政府应当统筹规划建设城乡生活垃圾分类收集和资源化利用设施，建立和完善分类收集和资源化利用体系，提高生活垃圾资源化率。

县级以上人民政府应当支持企业建设污泥资源化利用和处置设施，提高污泥综合利用水平，防止产生再次污染。

第五章 激励措施

第四十二条 国务院和省、自治区、直辖市人民政府设立发展循环经济的有关专项资金，支持循环经济的科技研究开发、循环经济技术和产品的示范与推广、重大循环经济项目的实施、发展循环经济的信息服务等。具体办法由国务院财政部门会同国务院循环经济发展综合管理等有关主管部门制定。

第四十三条 国务院和省、自治区、直辖市人民政府及其有关部门应当将循环经济重大科技攻关项目的自主创新研究、应用示范和产业化发展列入国家或者省级科技发展规划和高技术产业发展规划，并安排财政性资金予以支持。

利用财政性资金引进循环经济重大技术、装备的，应当制定消化、吸收和创新方案，报有关主管部门审批并由其监督实施；有关主管部门应当根据实际需要建立协调机制，对重大技术、装备的引进和消化、吸收、创新实行统筹协调，并给予资金支持。

第四十四条 国家对促进循环经济发展的产业活动给予税收优惠，并运用税收等措施鼓励进口先进的节能、节水、节材等技术、设备和产品，限制在生产过程中耗能高、污染重的产品的出口。具体办法由国务院财政、税务主管部门制定。

企业使用或者生产列入国家清洁生产、资源综合利用等鼓励名录的技术、工艺、设备或者产品的，按照国家有关规定享受税收优惠。

第四十五条 县级以上人民政府循环经济发展综合管理部门在制定和实施投资计划时，应当将节能、节水、节地、节材、资源综合利月等项目列为重点投资领域。

对符合国家产业政策的节能、节水、节地、节材、资源综合利用等项目，金融机构应当给予优先贷款等信贷支持，并积极提供配套金融服务。

对生产、进口、销售或者使用列入淘汰名录的技术、工艺、设备、材料或者产品的企业，金融机构不得提供任何形式的授信支持。

第四十六条 国家实行有利于资源节约和合理利用的价格政策，引导单位和个人节约和合理使用水、电、气等资源性产品。

国务院和省、自治区、直辖市人民政府的价格主管部门应当按照国家产业政策，对资源高消耗行业中的限制类项目，实行限制性的价格政策。

对利用余热、余压、煤层气以及煤矸石、煤泥、垃圾等低热值燃料的并网发电项目，价格主管部门按照有利于资源综合利用的原则确定其上网电价。

省、自治区、直辖市人民政府可以根据本行政区域经济社会发展状况，实行垃圾排放收费制度。收取的费用专项用于垃圾分类、收集、运输、贮存、利用和处置，不得挪作他用。

国家鼓励通过以旧换新、押金等方式回收废物。

第四十七条 国家实行有利于循环经济发展的政府采购政策。使用财政性资金进行采购的，应当优先采购节能、节水、节材和有利于保护环境的产品及再生产品。

第四十八条 县级以上人民政府及其有关部门应当对在循环经济管理、科学技术研究、产品开发、示范和推广工作中做出显著成绩的单位和个人给予表彰和奖励。

企业事业单位应当对在循环经济发展中做出突出贡献的集体和个人给予表彰和奖励。

第六章 法律责任

第四十九条 县级以上人民政府循环经济发展综合管理部门或者其他有关主管部门发现违反本法的行为或者接到对违法行为的举报后不予查处，或者有其他不依法履行监督管理职责行为的，由本级人民政府或者上一级人民政府有关主管部门责令改正，对直接负责的主管人员和其他直接责任人员依法给予处分。

第五十条 生产、销售列入淘汰名录的产品、设备的，依照《中华人民共和国产品质量法》的规定处罚。

使用列入淘汰名录的技术、工艺、设备、材料的，由县级以上地方人民政府循环经济发展综合管理部门责令停止使用，没收违法使用的设备、材料，并处五万元以上二十万元以下的罚款；情节严重的，由县级以上人民政府循环经济发展综合管理部门提出意见，报请本级人民政府按照国务院规定的权限责令停业或者关闭。

违反本法规定，进口列入淘汰名录的设备、材料或者产品的，由海关责令退运，可以处十万元以上一百万元以下的罚款。进口者不明的，由承运人承担退运责任，或者承担有关处置费用。

第五十一条 违反本法规定，对在拆解或者处置过程中可能造成环境污染的电器电子等产品，设计使用列入国家禁止使用名录的有毒有害物质的，由县级以上地方人民政府产品质量监督部门责令限期改正；逾期不改正的，处二万元以上二十万元以下的罚款；情节严重的，由县级以上地方人民政府产品质量监督部门向本级工商行政管理部门通报有关情况，由工商行政管理部门依法吊销营业执照。

第五十二条 违反本法规定，电力、石油加工、化工、钢铁、有色金属和建材等企业未在规定的范围或者期限内停止使用不符合国家规定的燃油发电机组或者燃油锅炉的，由县级以上地方人民政府循环经济发展综合管理部门责令限期改正；逾期不改正的，责令拆除该燃油发电机组或者燃油锅炉，并处五万元以上五十万元以下的罚款。

第五十三条 违反本法规定，矿山企业未达到经依法审查确定的开采回采率、采矿贫化率、选矿回收率、矿山水循环利用率和土地复垦率等指标的，由县级以上人民政府地质矿产主管部门责令限期改正，处五万元以上五十万元以下的罚款；逾期不改正的，由采矿许可证颁发机关依法吊销采矿许可证。

第五十四条 违反本法规定，在国务院或者省、自治区、直辖市人民政府规定禁止生产、销售、使用粘土砖的期限或者区域内生产、销售或者使用粘土砖的，由县级以上地方人民政府指定的部门责令限期改正；有违法所得的，没收违法所得；逾期继续生产、销售的，由地方人民政府工商行政管理部门依法吊销营业执照。

第五十五条 违反本法规定，电网企业拒不收购企业利用余热、余压、煤层气以及煤矸石、煤泥、垃圾等低热值燃料生产的电力的，由国家电力监管机构责令限期改正；造成企业损失的，依法承担赔偿责任。

第五十六条 违反本法规定，有下列行为之一的，由地方人民政府工商行政管理部门责令限期改正，可以处五千元以上五万元以下的罚款；逾期不改正的，依法吊销营业执照；造成损失的，依法承担赔偿责任：

（一）销售没有再利用产品标识的再利用电器电子产品的；

（二）销售没有再制造或者翻新产品标识的再制造或者翻新产品的。

第五十七条 违反本法规定，构成犯罪的，依法追究刑事责任。

第七章 附 则

第五十八条 本法自 2009 年 1 月 1 日起施行。

参考文献

[1] 2010年全国绿色食品发展概况. 2011-05-10. http://www. greenfood. moa. gov. cn/zl/tjnb/2010/201201/t20120110_2453922.htm.

[2] 巴利・C. 菲尔德，等. 环境经济学[M]. 5版. 原毅军，等译. 大连：东北财经大学出版社，2010.

[3] 保罗・霍肯. 商业生态学——可持续发展的宣言[M]. 夏善，等译. 上海：上海译文出版社，2014.

[4] 曹东，赵学涛，杨威杉. 中国绿色经济发展和机制政策创新研究[J]. 中国人口・资源与环境，2012，12（5）：48-54.

[5] 陈凯，陈铖. 绿色消费行为：限制因素及推进策略分析——基于过程视角的理解[J]. 管理现代化，2014，12（1）：21-23

[6] 陈平，高鹏，余志高. 环境价值观与居民绿色消费行为关系研究[J]. 江苏商论，2012，12（8）：18-21.

[7] 程永明，平力群. 日本的产业技术扶持政策与实施手段——以太阳能产业为例[J]. 外国问题研究，2010，12（2）：72-77.

[8] 迟福林. 消费主导：中国转型大战略[M]. 北京：中国经济出版社，2012.

[9] 仇立. 绿色消费行为研究[M]. 天津：南开大学出版社，2013.

[10] 戴维・佩珀. 生态社会主义：从深生态学到社会主义[M]. 刘颖，译. 济南：山东大学出版社，2012.

[11] 戴卫东，刘鸽. 消费心理学[M]. 北京：北京大学出版社，2011.

[12] 德内拉・梅多斯，等. 增长的极限[M]. 李涛，等译. 北京：机械工业出版社，2006.

[13] 葛凯. 中国消费的崛起[M]. 曹槟，译. 北京：中信出版社，2011.

[14] 郭斌，甄静，谭敏. 城市居民绿色农产品消费行为及其影响因素分析[J]. 华中农业大学学报（社会科学版），2014，12（3）：82-90.

[15] 赫尔曼・E. 戴利，等. 生态经济学[M]. 2版. 金志农，等译. 北京：中国人民大学出版社，2014.

[16] 江亿，等. 我国绿色消费战略研究 [J]. 中国工程科学，2015，12（8）：110-121.

[17] 节能产品惠民工程节能汽车推广实施细则通知. http：//auto. ifeng. com/news/special/

xinnengyuanxize/20100630/359377. shtml，2010-06-30.

[18] 剧宇宏. 中国绿色经济发展研究[M]. 上海：复旦大学出版社，2013.

[19] 埃德温·扎卡伊. 可持续消费、生态与公平贸易[M]. 扎卡伊，鞠美庭，等译. 北京：化学工业出版社，2013.

[20] 蕾切尔·卡逊. 寂静的春天[M]. 吕瑞兰，等译. 长春：吉林人民出版社，1997.

[21] 李景源，孙伟平，刘举科. 中国生态城市建设发展报告 2012[M]. 北京：社会科学文献出版社，2012.

[22] 李蕾. 绿色营销概论[M]. 兰州：兰州大学出版社，2009.

[23] 李宁宁. 绿色发展与生产方式绿色化[J]. 唯实，2015，12（9）：59-61.

[24] 李文同. 消费者心理与行为学[M]. 郑州：河南人民出版社，2010.

[25] 李永波. 绿色消费对企业产品战略的引致机制分析[J]. 软科学，2014，12（2）：56-60.

[26] 廖明球. 绿色消费的核算与分析——以北京市为例[J]. 首都经济贸易大学学报，2011，12（1）：94-101.

[27] 刘敏，牟俊山. 绿色消费与绿色营销[M]. 北京：清华大学出版社，2012.

[28] 绿色食品产地环境质量现状调查技术规范（试行）. http：//www. greenfood. moa. gov. cn/zl/zdgf/cprzzd/201112/t20111204_2422132. htm.

[29] 罗振. 让消费走向绿色[M]. 南宁：广西美术出版社，2013.

[30] 马瑞婧. 中国城市消费者绿色消费行为的影响因素研究[M]. 北京：中国社会科学出版社，2011.

[31] 尼古拉·埃尔潘. 消费社会学[M]. 北京：社会科学文献出版社，2005.

[32] 秦书生，逄永娟，王宽. 绿色消费与生态文明建设[J]. 学术交流，2013，12（5）：138-141.

[33] 邱亚明. 中国绿色消费的困境与路径选择[J]. 人民论坛，2014，12（2）：90-92.

[34] 三浦展. 第 4 消费时代[M]. 马奈，译. 北京：东方出版社，2014.

[35] 沈小静. 推动我国商业绿色采购的理性思考[J]. 中国流通经济，2011，12（12）：15-19.

[36] 施里达斯·拉夫尔. 我们的家园——地球[M]. 北京：中国环境科学出版社，2000.

[37] 世界环境与发展委员会. 我们共同的未来[M]. 王之佳，等译. 长春：吉林人民出版社，1997.

[38] 松田久一. 下一个十年，消费崩盘的年代[M]. 盛凯，译. 海口：南方出版社，2011.

[39] 孙强，张三元. 中国绿色食品的特色及其开发战略[J]. 现代农业科技，2011，12（3）：360-365.

[40] 田军，闫久贵. 绿色消费知识手册[M]. 哈尔滨：黑龙江人民出版社，2006.

[41] 王建明. 消费者资源节约与环境保护行为及其影响机理：理论模型、实证检验和管制政

策[M]. 北京：中国社会科学出版社，2010.

[42] 王秋艳. 中国绿色发展报告 NO. 1[M]. 北京：中国时代经济出版社，2009.

[43] 王荣光，沈天行. 可再生能源利用与建筑节能[M]. 北京：机械工业出版社，2004.

[44] 韦恩 •D. 霍伊尔，等. 消费者行为学 [M]. 5 版. 崔楠，等译. 北京：北京大学出版社，2011.

[45] 吴承健，胡军. 绿色采购管理[M]. 北京：中国物资出版社，2011.

[46] 伍庆. 消费社会与消费认同[M]. 北京：社会科学文献出版社，2009.

[47] 肖立. 消费者行为学[M]. 北京：北京大学出版社，2011.

[48] 新家电扶持政策将出 绿色家电消费有望迎高潮. http：//news. xinhuanet. com/fortune/2012-02/09/c_122676979. htm，2012-02-09.

[49] 许光. 基于低碳视角的“绿色消费”研究综述[J]. 当代社科视野，2011，12（5）：6-11.

[50] 杨煦，彭新宇，刘丹侠. 以绿色金融政策促进绿色消费发展[J]. 长沙理工大学学报，2011，12（5）：86-89.

[51] 姚山季，张立，王永贵. 消费者行为学[M]. 天津：南开大学出版社，2009.

[52] 姚毓春，马野驰. 我国消费环境制约因素与对策建议[J]. 宏观经济管理，2011，12（11）：34-35.

[53] 尹世杰. 消费经济学 [M]. 2 版. 北京：高等教育出版社，2007.

[54] 于凌云. 发展绿色经济的地方财税政策[M]. 北京：中国财政经济出版社，2007.

[55] 袁志彬. 中国绿色消费的主要领域和对策探索[J]. 消费经济，2012，12（3）：8-11.

[56] 张筱薏. 消费背后的隐匿力量——消费文化权力研究[M]. 北京：知识产权出版社，2009.

[57] 张新宁，王敏达. 绿色消费行为影响机制与法律框架研究[M]. 天津：南开大学出版社，2014.

[58] 张颖. 绿色 GDP 核算的理论与方法[M]. 北京：中国林业出版社，2004.

[59] 中国建筑科学研究院. 绿色建筑在中国的实践——评价、示例、技术[M]. 北京：中国建筑工业出版社，2007.

[60] 中国社会科学院经济部. 生态环境与经济发展[M]. 北京：经济管理出版社，2008.

[61] 周梅华. 可持续消费理论研究[M]. 徐州：中国矿业大学出版社，2003.

[62] 周中之. 全球化背景下的中国消费伦理[M]. 北京：人民出版社，2012.

[63] 朱明峰. 循环经济与资源型城市发展研究[M]. 北京：中国大地出版社，2005.

[64] 朱晓慧. 新马克思主义消费文化批判理论[M]. 上海：学林出版社，2008.

[65] 庄晞简. 你不可不知的 60 个心理定律[M]. 北京：企业管理出版社，2010.

[66] Berry B. Going Green：The Future of the Retail Food Industry，Agri-Food Trade Service. July，

www. ats. agr. gc. ca. 2007.

[67] Bin S，Dowlatabadi H. Consumer Lifestyle Approach to US Energy Use and the Related CO_2 Emissions [J]. Energy Policy，2005，33：197- 208.

[68] Carla. The Green Consumer：Business and Economics. Monsha University，2009.

[69] Dr Sajal Kabiray，Dr Vinay Topkar，Walke R C. Going Green：A Holistic Approach to Transform Business[J]. International Journal of Managing Informaion Technology，2010.

[70] Elkington J，Hailes J，Makower J. The Green Consumer. Penguin Books，New York，1990.

[71] Euromonitor. The Green（and Variegated） Consumer，Euromonitor Strategy Briefing，Euromonitor International，13 March，2008.

[72] Forester M. Green is the New Color That Leads to Black Ink[J]. Chain Store Age，2007，83（10）：14.

[73] Friedman J. 文化认同与全球性过程[M]. 郭健如，译. 北京：商务印书馆，2003.

[74] Ha T. The Australian Green Consumer Guide. University of NSW Press Ltd，Sydney，Australia，2008.

[75] Haws K L，Winterich K P，Naylor R W . Seeing the world through GREEN-tinted glasses：Green consumption values and responses to environmentally friendly products[J]. Journal of Consumer Psychology，2014，24（3）：336-354.

[76] Hyun Ju Lee，Seong-Yeon Park. Environmental orientation in going green：A qualitative approach to consumer psychology and sociocultural factors of green consumption[J]. Journal of Global Scholars of Marketing Science，2013.

[77] Icek Ajzen. Understanding Attitudes and Predicting Social Behavior[M]. Prentice Hall，1997.

[78] Jianping Zhang. Climate Change，Low Carbon Economy and New Energy Development. 2010 Northeast Asia Economic Forum 19th Annual Conference，2010.

[79] Johanna Moisander. Motivational Complexity of Green Consumerism[J]. International Journal of Consumer Studies，2007.

[80] Johansson O，Schipper L. Measuring Long-Run Automobile Fuel Demand：Ste Estimations of Vehicle Stock，Mean Fuel Intensity，and Mean Annual Driving Distance[J]. Journal of Transport Economics and Policy，1997.

[81] Lee J. How Green Was My Latte? Sydney Morning Herald，May 27，www. smh. com. au. 2008.

[82] Levine M. Environment Most Important Issue for Australia，Future Summit 2008，12-13 May，Sydney，Australia，www. roymorgan. com.

[83] Marlow L. LOHAS：What Every Green Business Needs to Know About Their Market. The Green Directory，www. thegreendirectory. com. au. 2007.

[84] Mostafa，M，M. Antecedents of Egyptian Consumers' Green Purchase Intentions：A Hierarchical Multivariate Regression Model [J]. Journal of International Consumer Marketing，2006（2）.

[85] Rajyalakshmi Nittala. Green Consumer Behavior of the Educated Segment in India[J]. Journal of International Consumer Marketing，2014.

[86] So-Yun Kim，Jungsung Yeo，Sang Hee Sohn，et al. Toward a Composite Measure of Green Consumption：An Exploratory Study Using a Korean Sample[J]. Journal of Family and Economic Issues，2012，33（2）：199-214.

[87] The Green Link to High Performance in Retail. https：//www. accenture. com/cn-en.

[88] Yearley Steven. The Green Case：A Sociology of Environmental Issues，Arguments and Politics. London：Harper Collins Academic，1991.

后　记

本书是“十二五”国家重点图书“绿色经济与绿色发展丛书”系列图书之一，自2012年立项以来，历时近三年的研究和创作。消费是社会再生产的最终环节，它对生产有一种“倒逼”作用，消费模式在一定程度上会影响到生产模式。在当今趋紧的资源约束、严重的环境污染、日益退化的生态系统的严峻形势下，研究绿色消费旨在深入了解我国在绿色消费实践中面临的问题，寻找破解之策，改变不利于资源节约、环境保护的生产模式，为减缓生态环境恶化的趋势、建设“美丽中国”，尽绵薄之力。

本书的写作完成历经了4个阶段：

第一阶段（2012年4月至6月），立项开题，总览大纲，确定主体观点，提出篇章结构。

第二阶段（2012年7月至12月），资料收集和初稿写作。

第三阶段（2013年1月至2014年5月），各篇章内容修改、补充完善、修正观点。

第四阶段（2014年6月至2015年4月），对书稿进行出版前的修订、完善。

在第二阶段资料的收集和初稿的写作过程中，我指导的研究生付出了辛勤的劳动，也看到了他们的成长过程，看到了他们由青涩到成熟的写作历程，在此非常感谢他们所做的前期工作。具体工作如下：唐小慧第1章、第2章、第3章，王莲第4章、第5章、第6章，杨婷第7章，栗卫纲第8章，黄瑞第9章。

本书在写作过程中，得到了中国生态文明可持续发展研究中心、中国生态经济教育委员会刘思华教授的悉心指导，得到中南财经政法大学高红贵教授、方时姣教授的大力帮助。在书稿的格式编排布局、中英文目录及整个书稿的校对中，彭文军、梁玉磊、董红涛、李丹青、钟成林、李静、李辰桥付出了辛勤的劳动，在此一并感谢！

本书能够付梓出版，还要感谢中国环境出版社的编辑们，正是他们的辛勤工作，使最初的思考转换成这一最终成果。

鉴于作者能力所限，本书疏漏和错误之处在所难免，敬请批评指正。

胡雪萍

于中南财经政法大学南湖之畔